명진스님의 사회성찰 이야기

중생이 아프면 부처도 아프다

명진 지음

말글빛냄

중생이 아프면 부처도 아프다 서이독경

1쇄 발행 2011년 12월 7일
4쇄 발행 2011년 12월 16일

법문 명진스님
사진 김성헌 김도형
표지그림 및 디자인 박준우
본문디자인 안준영
펴낸곳 도서출판 **말글빛냄**
인쇄 삼화인쇄(주)
펴낸이 박승규 · **마케팅** 최윤석 · **편집디자인** 진미나
주소 서울시 마포구 서교동 463-3 성화빌딩 5층
전화 325-5051 · **팩스** 325-5771
등록 2004년 3월 12일 제313-2004-000062호
ISBN 978-89-92114-75-2 03300
가격 15,000원

* 잘못된 책은 바꾸어 드립니다.

중생이 아프면 부처도 아프다.

세상 사람들이 고통스러운데 수행자라고

두 발 뻗고 편히 잠잘 수는 없는 노릇입니다.

MB시대 도덕이 무너지고 국민은 깊은 괴로움에 빠져 있습니다.

지장보살님은 지옥의 한 중생이라도 남아 있다면

성불치 않을 것이라는 서원을 세웠습니다.

그 정도는 아니더라도 이 시대 사람들과 함께 하는 것이

수행자의 길이라는 생각입니다.

이 책은 MB시대 중생들과 함께 고민하고 아파하는 이야기를 모은 것입니다.

그래서 부제는 '서이독경鼠耳讀經'이라 했습니다.

아무리 말을 해도 안 듣는 경우에 '쇠 귀에 경 읽기'라고 해서

우이독경牛耳讀經 혹은 마이동풍馬耳東風이라고들 합니다.

그런데 소나 말의 경우 사람에게

얼마나 많은 도움을 주고 있는 동물들인데

그런 말을 해서야 쓰겠습니까.

사람 주위에 제일 말 안 듣고 말썽 부리는 게 뭐 있나 봤더니 쥐가 있더군요.

시끄럽고 곳간이나 축내고 말도 안 듣는 게 쥐니까

'쥐 귀에 경 읽기'라는 의미에서 서이독경이라 지어봤습니다.

차 례

"세상이 아프면 부처도 아프다"

:: 왜 MB와 MB정부를 비판하나

"사람들이 나에게 '과격하다, 정치적이다, 비판을 많이 한다'고 말한다. 길에서 강도가 약한 사람을 패고 있는데 '저건 스님인 내가 관여할 일이 아니야'라고 한다면 그게 과연 올바른 스님일까.

거대한 권력이 힘없는 사람에게 압박을 가하고, 착취하고 소외시키고… 이런 것을 보고 개입하면 정치적이라 한다. 그러나 잘못된 행동을 하는 사람을 보면 사정없이 따귀를 갈기는 것이 불가佛家의 자비이고, 내가 이명박 정부를 비판하는 것 역시 자비다."

2010년 2월 25일 〈오마이뉴스〉 10만인 클럽 특강 중에서

불교의 상징물 하면 연꽃이 떠오른다. 진흙 속에 있으나 진흙에 물들지 아니하고 오히려 진흙탕을 정화시키는 연꽃이 수행자의 삶을 닮았기 때문이다. 수행자는 본디 저 혼자 산속에 들어가 도나 닦고 사는 사람이 아니다. 《유마경》에서는 "수행자는 시끄러운 곳에 있으나 마음은 온전하고, 외도는 조용한 곳에 있으나 마음이 번잡하다"라고 말한다. 이런 의미로 수행자가 있을 곳을 흔히 산중이라고 하지만 산중이라는 것이 환경이 고요한 곳을 의미하진 않는다. 진정한 '산중'은 마음에 번뇌가 없고 고요한 곳에서 이뤄진다.

진흙 같은 세상 속에서 살아가는 수행자가 연꽃처럼 맑고 번뇌가 없이

고요하려면 어떻게 해야 하는가? 세상의 일들에 눈을 감는가? 길바닥에서 누가 강도를 당해도 점잖빼고 가만히 있어야 하는가? 쫓아가서 강도의 칼을 빼앗고 중생을 고통에서 구하는 것이 수행자의 참된 길이 아닐까?

불교를 이야기할 때 흔히 상구보리上求菩提 하화중생下化衆生이라는 말을 쓴다. 위로는 깨달음을 구하고 아래로는 중생을 구제한다는 말이다. 불교는 깨달음과 자비를 동시에 추구하고 이 두 날개로 속진 세상을 살아가는 것이다. 그래서 "중생이 아프면 나도 아프다"라고 말하는 것이다.

절집을 한 번이라도 둘러본 사람들은 법당 벽에 그려진 십우도를 심심찮게 보았을 것이다. 불교에서 깨달음의 길을 10장의 그림으로 설명한 게 십우도다. 소를 찾아 온 산을 헤맸으나 소는 결국 자기 자신이라는 십우도. 그 가르침도 위대하지만 마지막 장면은 참 멋지다. 손을 드리우고 세상을 향해 나간다는 뜻의 입전수수入廛垂手다.

노흉선족입전래(露胸跣足入廛來) 맨 가슴 맨발로 저자거리 들어오니
말토도회소만시(抹土塗灰笑滿腮) 재투성이 흙투성이 얼굴 가득 함박웃음
불용신선진비결(不用神仙眞秘訣) 신선이 지닌 비법 따위 쓰지 않아도
직교고목방화개(直敎故木放花開) 당장에 마른 나무 위에 꽃을 피게 하누나.

부처님께서도 바라나시의 이시빠따나 사슴동산에서 60명의 제자들에게 다음과 같이 말씀하셨다.

"중생의 이익을 위하여, 중생의 행복을 위하여 길을 떠나라. 세상에

대한 자비심을 가지고, 존재하는 모든 것에 대한 자비심을 가지고, 신들과 인간의 이익과 행복을 위하여 길을 떠나라."

수행자의 길은 존재하는 모든 것에 대한 자비심을 가지고 길을 떠나는 것이다. 중생의 이익과 행복을 위해 길을 떠나는 것이다. 일신의 안락을 구하는 것은 본래 수행자의 길이 아니다.

수행자의 길인 자비는 단순히 베푸는 것만을 의미하지는 않는다. 관세음보살이 천수천안을 가진 것은 천 개의 눈으로 세상을 살피고, 천 개의 손으로 중생을 도우라는 의미다. 세상에는 천 가지 고통이 있고, 고통 받는 천 명의 중생이 있기에 천 개의 눈으로 살피고 천 개의 손으로 구제하는 것이다. 자비의 길, 수행자의 길은 거기에 있다.

저마다 고통이 다른데 자비가 어떻게 똑같은 모양으로 드러나겠는가. 배고픈 자에게 '밥'이 되어야 하고, 중병이 든 이에게는 '약풀'이 되는 게 자비다. 처지와 조건에 맞게 중생을 이익 되게 하는 것이 자비이기 때문에 어떤 이에게는 따뜻한 말로, 또 어떤 이에게는 엄한 꾸지람으로 드러나기도 한다.

구걸하는 사람이 있다고 하자. 그런데 그는 자존심이 무척 센 사람이다. 그에게 따뜻한 밥 대신 "사지 멀쩡한 놈이 일해서 먹고 살아야지 왠 구걸이냐"고 뺨을 한 대 올려붙인다면, 분한 마음 때문에 정신을 차려서 거지를 면할 수도 있을 것이다. 그런데 다 죽어가는 사람이 구걸을 왔는데 못 본 척하거나 뺨을 한 대 올려붙여서 되겠는가? 일단은 허기를 면하게 따뜻한 밥 한 끼를 주어 세상이 아직은 살 만한 곳이라는 희망을 주는 게 옳지 않겠는가?

자비를 베풀자면 상황과 처지에 맞게 해주는 지혜가 있어야 한다. 마치 명의가 환자의 몸에 맞는 처방을 내놓듯이 말이다. 아무리 삼이 좋다고 해도 몸에 열이 많은 사람에게 준다면 그것은 약이 아니라 독이 되고 만다.

불가의 자비는 때로 파격으로 드러날 때도 있다. 할喝과 방棒이 그것이다. '할'은 요즘 말로 하자면 '버럭' 소리를 질러 잠든 정신을 깨우는 것이고, '방'은 매질로 깨우치는 것이다. 우리의 어리석음과 잠든 정신을 깨우기 위한 방법인 것이다. 선방에서 정진할 때 수마睡魔에 걸려든 수행자를 깨우기 위해 죽비를 내리친다. 미워서도 아니고, 공격함은 더더욱 아니다. 잠에서 깨라는 자비의 매질이다.

MB에 대한 비판을 '자비의 죽비'라고 하는 것은 그 때문이다. MB에 대해 비판하는 것은 단순히 MB 한 사람이 미워서가 아니다. MB는 이 나라 대통령이다. 나라를 끌고 가는 사람이다. 그가 어떤 길을 가느냐에 따라 우리 국민의 행복과 불행이 달려 있다고 해도 과언이 아니다. 그래서 MB가 바른 길로 가야 하는 것이다.

그런데 MB가 대통령이 된 것은 우리에게 많은 것을 고민하게 한다. 위장전입, 탈세, 범인도피, 위증교사 등의 전과자이며 부도덕의 대표 인물 MB, 개인적으로 흠이 많은 인물임에도 불구하고 우리 국민이 그를 선택했다. 그것도 530만 표 이상의 엄청난 차이로. 국민들이 그에게 도덕적 흠결이 있는 줄 몰라서 뽑은 게 아니다. 흠이 있어도 경제발전을 시켜줄 인물이라고 해서 뽑은 것이다. 경제발전이란 게 뭔가? 한마디로 잘살게 해준다는 거다. 잘살게 해준다는 그 한마디에 도덕이고 민주주의고 뭐고 다 내버린 것이다.

이는 배부른 돼지의 길을 선택한 것과 다름없다. 오로지 경제만을 위해 모든 가치를 포기한 선택이 오늘날 우리가 고통받고 있는 주요 이유 중 하나다. 도덕이 무너지고 거짓말을 일삼아 신뢰가 붕괴된 사회가 잘살 수 있는가? 여러 사람이 힘과 지혜를 모아 좋은 나라로 만들어가야 하는데 도덕과 신뢰가 없이 이게 가능한 것인가? '대한민국호'를 이끌어갈 선장의 말을 신뢰할 수 없는데 대체 어디로 갈 수 있겠는가?

물론 나도 강남의 부자 절인 봉은사에 앉아서 경전 속의 고준한 법문만 하면서 조용히 지냈으면 외압을 받아 봉은사를 나오게 되는 일도 없었을 것이고 소위 '큰스님' 소리를 들으면서 지냈을 것이다. 그런데 이 불의의 시대에 입을 다물고 침묵하는 것이 과연 옳은가? 종교인, 그리고 한 인간으로서 양심이 허락하지 않았다.

앞서도 얘기했지만 길을 가다 누군가 강도를 만나 괴롭힘을 당하고 있다면 종교인이라는 이유로 한발 물러서 있어야겠는가? 길에서 강도가 약한 사람을 패고 있는데 "저건 스님인 내가 관여할 일이 아니야"라고 한다면 그게 과연 올바른 스님일까? 그렇게 되묻고 싶다.

히틀러 시대에 살았던 본 회퍼 목사는 "미친 사람이 차를 몰고 가고 있다면 당신은 종교인이라고 해서 그 미친 사람의 차로 인해 죽은 사람들의 장례식에서 미사나 지내주어야겠는가? 당장 그 미친 사람에게서 핸들을 빼앗아야 하지 않겠는가?"라고 말했다.

많은 사람들이 불의를 봐도 모른 체 하고 고개를 돌린다. 그렇게 되면 어떻게 될까? 본 회퍼 목사는 이렇게 경고했다.

"당신은 히틀러 반대자가 잡혀갈 때도 나와 상관없다고 침묵했고, 공산주의자가 잡혀갈 때도 나와 상관없다고 침묵했고, 유대인이 잡혀갈 때도 나와 상관없다고 침묵했고, 노조원들이 잡혀갈 때도 나와 상관없다고 침묵했고, 가톨릭인이 잡혀갈 때도 나와 상관없다고 침묵하였습니다. 이제 당신이 잡혀왔는데, 당신에 대한 부당함을 말할 사람이 아무도 없습니다."

누군가가 이 시대에 대해 말해야 한다면, '그 누군가'가 '나'일 수도 있는 것이다. MB라는 불의의 시대를 만나 많은 사람들이 그의 잘못을 꾸짖으려 했다. 그런데 그들은 하나같이 뒷조사를 당하고 공권력에 의해 잡혀갔거나 억압을 받았다. 미네르바가 그랬고, PD수첩이 그랬다. 한때 MB를 탄생시킨 주역 중 하나였던 한나라당 정두언 의원도 이상득 의원의 국정농단을 비판했다가 사찰을 당했고, 같은 당의 남경필 의원은 그의 부인까지 뒷조사를 당했다. 여당 중진 의원까지 뒷조사를 하면서 입막음을 하고 언론에 재갈을 물리는 상황에서 누가 감히 나설 수 있겠는가.

정말 털어서 먼지 안 날 사람들만 말할 용기를 낼 수 있는 것이 MB 시대였다. 나야 가진 것도 없고, 자식이 있기를 하나 마누라가 있나. 두려울 것도, 걱정할 것도 없다. 정권이 꼬투리 잡을 만한 것이 없다 보니 언제나 내 말을 할 수 있었던 것이다.

2008년 광우병 촛불시위 모습. 국민이 아프면 그 시대를 함께하는 수행자도 아프다.

스님들이 무서운 것은 가진 게 없기 때문이다. 일제가 조선을 침략하기 전에 임진왜란 때 패인을 분석했는데, 그 이유 중 하나가 스님들 때문이었다고 한다. 서산, 사명스님 등이 승병을 이끌고 싸웠는데 스님들은 처자식이 없다 보니 '죽기 살기로 싸웠던 것'이다. 그래서 일제가 조선을 점령해서 가장 시급히 한 일 중 하나가 스님들을 장가보내는 일이었다. 소위 마누라를 가진 '대처'가 아니면 절의 주지 임명을 하지 않았던 것이다. 그렇게 불교를 길들이려 했다.

해방 후 자연히 한국 불교는 친정부적이고 권력에 약했다. 정치적 언급은 삼갔고 산중에 틀어박혀 자기 문제에만 몰두했다. 광주에서 수많은 사람들이 죽었을 때도, 1987년 6월 민주화시위 때도 별로 나서지 않았다. 세속 일에 무심해야 한다며 실제로는 중생의 고통에 대해 무관심했고 외면했던 것이다. 그런데 스님이랍시고 신도들에게 절을 받고 시주를 받았다.

과연 무엇 때문에 스님들이 대접을 받아야 하는가? 머리 깎고 승복을 입었다고? 아니다. 이 세상을 이롭게 하고 뭇사람들에게 본이 되고 스승이 되어야 사람들에게 절을 받아도 덜 미안하고 덜 부끄러운 것이다. 어려운 사람이 있다면 누구보다 먼저 자비심을 내어 도와야 하는 것이 수행자의 길이고, 불의에 대해서는 누구보다 앞장서 바로잡아야 하는 것이 수행자의 할 일이다.

MB 정부 하에서 그런 목소리를 내다보니 '너무 정치적이다', '과격하다'는 말을 많이 들었다. 가까운 신도들은 "우리 스님이 정치적 말씀만 안 하셔도 너무 좋을 텐데…"라고 걱정을 많이 한다. 2008년 8월 종교 편향 시위를 위해 불자 20만 명이 모였다. 자신이 손해를 볼 때는 그렇게 목청을 돋우면서 사회적 약자인 억울한 사람들을 위해 몇 마디 거들면 정치적이라고들 한다.

내가 MB를 비판해서 개인적으로 얻는 이익이 있어야 정치적인 것이지 큰절에서 쫓겨나고 《민족21》 사건으로 뒷조사나 당하는데 어떻게 정치적일 수 있겠는가? 세속의 손익으로 따지자면 한참 손해보는 일이다. 그래도 어쩔 수 없다. 이것이 옳은 길이고 누군가 해야 할 일이기 때문이다. 비록 실패하더라도 옳은 길을 가야 한다. 그러나 정말 옳은 길을 가고 있다면, 그것은 이미 빛나는 성공이다.

내가 바라는 세상은 사람들이 일상적 삶에서 철학적 물음을 물을 수 있는 세상이다. 그러자면 우선 의식주, 기본적인 삶의 문제는 국가와 사회가 해결해주어야 한다고 생각한다. 돈이 없어 병원에 못 가고, 집이 없어 전셋집으로, 월세방으로 쫓겨다니다가 결국 도둑질을 하지 않고는 먹고 살기 힘든 세상, 애 키우는 데 돈이 너무 많이 들어 애를 안 낳으려고 하는 세상, 이런 세상은 불교적 관점으로 극락이니 지옥이니 따지기 전에 사람 사는 세상이 아니다.

수행자가 이러한 세상에 대해 고민하지 않을 수 있겠는가. 정치인이 됐건, 그 누가 됐든 우리가 살아야 할 세상은 어떤 세상인지 묻고, 어떻게 사는 것이 더 나은 길인가 고민하는 것이 정치라고 한다면, 그런 의미에서 나는 정치적일 수 있다. 내가 만약 정치적 발언을 좀 했다면 이런 차원에서 정치적 발언이고, MB에 대한 비판을 했다면 그런 차원에서의 비판이다.

　나를 아끼는 분들 중에 혹 '스님이 저러다 어찌 되지 않나'라는 염려를 하시는 분들도 있다. 한 가까운 신도가 하도 걱정하기에 "내가 왜 힘 있고 돈 있고 걱정할 것 없는 사람들 편에 섭니까? 힘없고 어려운 사람들 편에 서야지요. 그게 수행자의 자리 아닙니까?"라고 말해주었다. 나를 염려해주는 분들께 하고 싶은 말은 '나에게 좋으냐 나쁘냐를 걱정하지 말고 세상에 좋으냐 나쁘냐를 염려해달라'는 것이다. 내가 거룩한 성자 같은 사람이어서가 아니다. 그저 그것이 옳은 길이기 때문이다.

　《녹색평론》의 발행인 김종철 교수님도 《스님은 사춘기》 출판기념식에 오셔서 "모든 사람에게 박수 받으려 마시라. 그것은 사기꾼의 길"이라고 충고해 주셨다. 부처님께서도 "모두에게 칭찬 받으려 말라. 언제나 칭찬만 받는 사람은 이전에도 없었고 이후에도 없을 것이고 현재에도 없다"라고 말씀하셨다.

　처음 MB에 대해 비판할 때 "산중의 수행 덜 된 중이 하는 말이라고 고깝게 생각하지 말고 스스로 돌아볼 것은 돌아보면서 나라가 잘되는 방향으로 이끌어달라"고 부탁했다. 대통령의 불행은 그 한 사람의 불행이 아니라 온 나라의 불행이 되기 때문이다.

　여러 차례의 경고나 조언에도 불구하고 도무지 고쳐지지 않았다. 우리가 말을 해도 못 알아들을 때 '소 귀에 경 읽기'라고 하는데 소는 인간에게 얼마나 이로운 존재인가? 고기, 가죽, 뼈, 피 등등 너무도 많은 것을 주는 존재다. 그런 존재에 대해 함부로 말해서는 안 된다. 그래서 생각해보니 인간 곁에서 가장 말을 잘 안 듣는 것이 쥐여서 앞으로는 서이독경鼠耳讀經, 즉 '쥐 귀에 경 읽기'라고 불러야 할 것 같다.

MB에 대해 비판을 하다 보니 사람들이 속에 천불이 났는데 속이 시원하다고 한다. 내가 하는 말 때문에 답답한 가슴이 '뻥' 하고 뚫렸다는 얘기를 들을 때면, 참 여러 가지 생각이 오간다. 수행자가 고준한 법문으로 기억돼야 하는데, MB 비판한 것으로 회자되다니 싫기도 하다. 하지만 또 한편으로는 그런 말들로 위로 받는 단 한 사람이라도 있다면 그것도 나쁘지 않다는 생각이다.

MB 비판을 통해 결국 구하는 것이 있다면 중생의 행복이다. 이것은 단순히 물질의 풍요를 통한 행복 추구가 아니다. 사람 사이의 신뢰가 있고 도덕이 있고 서로 돕고 사는, 살맛 나는 세상이어야 행복한 세상이다. MB는 그것에 역행했기 때문에 비판한 것이다. 물론 욕망이 질주하는 이 시대가 MB 한 사람만의 잘못은 아니다. 하지만 일벌백계라는 말이 있듯 MB를 통해 우리 시대를 성찰해볼 수 있는 것이다.

MB 비판을 통해 MB의 잘못도 고쳐야겠지만 MB를 뽑은 우리 시대의 욕망에 대해서도 꼬집고 싶었다. 우리가 더 나은 세상을 꿈꾼다면 오로지 물질적으로 잘살려고 하는 욕망에서 벗어나야 한다. 그것을 극복하지 않고는 더 나은 세상으로 건너갈 수 없는 것이다. 이 때문에 때로는 가혹하다 싶을 정도로 MB를 비판했던 것이다.

1
장

허언필망 虛言必亡

─

부자되게 해준다는 허언, 자기가 대통령이 되면 경제성장률 7%로,
1인당 국민소득 4만 달러, 세계 7위의 경제대국을 만들겠다는
MB의 장밋빛 공약은 결국 허언이 되었다.
그외에도 그가 했던 대부분의 말들이 허언이었음이 속속들이 밝혀지고 있다.
출범 때부터 국민을 속인 MB. 그러나 잠시 몇 사람을 속일 수는 있어도
결코 오랜 시간 많은 사람을 속일 수는 없다.
거짓말을 그렇게 하고도 성공한다면 어떻게 되겠나?
우리 아이들에게 거짓말을 가르쳐야 하지 않겠는가?
그래서 헛된 말은 실패할 것이고 실패해야 된다는 뜻으로 허언필망이라고 한 것이다.
거짓말하는 사회는 망해야 한다.
특히 국가의 지도자가 거짓말이나 하는 사회는 망해야 한다.

"거짓말하는 사람은 필히 망한다"

:: 허언필망虛言必亡

"이명박 당선자가 2008년을 상징하는 사자성어로 "나라가 태평하고 해마다 풍년이 든다"
는 뜻의 시화연풍時和年豊을 선정했다는데 나는 '헛된 말은 필히 망한다'는 뜻의 허언필망
虛言必亡이라고 해주고 싶다.
지난 대선은 어떻게 하는 것이 잘사는 거냐는 철학적 전제 없이 '무조건 잘살아보자'는
선거였다. 그러다 보니 결국 도둑질을 하든지, 땅투기를 하든지, 부정부패를 하든지, 아파
트를 몇 번씩 옮기든지 '어찌됐든 잘살아보세'로 됐다. 철학의 부재에서 오는 가치 판단의
부재가 오늘날 한국사회를 거짓말해도 아무 상관없는 사회로 만들었다."

2007년 12월 31일 《민중의 소리》 신년 인터뷰 중에서

MB가 당선되고 얼마 안 된 2007년 연말, 평소 알고 지내던 《민중의
소리》 기자에게서 전화가 걸려 왔다. 신년 인터뷰를 하고 싶다는 것이었
다. 요지는 MB시대에 민중들이 어떻게 살아갈 것인가에 대한 덕담을
들려달라는 것이었다.

"강남 한복판에 살면서 내가 민중들에게 할 수 있는 말이 뭐가 있겠
나. 여기는 2800명 중에 88명이 야당 찍고, 2000명이 넘는 사람이 이명
박을 찍은 동네다"라고 말했지만 그래도 몇 마디 듣고 싶다고 해서 마주
앉았다.

530만 표라는 엄청난 차이로 이명박 후보가 당선돼 장밋빛 전망이

가득할 때였다. 그런 전망 때문인지 기자가 "MB는 2008년을 시화연풍이라 했는데 스님은 뭐라고 하시겠습니까?"라고 묻기에 "허언필망"이라고 답했다.

'정말 잘사는 것이 어떤 것인가'라는 철학적 물음 없이 '무조건 잘살아보자' 식으로 MB를 뽑은 우리 사회에 대한 깊은 우려를 표현한 것이다. 우리 역사에서나 세계사적으로나 선거를 통해 뽑힌 대통령이나 정치지도자 중에서 MB처럼 도덕적 하자가 많은 이도 없을 것이다. 오죽하면 '전과 14범'이라는 말이 나돌겠는가. 그런 사람을 단지 '부자되게 해준다'는 말에 현혹돼 덜컥 뽑아준 것이다.

못 먹고 못살았던 1960~70년대도 아닌데 만나는 사람마다 '부자 되세요' '부자 되세요'라는 게 인사다. 부자가 나쁜 것도 아니고 '부자 되세요'라는 말이 나쁜 것만도 아니다. 그런데 '어떻게?'라는 철학적 물음 없이 무조건 부자가 된다는 것은 곤란하다. MB처럼 도덕적 하자가 있든지 말든지 그저 부자 만들어 준다고 하면 만사 오케이라는 식이면 안 된다는 말이다.

이는 소크라테스가 말한 '배부른 돼지의 길'이고 '짐승의 길'이기 때문이다. 사람이 짐승과 다른 것은 윤리적으로 부끄러움을 느낄 줄 아는 것이고, 철학적으로는 '왜?'라는 물음을 던지며 고민하고 성찰할 줄 알기 때문이다. 물질이 아무리 좋기로서니 윤리와 가치를 묻는 인간다움을 포기하면서까지 추구할 것은 아니라는 말이다.

특히 한 나라의 운명을 결정할 대통령 선거는 더욱 그렇다. 결국 도

독질을 하든지, 땅 투기를 하든지, 부정부패를 하든지, 위장전입을 하고 논문 표절을 하든 말든 '어찌됐든 잘살아보자'가 우리 사회의 구호가 되어 버렸고 그 덕에 MB는 당선이 되었다. 옳고 그름도 없어지고, 이것이 맞는가 틀린가 하는 가치 판단도 없어지고, 어떻게 사는 게 잘사는 것인가 하는 물음도 없어져 버린 것이다. '부자되고 싶다'는 욕망의 쓰나미가 모든 것을 쓸고 가버린 것이다. MB는 그런 시대와 함께 왔고, 또한 MB가 그런 시대를 이끌고 있다.

국민들이 MB를 선택한 것은 MB가 부도덕한 줄 몰라서가 아니다. 부도덕하더라도 잘살게 해줄 것이라는 환상 때문에 눈을 질끈 감고 찍은 것이다. 대선 직전 MB가 부정하던 BBK 동영상이 공개되었음에도 불구하고 요지부동이었다.

그때 국민들이 뭔가에 씌지 않고 어떻게 그런 선택을 할 수 있었는지 모르겠다. 나는 성장이 먼저냐 분배가 먼저냐, 진보냐 보수냐를 중요하게 생각하지 않는다. 정직하냐 정직하지 않느냐를 중요하게 본다. 그런 기본적인 도덕이 있어야 나라가 바로 서기 때문이다. 그런데 MB는 그동안 너무 많은 거짓말을 해왔다.

MB는 이미 국회의원 시절 법정 선거자금을 초과해 선거법 위반으로 물의를 일으켰다. 문제는 그 다음이다. MB는 그것을 감추기 위해 자신의 선거기획 담당이었던 보좌관 김유찬에게 위증을 시키고 범인을 해외로 도피시키기까지 했다. 그리고는 뻔뻔스럽게 기자회견을 열어 김유찬에게 거짓으로 쓰게 한 편지를 들고 종교인의 양심을 걸고 자신은 결백

하다고 거짓말을 했다. 하지만 김유찬에게 주기로 한 돈을 주지 않았는지 그가 홍콩, 캐나다를 거쳐 다시 입국해서 모든 사실을 폭로함으로써 MB의 거짓말이 만천하에 드러났고 결국 의원직을 상실했다.

대선 때도 그의 위선적인 행동은 계속되었다. 자신의 위장전입과 자식들의 위장취업 문제가 제기되자 처음에는 "자기를 죽이려고 세상이 미쳐 날뛰고 있다"고 했다. 심지어 그것을 폭로한 김정길 의원을 고발하겠다고 협박까지 했다. 그런데 사실로 밝혀지자 꼬리를 내리고 "자기 불찰이었다"고 사과했다. 만일 구체적 증거를 들이밀지 않았다면 끝까지 오리발을 내밀었을 것이다.

도곡동 땅과 BBK 문제는 초미의 관심거리 중 하나였다. 대선 며칠을 앞두고 MB가 직접 광운대에 가서 강연한 동영상이 공개됐다. 그런데 MB는 좀 과장되게 말한 것뿐이라며 빠져 나갔다. BBK 명함이 공개되고, MBC, 《중앙일보》, 《동아일보》 등의 매체에 "자기가 BBK를 만들었다"고 인터뷰를 해놓고도 발뺌을 하더니, 그것도 모자라 자기 입으로 수익이 났다고 말하는 동영상이 공개되었음에도 불구하고 진실을 고백하지 않았다.

집권 후에도 수없이 거짓말을 일삼았다. 그래서 나는 2010년 5월 29일 봉은사에서 열린 '생명과 평화를 위한 콘서트—강의 노래를 들어라' 공연 인사말에서 이렇게 말했다.

"1971년 무렵에 유명했던 가수 김추자 씨의 대표적 노래 '커피 한잔을 시켜놓고' 아시죠? 그리고 또 하나가 있습니다. 바로 '거짓말이야' 입

2010년 5월 29일 봉은사에서 열린 〈생명과 평화를 위한 콘서트—강의 노래를 들어라〉

니다. 왜 요즘 이 노래가 자꾸 생각나는지 모르겠습니다.

'거짓말이야, 거짓말이야 사랑도 거짓말, 웃음도 거짓말…', 여기다가 저는 4대강도 거짓말, 세종시도 거짓말, 747도 거짓말, 반값등록금도 거짓말, 일자리 창출도 거짓말, 모든 게 거짓말이야라고 말하고 싶습니다."

《정의란 무엇인가》의 저자 하버드대 마이클 샌델 교수는 교육에서 가장 중요한 것 중 하나로 품성교육을 꼽았다. 미국 같은 나라에서는 도덕적으로 파산된 사람은 청문회에 나올 수도 없고 고위공직자가 될 수도 없다. 그런데 최고권력자인 대통령이 거짓말 달인에 부도덕한 인물이니 이 나라가 온전한 나라라고 할 수 없다.

MB 취임 후 우리 사회는 진실이 무너진 사회, 거짓말이 횡행하는 사회가 되었다. 한마디로 거짓말이 무한질주하는 세상이 된 것이다. 거짓말로 신뢰가 무너지면 그 사회는 바벨탑처럼 무너진다. 그래서 거짓말이 횡행하고 부끄러움이 없는 사회는 이미 망한 사회라고 봐야 하는 것이다. 이렇게 자신의 거짓말로 온 나라가 만신창이가 됐는데 정작 MB가 하는 말은 "정직한 대통령으로 남고 싶다"는 거라니 참 할 말이 없다.

그럼 왜 그가 그토록 거짓말을 많이 할까? 헛된 욕망 때문이다. 그는 국회의원이 되려고 거짓을 꾸몄고 대통령이 되려고 거짓말을 했고 자신의 개인적 이익을 위해 서슴없이 또 거짓말을 한다. 헛된 욕망을 꿈꾸며 거짓말을 한 사람의 말로가 어떻게 되는지 1999년에 만들어진 영화 〈리플리〉와 〈태양은 가득히〉에 잘 나온다. 이들 영화는 상습적인 거짓말 중

후군인 '리플리 증후군'을 다룬 영화이다. 그중 《리플리》의 내용을 잠깐 살펴보자.

뉴욕에서 호텔 보이와 피아노 조율사로 일하던 톰 리플리는 선박 부호인 그린리프의 눈에 띄어 계약금 1,000달러를 받고 그의 아들인 디키를 이탈리아에서 데려오라는 제안을 받는다. 리플리는 이탈리아에서 자신과 전혀 다른 세상에서 호화스럽게 살고 있는 디키와 그의 여자 친구를 만나고, 디키의 돈으로 방탕한 생활을 배우게 되면서 자신도 상류사회의 일원이 된 듯한 착각에 빠진다.

계약기간이 만료되고 디키가 자신을 부담스러워 하며 끝내는 돌아가라고 하자, 리플리는 우발적으로 디키를 죽인다. 그러고는 자기의 재주인 흉내내기, 거짓서명 위조를 이용하여 자신이 디키로 위장하여 그의 인생을 살기로 결심한다는 내용이다. 물론 결말은 그의 거짓말이 탄로 나 파멸로 끝난다.

MB야말로 거짓말 중독증인 '리플리 증후군'에 걸린 게 아닐까 싶다. MB 역시 리플리처럼 파멸할 수도 있다. 그러나 문제는 MB가 개인이 아니라는 점이다. 대통령이 불행해진다는 것은 온 국민이 함께 불행해지는 일이다.

《증일아함경》에는 이런 말이 있다.

"소 떼가 강물을 건너갈 때 / 길잡이 소가 길을 바로 가지 못하면 / 뒤따르는 소들이 물에 빠지나니 / 이는 길잡이 소가 길을 잘못 선택한 때문이다. / 중생도 그와 같아서 / 대중에는 반드시 지도자가 있나니 / 지도자가 법답지 못하면 / 아래 사람들도 모두 법답지 못하게 된다. / 백성들이 고통을 당하는 것은 / 왕의 법이 옳지 못한 때문이니라. / 물을 건너는 길잡이 소가 길을 잘 인도하면 / 뒤따르는 많은 소들이 빠지지 않고 물을 건너듯 / 나라의 임금이 바른 법을 행하면 / 모든 백성들도 편안하고 즐거우니라."

그래서 지도자를 잘 뽑아야 하는 것이다. 오늘날 우리 국민은 잘못된 선택으로 인한 불행을 뼛속 깊이 체감하고 있다.

그러나 불행을 피해갈 수는 없다. 뿌린 대로 거두는 것이다. 거짓말을 일삼는 사람, 부도덕한 사람을 선택한 잘못에 대한 뼈아픈 고통을 감내해야 하는 것이다. 그 고통 속에서 다시는 잘못된 선택을 하지 않아야 한다는 걸 깨닫는다면 그 뼈아픈 고통이 반드시 나쁘다고만 할 수 없다.

버트런드 러셀의 "썩은 토대는 무너져야 한다"는 말을 빌리지 않더라도 허언과 위선으로 점철된 MB시대는 무너져야 한다. 헛된 것, 거짓된 것, 망해야 할 것이 망해야 비로소 그 자리에서 다시 새로운 시작의 싹이 돋아나는 것이다. 그것이 우리의 희망이다.

"대통령의 말, 서푼짜리 동전만도 못하다"
:: 거짓말의 달인

"대통령 발언이 서푼짜리 동전보다 못한 세상이 됐다. 대통령이 대운하가 아니라고 네 번에 걸쳐 얘기했는데도 국민들이 안 믿는다는 것은 정치 지도자에 대한 불신으로부터 오는 것이다. 대운하로부터 시작된 4대강 문제는 수질을 개선하고 안 하고의 문제가 아니라 대통령과 국민간에 불신과 신뢰의 문제다.
일단은 그동안 대통령이 국민과 약속했던 부분이 제대로 지켜졌나 재점검해야 한다. 선거 때 유리한 표를 얻기 위해 아무 말이나 하는 거짓말이 상습화돼 버린, 그러다 보니 늑대와 양치기 소년처럼 대통령이 몇 번씩 얘기해도 국민들이 믿지 않는 사태가 초래된 것이다."

2009년 12월 29일 평화방송 〈열린세상 이석우입니다〉 대담 중에서

공중파 방송에서 대통령의 말을 "서푼짜리 동전보다 못하다"고 비판하자 난리가 났다. 청와대 측에서는 명예훼손으로 고발하는 것까지 검토한다는 소식이 들려왔다. 'MB의 입'이라는 이동관이 고소·고발의 달인이니 못할 것도 없었을 것이다. 과연 그들에게 훼손당할 명예라는 게 있는지 모르겠지만 하여튼 그들은 그렇게 느꼈던 것 같다.

옛말에 '장부일언중천금'이라는 말이 있다. 여기서 '장부'는 '리더'를 의미한다. 리더의 말은 천금처럼 무거워야 한다는 것이다. 무겁다는 것은 갈대처럼 이리저리 흔들리지 않고 굳세고 진실하다는 뜻이다.

요즘 세상으로 치면 장부는 정치인들이다. 정치인은 말로 세상을 움직인다. 그래서 정치인은 말을 잘한다. 하지만 이때 말을 잘한다는 것은 미끈하게 말하는 것을 의미하진 않는다. 말과 뜻이 진실한 것이 정말 말을 잘하는 것이다.

미국 공화당의 미디어 전략 책임자였던 프랭크 런츠는 "당신의 말이 곧 당신이다"라고 말했다. 대중은 그의 말을 그 사람의 인격, 존재로 본다는 뜻이다. 말의 진실성이 없는 사람은 그 인격과 존재도 진실하지 않다고 대중이 받아들인다는 것이다. 미국 《폭스뉴스》의 설립자이자 여러 대통령의 언론 고문을 지낸 로저 에일리스도 "메시지의 전달자가 곧 메시지입니다"라고 했는데, 같은 의미일 것이다.

더군다나 대통령제에서 대통령의 말은 그대로 정책이 되고 나라의 가야 할 방향이 된다. 대부분의 위대한 정치가들은 말로 대중의 심금을 울리고 말 한마디로 그의 철학과 그가 속한 정부의 정책을 설명해낸다.

대표적인 예가 노예해방을 선언한 에이브러햄 링컨의 게티스버그 연설이다. "국민의, 국민에 의한, 국민을 위한 정부"라는 이 말 한마디로 링컨은 그의 철학을 미국민에게 그리고 세계인들에게 전했다. 케네디의 "조국이 여러분을 위해 무엇을 할 수 있는지 묻지 말고, 여러분이 조국을 위해 무엇을 할 수 있는지 자문해 보십시오"라는 취임 연설 역시 정치가가 남긴 명언으로 세계인의 가슴에 남아 있다.

우리 속담에도 "말 한마디로 천 냥 빚을 갚는다"는 말이 있지 않은가. 조선시대 선비들이 갖춰야 할 네 가지 덕목인 신언서판身言書判에도 말이 들어간다. 그런데 한 나라의 정치지도자인 MB가 아무리 4대강을 대운하가 아니라고 해도 국민의 절반 이상이 믿지를 않는다. 미국산 쇠고기가 안전하다고 국민 세금을 들여 신문에 광고를 해도 국민이 그의 말을 믿지 않는다. 그가 자신의 정책에 대해 많은 말을 하지만 그 말이 국민들의 가슴에 와 닿지 않는다.

왜 그렇게 되었는가? 신뢰를 잃었기 때문이다. 너무 잦은 거짓말로 신뢰를 잃다 보니 콩으로 메주를 쑨다고 해도 믿을 수가 없게 된 것이다. 마치 양치기 소년이 재미로 했던 거짓말 때문에 진실한 말을 해도 사람들이 믿지 않는 것처럼 말이다. 천금 같아야 할 리더의 말이 값어치 없는 서푼짜리 동전만도 못하게 된 것이다.

자업자득이다. 남 탓할 것이 없다. MB가 한 거짓말은 손가락, 발가락 다 동원해도 셀 수 없을 정도다. 2040세대가 특히 MB를 싫어하고 그의 말을 신뢰하지 않는다고 한다. 그가 청년실업 문제에 대해 어떤 태도를 가졌고 어떤 말을 했는지 보면 그렇게 된 이유가 있다.

경제, 특히 청년실업 문제가 이슈였던 2007년 대선 당시 MB는 '중소기업 살리기' 주제로 한 '타운미팅'에서 젊은이들에게 "눈높이 좀 낮춰라. 그래서 경력을 쌓아 다른 곳에 도전하라"고 말했다. 인생의 선배 입장에서 할 수 있는 말이다.

그런데 대통령이 된 2009년 1월 30일 SBS TV 〈대통령과의 원탁대화, '어떻게 생각하십니까?'〉에 출연해서도 역시 "눈높이를 낮춰라. 솔직히 말씀드리면 서울대 나와서 직장 못 구한 사람들이 지방 중소기업엔 가지 않는다"라고 말했다. 정책적 대안을 내놓지 않고 오히려 청년실업 문제가 젊은이들이 너무 눈이 높아 그렇다는 식으로 연이어 타박을 한 것이다.

20대의 태반이 백수라는 뜻의 '이태백'이라는 말이 있을 정도로 청년실업 문제가 나라의 큰 걱정거리였는데 대통령이 하는 말이라는 것이 고작 '눈높이를 낮춰라'이었던 것이다. 그러자 젊은 세대의 성난 목소리가 MB를 찔렀다. 2009년 11월 27일 MBC 특별생방송 대통령과의 대화에서 한 여대생이 "그저 눈높이를 낮추라고만 하지 말고 (청년실업에 대해) 근본적인 해결책을 제시하는 게 옳지 않을까 생각한다"고 지적하자 MB는 "많은 분들이 눈높이를 낮추라고 하는데 나는 그런 말을 쓰지 않는다. 젊었을 때 그 얘기를 들었는데 기분이 나빴다"라고 황당한 대답을 내놓았다.

그 순간 그 말을 한 여대생은 물론이고 경제대통령이 뭔가 하리라고 기대했던 수많은 청년세대들이 얼마나 실망하고 허탈했겠는가? 기대가 컸던 만큼 실망도 크고 분노도 컸다. 어려움에 처한 국민들을 위로하고 그것을 해결해주어야 할 위치에 있는 대통령이 오히려 국민들의 가슴에 대못을 박은 것이다. 그것도 모자라 자신이 여러 차례 공식석상에서 했던 말까지 하지 않았다고 발뺌하니 누가 다시 대통령의 말에 귀를 기울이겠는가. 반값등록금도 마찬가지다.

MB의 거짓말은 때와 장소를 가리지 않는다. 2008년 8월 6일 청와대에서 열린 3차 한미정상회담 후 기자들이 "아프가니스탄 파병과 관련해 논의가 있었느냐?"는 질문을 했다. MB는 웃으면서 천연덕스럽게 "없다"고 답했다. 그런데 옆에서 그 말을 듣고 있던 부시 미 대통령이 어이 없다는 듯 웃더니 곧장 "논의한 적 있다"고 답했다. 세계인들이 보는 앞에서 입에 침도 묻히지 않고 뻔뻔스럽게 거짓말을 한 것이다. 그러면서 입만 열면 '국격 타령'을 하니 국민들 입장에선 더 기가 찰 노릇이다.

MB가 얼마나 상습적으로 거짓말을 하는 사람인지 단적으로 보여주는 사건이 있다. 2007년 대선 과정의 일이다. MB는 "총기를 든 괴한이 집에 난입해 붙잡았더니 큰 문제가 아니어서 놓아주었다"고 했다. 그런데 사실은 괴한이 집에 침입한 것이 아니라 그냥 협박전화를 걸었던 것에 불과했다. 그걸 마치 총기를 든 괴한이 실제 침입한 것처럼 뻥튀기해서 말을 한 것이다.

그가 존경한다고 하는 안창호 선생은 "죽더라도 거짓이 없으라. 농담으로라도 거짓말을 하지 말라"고 했는데 MB는 이 말을 어떻게 받아들이고 있을까?

내가 MB를 '거짓말의 달인'이라고 부르는 것은 그 때문이다. MB가 국민들에게 신뢰를 잃은 것은 집권 초 미국산 쇠고기 수입 문제 때부터다. 국민건강을 증진시켜야 할 대통령이 값싸고 질 좋은 미국산 쇠고기를 먹게 해주겠다며 제대로 협상도 하지 않고 수입개방을 추진했다.

김대중, 노무현 정부 시절 그가 몸담았던 한나라당은 미국산 쇠고기가 위험하다며 까다로운 조건을 걸고 반대했고 그로 인해 미국산 쇠고기가 세관을 통과하지 못하는 일들이 벌어지기도 했다. 그런데 정권을 잡자 마자 그렇게 위험성이 있다던 미국산 쇠고기가 갑자기 안전해지고 질이 좋아졌는지 180도 입장을 바꾸어 안전하다며 수입개방을 하겠다고 나선 것이다. 그동안 국민이 들어온 이야기가 있는데 한순간 그걸 뒤집은 것이다.

그것도 취임한 지 두 달도 안 된 2008년 4월 부시 대통령을 만나러 가면서 서둘러 쇠고기 수입개방을 추진했다. 국민들이 정상회담 선물로 쇠고기 수입개방을 하려고 하는 것 아니냐는 의혹을 가졌을 때 MB는 "정상회담 때문에 수입개방을 약속한 적 없다"고 했다. 하지만 이 말이 거짓임이 곧 밝혀졌다.

게다가 위험성이 있다고 지적된 30개월 이상의 소까지 수입을 개방하겠다고 약속했다. 취임 초 국민을 섬기겠다던 MB는 돌연 미국 축산업자들을 섬긴 꼴이 됐다. 그것도 국민세금으로 미국산 쇠고기가 안전하다고 광고까지 하면서 말이다. 국민의 건강과 안전보다 미국 축산업자들의 이익을 더 중요하게 생각하는 MB, 거짓말로 국민을 속인 MB, 그런 MB를 국민이 신뢰한다는 게 더 이상한 일이다. 그런 불신 때문에 여중생들로부터 유모차부대까지 수십만의 국민들이 촛불을 들고 일어선 것이다.

이와 같은 연이은 거짓말과 국민을 안중에 두지 않는 행보로 국민의 불신이 극에 달했다. 때문에 4대강에 대해 MB가 거듭 대운하 사업이 아니라고 해도 국민들이 믿지 않는 것이다.

"747, 반값등록금 등 'MB괴담'부터 수사해야"

:: 괴담의 진원지는 불의하고 부패한 권력

"한미FTA 괴담 구속수사 협박은 불안함의 반증이며 부도덕 정권 인증샷이다. 구속하려면 747 괴담의 MB부터 구속해야 한다. 트위터 등 SNS를 통해 쏟아지는 정권 비판은 민란의 또다른 형태이다. 언어로서 서민 위로하고 한 풀어주는 것이 이 시대 종교인과 언론인의 역할, 악역이지만 해야 할 일이다."

2011년 11월 7일 〈용가리통뼈뉴스〉 인터뷰 중에서

2011년 10월 26일 서울시장 재보궐 선거에서 다시 한번 SNS(소셜네트워크 서비스)의 위력이 입증됐다. 스마트폰을 기반으로 한 SNS가 여론을 움직이는 강력한 힘을 보여준 것이다. 그 여론은 고스란히 투표로 이어져 야당 승리의 견인차가 됐다.

정권에 대한 심판이었던 선거에서 여당이 패배하자 놀란 MB정권은 차벽으로 서울시청을 막았던 이른바 '명박산성'의 어청수를 청와대 경호처장으로 불러들였다. 그만큼 불안하고 다급해졌다는 것이다. 그런데 그것도 모자라 권력기관을 동원해 SNS를 통한 정치활동을 차단하겠다고 나섰다.

인터넷과 SNS를 통해 전파되는 얘기들을 '괴담'으로 몰아붙여 법적 처벌을 하겠다는 것이다. 어처구니없는 반시대적 발상이다. 입으로는 선거 결과를 국민의 선택이라며 겸허하게 받아들이겠다고 해놓고 그 여론의 진원지인 SNS를 통제하겠다는 것은 MB정권이 정말로 불안에 떨고 있다는 방증이다. 얼마나 부도덕하고 국민에게 불신 받는 정권이면 어청수를 불러들이고 여론을 통제하겠다고 나섰겠는가.

정권 차원의 이런 입장이 나오자 MB정부 내내 '권력의 사냥개' 노릇을 충실히 해온 검찰은 2011년 11월 7일 경찰청과 외교통상부, 방송통신위원회 관계자들과 공안대책협의회를 열어 구속 수사를 원칙으로 결정했다. '형사처벌할 수 없는 자'에 대해서는 관련 기관이나 단체의 민사 손해배상 소송을 적극적으로 지원하겠다고도 했다.

이미 MB정부는 집권 초부터 자신들의 정책에 의문을 제기하거나 반론을 제기하는 목소리를 '괴담'이라고 몰아붙이고 이를 통제하려 했다. 광우병을 소재로 한 MBC 〈PD수첩〉에 대한 강압적 조사나 인터넷 논객 미네르바에 대한 수사가 대표적이었다.

그러나 〈PD수첩〉의 경우 담당이었던 임수빈 부장검사가 명예훼손 혐의를 적용할 수 없다고 하자 그를 경질하고 다른 부서에 사건을 배당해 수사를 강행했지만 법원에서 무죄 판결이 내려졌다. 미네르바의 경우는 그에게 적용한 전기통신기본법에 의한 명예훼손 자체가 헌법재판소에서 위헌 판결을 받음으로써 정부의 수사가 잘못되었음이 밝혀졌다.

그러한 무리한 수사로 국민의 반감을 사고 민주주의의 기본 토대인 언론의 자유를 억압한 정권이 이번에는 SNS를 통제하겠다고 나선 것이다. 스마트폰, 국민들 중에 안 가지고 있는 사람이 오히려 없을 정도로 생활필수품이다. 애플의 스티브 잡스가 세계인의 존경을 받은 것 역시 이 스마트폰 때문이다. 스마트폰 때문에 실시간으로 우리는 정보를 주고받는 세상에 살고 있다.

그런데 SNS를 통제하고 법적으로 처벌하겠다는 것은 차라리 스마트폰을 쓰지 말라는 것과 똑같다. 권력을 동원해 여론을 통제하겠다는 발상은 독재정권이나 하는 짓이다. 이것이 21세기 IT 강국, 인터넷 강국이라고 자랑하는 대한민국의 권력자들이 벌이고 있는 퇴행적 행보다.

하기야 MB는 1960~70년대 삽질을 통해 수익을 올리던 토건업자 출신이니까 이런 최첨단시대에 적응하기 어려울 수도 있겠다. 오죽했으면 IT 강국이라고 자랑하는 대한민국에서 경제대통령이 되겠다는 자가 취임하자마자 정보통신부와 교육과학기술부를 없앴겠는가.

1970년대처럼 그저 4대강 삽질을 통해 경제가 살아날 것이라고 믿는 구시대적 인식에 걸맞게 최첨단 시대의 산물인 SNS를 과거 독재정권이 유언비어를 단속한다며 언론을 통폐합하고 말의 자유를 빼앗듯 '괴담'의 진원지라며 단속하려 드는 것이다.

괴담怪談. 국어사전에 '기이한 이야기'라고 되어 있다. 사실이 아닌 이야기, 있지도 않은 이야기로도 해석한다. 유언비어와 비슷한 말이다. 이것 때문에 세상이 시끄럽고 나라 정책이 왜곡된다고 MB정권은 말하는 모양이다.

하지만 역사를 돌아볼 때 괴담이 떠돌고 유언비어가 나돌던 때는 그만큼 민심이 흉흉해졌을 때다. 권력이 부패하고 정치를 잘못하면 저잣거리에 유언비어가 나돌고 괴담이 떠도는 것이다. 괴담의 진원지는 바로 잘못된 정치, 불의하고 부패한 권력이다.

《증일아함경》에 "남의 충고를 듣지 않고 자비심이 없고 포악하면 왕의 권위를 잃고 나라에 도적이 들끓게 된다"고 했다.

SNS가 없다고 정권에 대한 비판, 정치에 대한 논박이 없어지겠는가? 천만의 말씀이다. 살벌한 일제 때도 독립운동이 있었고, 총칼을 앞세운 군부독재 시절에도 국민들은 책을 돌려보고 시국을 논하고 거리에 나가 돌멩이를 던졌다. 그것이 우리의 역사다. 인터넷이 없던 그 시대에는 거리에 나가 싸웠고 대자보와 유인물이 사람들을 소통시키는 것들이었지만 인터넷이 생기고 스마트폰이 생긴 이 시대에는 SNS가 그 역할을 하는 것일 뿐이다.

지금 SNS를 통한 정보의 교류를 법을 통해 처벌하겠다고 하는 것은 독재정권이 국민의 목소리를 차단하던 것과 조금도 다를 바 없다. 더구나 그런 생각은 부도덕한 권력이 집권 말기마다 자신들의 권력이 불안해지면 도둑이 제 발 저리듯 취하게 되는 악수 중의 악수다. 광우병, 천안함, 4대강, 한미FTA 등 그 어떤 것에 대해서도 국민은 말할 권리가 있고 의견을 표출할 수 있다. 그것이 민주주의 사회다. 그 얘기가 옳을 수도 있고 그를 수도 있고 좀 과장될 수도 있다. 하지만 그 모든 것이 합쳐져 국민의 목소리가 되고 여론이 되는 것이다.

독일의 사회개혁가 로자 룩셈부르크는 "다르게 생각하는 사람의 자유를 인정하는 것만이 진정한 자유다"라고 말했다.

"정부의 지지자들만을 위한 자유, 당원들만을 위한 자유는 그것을 누리는 자의 수가 얼마가 됐든 자유가 아니다. 다르게 생각하는 사람의 자유를 인정하는 것만이 진정한 자유다. 정의에 대한 광신적 열정 때문이 아니라 정치적 자유의 소생과 치유, 정화가 바로 이 정치적 자유에 달려 있고, 자유가 특권화되면 그것이 이루어지지 않기 때문에 이렇게 말하는 것이다."

어떻게 국민들이 정부의 발표를 믿지 않고 '괴담'이라고 하는 얘기를 믿게 되었는가? 집권 때부터 줄기차게 MB가 거짓말을 해왔기 때문이다. '747'도 거짓말, '반값등록금'도 거짓말, '세종시'도 거짓말, '동남권신공항'도 거짓말이었다. 이 거짓말과 허언, 지키지 않을 약속이야말로 바로 괴담인 것이다. 그래서 괴담에 대해 구속수사 하려면 바로 MB의 '747 괴담' '반값등록금 괴담' '세종시 괴담' '반값아파트 괴담'부터 구속수사해야 한다고 한 것이다.

그런데 정부가 '괴담'이라고 우기는 것 중에 진짜 괴담이 있는가? 괴담 같은 진담일 때가 더 많았던 것 같다. 집권 초 "국민을 섬기는 정부가 되겠다"고 해놓고 국민의 건강과 생명이 걸린 문제를 국민의 편에 서서 깐깐하게 다루기는커녕 미국 축산업자들의 이익을 섬기지 않았던가. 국민은 그것을 비판하고 가족의 건강을 염려했을 뿐이다.

설혹 국민이 잘못 알고 있어도 그것을 바로잡고 설득하고 소통해야

소신공양한 문수스님의 49재 모습. 4대강은 생명의 물줄기를 자르는 것과 같다.

하는 것이 정부가 할 일이다. 그런데 MB는 오만과 독선에 빠져 국민의 소리를 듣지 않았다. 자기가 옳다는 오만과 독선으로 인수위 시절 '어린지(Orange)'로 대표되는 영어몰입교육과 대운하 정책을 밀어붙이려 한 것이다.

내각과 청와대 참모진을 구성할 때는 '고소영', '강부자'로 비아냥대는 인사를 했다. 국민들은 '강남 땅부자'들이라며 위화감을 느끼고 있었고 위장전입, 논문 표절 등으로 문제가 있다고 봤다. 하지만 MB는 '베스트 오브 베스트'라고 치켜세우는 교만의 극치를 보였다.

천안함 괴담 역시 마찬가지다. 실로 엄청난 사건이 일어났음에도 불구하고 정부는 정보를 제대로 공개하지 않았다. 공개만 하지 않은 것이 아니라 사건 발생 시간도 틀리고 TOD 등의 관련 자료도 자의적으로 편집해 공개하는 등 여러 가지 의혹을 자초했다. 2010년 6월 10일 감사원 발표에서도 군이 천안함 침몰 직후 사건 원인을 예측할 수 있는 중요한 단서를 누락한 채 상부에 상황을 보고하고 일부는 허위로 보고한 것으로 지적됐다.

사고 원인 규명을 위한 조사가 제대로 되지도 않은 상태에서 처음에는 북한 소행이 아니라고 했다가 나중에는 북한 소행이라고 입장을 번복한 것도 국민을 혼란스럽게 만들었다. 사고 자체가 워낙 미스터리한 점이 많은데다가 군 당국이 사고와 관련한 정확한 정보를 제공할 의무를 다하지 않았다.

그나마 공개한 정보라는 것들도 사고 시각까지 수시로 바뀔 정도로 믿기 힘든 것이 되다 보니 온갖 추측과 추정들이 난무하는 것도 당연하다. 그런데 의문을 제기하기는 조사에 참여했던 러시아 측이나 미국의 한반도 전문가 등도 마찬가지다. 그런데 왜 유독 국민의 목소리만 괴담으로 몰아붙이고 있는가.

역사적으로 많은 사건들이 정치권력의 이해에 따라 조작되었다. 베트남의 통킹만 사건이나 일제 때 만주의 노구교 사건 등이 대표적이다. 천안함 사건도 진실이 다 밝혀졌다고 보기 어렵다. 정권이 바뀌고 시간이 지나면 보다 정확한 진상이 밝혀질 것이다.

정부의 발표를 국민 절반 이상이 신뢰하지 않는 것은 정부의 탓이지 국민들의 탓이 아니다. 《숫타니파타》에 보면 "같은 물도 뱀이 먹으면 독이 되고 소가 먹으면 우유가 된다"는 말이 있다. 수없이 거짓말을 일삼는 양치기 정부가 하는 말이어서 국민들이 믿지 않는 것이지 국민들의 말귀가 어두운 것은 아니다.

한미FTA 역시 마찬가지다. MB가 그동안 친미 행보를 해왔고 위키리크스가 폭로한 외교전문에도 MB가 뼛속까지 친미친일이라고 하지 않았나. MB가 뼛속까지 친미친일이라는 괴담을 퍼뜨린 사람은 다름 아닌 MB의 형님인 이상득이다. 이 분도 정부의 괴담 수사 대상이 되어야 할 것 같다. 미국 의회 관계자들, 그리고 노동자들이 뭐가 개인적으로 존경하고 예뻐서 MB에게 수십 차례 기립박수를 보냈겠는가? 자기들의 이익에 도움을 주기 때문이라는 것은 삼척동자도 아는 일이다.

국제외교 관계를 흔히 '총성 없는 전쟁'이라 부른다. 그만큼 각국이 이익을 얻기 위해 치열하게 부딪히기 때문이다. 만일 미국에 유리하다면 우리는 그만큼 불리하다고 보는 게 순리다. 이미 미국과 FTA를 체결한 멕시코 등의 폐해가 국민들을 걱정스럽게 하는 상황이다. 그 우려를 지적하는 국민의 목소리를 괴담이라거나, 우리는 상황이 다르다고만 할 것이 아니라 적극적으로 검토해 방어책을 마련하는 것이 옳다. MB가 국민의 안전과 이익을 지켜주지 않는다고 판단하기 때문에 생업에 바쁜 국민들이 그런 목소리를 내는 것이다.

국가지도자의 역할은 안 그래도 신산한 삶이 한미FTA 때문에 더 팍팍해질까봐 염려하는 국민들의 걱정을 덜어주는 것이다. 그런데 이런 걱정을 하는 국민이 괴담에 선동되어 자기를 반대만 하고 있다고 생각하는 것 자체가 대통령 자격이 없는 것이다. MB의 정책에 반대하는 많은 수의 국민이 바로 MB를 뽑아주었다. 설혹 그들 중 MB를 지지하지 않은 사람들이 있다 해도 그들 역시 이 나라 국민이기 때문에 그 국민의 목소리를 들을 줄 알아야 한다. 국민의 목소리를 외면하고 들을 줄 모르고 괴담이라는 소리만 하기 때문에 '쇠 귀에 경 읽기'라는 말이 나오는 것이다.

MB가 정말 괴담이 사라지길 바란다면 정치를 똑바로 하면 된다. 거짓말 안 하고 약속 지키면 괴담은 싹 사라질 것이다. 그러나 그러지 못하는 한 괴담은 생겨날 수밖에 없다. 국민들이 괴담 때문에 정부의 말을 믿지 못할 정도라면 그 정부는 정권을 내놓아야 한다. 국민 다수가 자신들의 말을 믿지 않는데 정권이 설 자리가 어디 있는가. 대통령과 정권을 뽑고 내쫓고 할 인사권은 국민에게 있다. 대한민국 헌법 제1조에 '모든 권력은 국민으로부터 나온다' 고 되어 있지 않은가. 다시는 인사권자인 국민들을 향해 괴담 운운하면서 협박하지 말기를 바란다.

"퇴임 후, 남대문에서 빈대떡 장사나 해라"

:: 말 뒤집기, 약속 뒤집기의 달인

"MB는 대통령직 내놓으면 남대문 가서 빈대떡 장사나 해라. 자주 뒤집어서 좋은 건 빈대떡뿐인데 MB는 자꾸 말과 약속을 뒤집는다. 선거 때 '반드시 지키겠다'고 한 공약이 지금 들으면 '반드시 뒤집겠습니다'라는 말을 잘못 들은 게 아닌가 싶다. 공약을 지키려고 애써야 하고 지키지 못할 경우 그 과정에서 납득할 이유를 설명해야 하는데 그런 게 없다. 2008년 4월 미국에서 기자들에게 '선거 때 표를 얻으려면 무슨 말을 못해'라는 식으로 말하고선 영남 신공항 문제도 미루다 뒤집어버렸다."

2011년 4월 10일 남산법회 법문 중에서

살면서 거짓말을 안 하고 살 수는 없다. 정치인의 경우는 더욱 그렇다. 정치를 하다 보면 약속한 것을 못 지킬 때도 있다. 그러나 그때가 되면 왜 그렇게 됐는지 국민에게 설명하고 이해를 구해야 한다. 국민에게 솔직히 양해를 구해야 한다.

잘못이 있을 수가 있다. 실수도 할 수 있고. 그러면 이건 내가 잘못했다, 시정을 하고 고치면 별로 문제가 되지 않는다. 그런데 거짓말을 하다 보니까 그 거짓말을 덮기 위해 또 다른 거짓말을 하게 되고, 또 그 거짓말을 덮기 위해 더 큰 거짓말을 하다 보니까 사회적으로 큰 물의를 일으킨다.

MB가 좋아하는 루터도 "한 가지 거짓말을 참말처럼 하기 위해서는 항상 일곱 가지의 거짓말을 필요로 한다"고 경고했다. 세종시에 이어 동남권 신공항마저 약속을 지키지 않기에, 자꾸 말만 뒤집으니 퇴임 후 빈대떡 장사나 하라고 한 것이다.

정치인들이 공약을 했으면 지키려 애써야 하고 지키지 못할 때는 그 과정에서 납득할 이유를 설명하는 것이 순리다. 세종시나 영남권 신공항이나 국가 지도자가 국민에게 약속한 사항이다. 그 약속을 지키지 않기 때문에 신뢰가 무너져버리는 사회가 된 것이다.

아마 MB는 처음부터 지킬 의지가 없었는지도 모른다. 2008년 4월 미국 방문 중에 특파원들과 가진 오찬 자리에서 "선거 때 무슨 얘기를 못하나. 그렇지 않은가. 표가 나온다면 뭐든 얘기하는 것 아닌가. 세계 어느 나라든지"라고 한 것이 MB의 진심이다. 그렇게 표만 된다면 어떤 거짓말을 해도 좋다는 게 MB의 신조다.

그런 신조로 한 거짓말 때문에 국민의 신뢰를 잃었다. 잃어버린 건강과 재산은 어느 정도 회복이 되지만 말을 함부로 해서 잃어버린 신뢰는 쉽게 회복되지 않는다. MB가 지난 대선 때 '반드시 지키겠다'고 한 공약 중에 제대로 지켜진 것이 거의 없다. 아마 그때 MB가 정말 하고 싶은 말은 '반드시 뒤집겠습니다'라는 것이 아니었나 싶다.

대표적 예가 대선 당시 여러 차례 약속한 세종시 문제다.

"이미 시작된 일이므로(대통령이 돼도) 바꿀 생각은 없다."

– 2006년 12월 13일 충북대 특강

"중도에 계획을 바꾸는 것은 옳지 않다. 행복도시(행정중심복합도시)를 행정기능과 함께 과학, 산업, 문화 등의 기반시설을 함께 하는 자족능력을 갖춘 도시로 육성할 것이다."

– 2007년 8월 2일 오송역 방문

"행정수도를 옮기기로 이미 결정이 되고 또 이것이 헌법상으로 타당하고 이렇게 되고 또 국회에서도 결의가 되었습니다. 그러므로 행정의 일관성이랄까. 이런 측면에서 중도에서 계획을 바꾸는 것은 옳지 않다는 생각을 갖고 있습니다."

– 2007년 8월 2일 대전시청 기자회견

"훌륭한 계획인 것 같다. 서울시장 시절엔 반대했지만 기왕 시작된 것 제대로 만들어야 한다. 더 빨리 더 크게 해놓겠다. 행복도시는 계획대로 추진되어야 한다."

– 2007년 9월 12일 행복도시건설청 방문

"어떤 분들은 저보고 저 이명박 후보가 되면 행복도시 잘못될 것이라고 중상모략을 하고 있습니다. 저는 약속하면 반드시 지킵니다. 여러분."

–2007년 11월 27일 대전 유세

세종시에 대한 여러 약속 중 압권은 2007년 11월 28일 오전 충남 연기군 행복도시건설청에서 열린 '이명박표 세종시' 건설 계획 발표 기자회견이다. 이날은 아예 '이명박표 세종시'라는 이름을 붙이고 현수막을 걸어놓고 시작했다. 서울시장 당시 행정수도 이전에 반대도 했고 평소 거짓말을 잘한다는 이미지가 있어서 사람들이 잘 믿지 않자 아예 이에 대한 기자회견을 열어 못을 박겠다는 의도였을 것이다.

"저는 약속한 것은 반드시 지키도록 할 것입니다. 제대로 잘 만들겠다는 약속을 충청도민들에게 확실히 드립니다. 저는 한 번만 얘기해도 확실히 지킵니다."

확실히, 한 번만 얘기해도 확실히 지킨다고 확인했다. 대통령이 된 뒤에도 2008년 3월 20일 충남도 업무보고 자리에서, 2008년 5월 2일 청와대 시도지사 회의 후 충남지사에게, 2009년 6월 20일 청와대 여야 대표회동 등에서 "당초 계획대로 진행중이고, 나도 정부 마음대로 취소하고 변경할 수 없다고 생각한다"고 15회 이상 약속했지만 결과는 거짓말이었다.

2011년 2월 1일 방송좌담회를 통해 "(2007년) 당시 (대통령) 선거유세에서 나는 충청도 표를 얻으려고 관심이 많았을 것"이라고 밝혔다. 결과적으로 그렇게 지킨다던 약속은 안 지켜졌다. 서울시장 당시 "군대를 동원해서라도 수도 이전을 막고 싶다"고 했던 게 MB다. 그것이 MB의 진심이었는데 대통령이 되려고 국민과 충청도민을 속이려고 뒤집을 거짓말을 한두 번도 아니고 무려 15번 넘게 했던 것이다.

약속을 어기면서도 MB는 부끄러워하거나 미안해하지 않고 도리어 "공약집에 있었던 것도 아니다"라고 했다. 약속을 어긴 것에 대해 미안해할 줄 모르고 부끄러워할 줄 모르는 것이다. 그런 MB이기 때문에 "공약집에 있는 것도 아니다"라는 말을 할 수 있는 것이다. 세종시와 관련해 말 바꾸기와 잡아떼기를 얼마나 했으면 자유선진당 류근찬 의원이 MB에게 "거짓말 탐지기를 들이대 보자"라고 했겠나?

그런데 기가 막힌 것은 공약집에 나온다는 점이다. 2007년 11월 인쇄된 《인류국가 희망공동체 대한민국》이란 이름의 한나라당 대선공약집에는 '국제과학 비즈니스 벨트 조성'이 소개됐다. 이 공약집에 따르면 "행정복합도시의 기능과 자족능력을 갖추기 위해 국제과학비즈니스벨트와 연계해 인구 50만 명의 도시로 만들겠다"고 명시되어 있다.

MB가 '공약집에 나오나'라며 오리발을 내미는 것이 또 하나 있다. 바로 반값등록금이다.

MB와 한나라당은 2007년 10월 10일 이명박 대통령선거대책위를 발족하면서 임해규 의원을 위원장으로 한 '등록금절반인하위원회'를 만든다. 이 등록금절반인하위원회는 '경제살리기특별위원회'(위원장 이명박)의 산하 조직이다. 그리고 지금 교육부 장관이 되어 있는 이주호가 한나라당 제5정책조정위원장이던 2007년 6월 21일 "등록금 반으로 줄이기 4대입법을 통하여 대학 재정을 늘리되, 정부 간섭의 여지를 최소화하겠다"고 약속한 바도 있다.

국회의장을 역임한 김형오 당시 한나라당 원내대표도 2007년 3월 9일 한나라당 주요 당직자 회의에서 "반값등록금 같은 민생법안을 처리하는데 당력을 집중할 것이라는 점을 분명히 밝힌다"고 했다. 그런데 2008년 9월 9일 MB는 국민과의 대화 생방송 중 "내 자신은 반값등록금 공약을 한 적이 없다"고 말을 뒤집었다.

정말 말 뒤집기, 약속 뒤집기의 달인이라 불러도 손색이 없을 지경이다. 그러니 MB에게 퇴임 후 빈대떡 장사나 하라고 한 말은 그의 미래를 진정으로 걱정해준 말이다.

"몰염치, 파렴치, 후안무치가 MB정신"

:: 부끄러움 모르는 삼치정권

"이명박 시대를 상징하는 사람을 보면, 우선 신영철 대법관이 있습니다. 후배 판사들에게 촛불 재판에 대해 어떻게 하라고 지시를 내린 것은 법적으로 문제가 있다는 지적이 많지요. 그러나 더 중요한 것은 국회에서의 위증입니다. 대법관은 어찌 보면 수행자, 성직자의 입장입니다. 명예와 존경심을 바탕으로 사는 사람인데, 거짓말을 했습니다. 후배들이 그렇게 반대했는데도 그 자리를 지킨다 이거죠. 거짓말과 그게 들켰을 때 아무런 양심의 가책을 받지 않는 뻔뻔함. 몰염치破廉恥하고 파렴치破廉恥하고 후안무치厚顔無恥한 이 '3치'가 이 시대를 상징하는 이명박 정신입니다."

2009년 6월 23일 〈오마이뉴스〉 인터뷰 중에서

공자가 제자들과 함께 천하를 주유할 때의 일이다.

길가에서 똥을 누는 백성을 만났다. 공자는 제자들을 시켜 그 놈을 잡아다가 볼기를 치게 한 후 준엄하게 꾸짖고 훈계하여 돌려보낸다.

다시 길을 떠난 공자 일행, 얼마 후에 이번에는 길 한가운데서 똥을 누는 인간을 만났다. 혼을 내려고 준비하는 제자들, 하지만 공자는 "저 놈을 피해서 길을 가라"고 명한다. 제자들은 의아해 하면서도 그 인간을 비켜서 수레를 끈다.

그 인간에게서 멀어진 후 제자들이 공자에게 묻는다.

"스승님, 아까 길가에서 똥을 싸는 놈은 데려다 혼을 내셨으면서,

이제 길 한가운데서 똥을 싸는 놈은 피해서 가시는 이유가 무엇입니까?"

공자의 답은 이렇다.

"길가에서 똥을 싼다는 것은 마음 한구석에 그래도 부끄러워하는 마음이 약간이나마 남아 있다는 의미다. 하지만 길 한가운데서 똥을 싼다는 것은 인간으로서 부끄러워하는 마음이 전혀 없다는 얘기다. 부끄러움이 남아 있는 인간은 매를 때려서라도 가르칠 수 있지만, 그런 마음이 전혀 없는 인간은 때려서도 가르칠 수 없다. 가르칠 수도 없는 인간을 데려다 때리고 훈계하는 것은 시간 낭비일 뿐이다."

바로 부끄러움을 모르는 인간은 인간이 아니라는 말이다. 거짓말을 하고도, 잘못을 저지르고도 부끄러워할 줄 모르는 MB는 그런 점에서 짐승같은 나락으로 떨어진 것이다. 아무리 구중궁궐 같은 청와대에 앉아서 호의호식하고 수만 명을 거느릴지라도 스스로 돌아보고 성찰할 줄 모르는 인간은 더 이상 인간이라 부를 수 없다. 그래서 부끄러움을 모른다고 '삼치정권'이라는 이름을 붙여준 것이다.

부처님께서도 《유가경》에서 부끄러워할 줄 알라고 했다.

"부끄러워할 줄 알아라. 부끄러움의 옷은 모든 장식 가운데 가장 으뜸가는 것이다. 부끄러움은 쇠갈퀴와 같아 사람의 법답지 못함을 다스린다. 그러므로 항상 부끄러워할 줄 알고 잠시도 그 생각을 버리지 말아야 한다. 만일 부끄러워하는 마음을 버린다면 모든 공덕을 잃게 될 것이다. 부끄러워할 줄 아는 사람은, 곧 착한 법을 가질 수 있게 되지만, 그렇지 못한 사람은 짐승과 다를 바 없다."

부끄러워할 줄 안다는 것은 성찰한다는 것이고 다시 고쳐나갈 수 있다는 것이다. 그런데 부끄러워하지 않는다는 것은 자기 잘못을 인정하지 않는다는 것이고 그런 사람은 천불千佛이 와도 제도濟度가 되지 않을 것이다.

MB는 거짓말도 잘하고 약속 뒤집기도 잘하지만 그런 잘못을 저질러 놓고도 부끄러운 줄 모른다는 게 최대 특징이다. 웬만한 사람들은 거짓말을 하면 얼굴이 화끈거리고 뭔가 양심적으로 찔리기 마련이다. 정상인이라면 다 그렇다. 그런데 MB는 전혀 그런 것이 없다.

얼굴이 두꺼운 것이다. 그래서 '후안무치한 정권'이라고 부르는 것이다. 인사청문회에서 고위공직자들이 땅투기하고, 논문 표절을 하고 위장전입이라는 범법행위를 저지르고도 장관이 되겠다고 인사청문회장에 나와 있는 것부터가 말이 안 되지만, MB정부에서는 그게 오히려 정상이다. "그런 것이 잘못됐다", "그건 부끄러운 짓이다"라고 하는 사람이 오히려 비정상인이다.

김대중, 노무현 정부 때는 위장전입 하나만 가지고도 고위공직자가 되지 못했는데 MB시대에 들어와서는 장관이 되기 위한 기본 지참물이 됐다. 한상대 검찰총장 같은 경우는 자기는 위장전입을 해놓고 다른 사람들이 하면 처벌하겠다고 뻔뻔스럽게 국민들이 보는 앞에서 말할 정도니 도덕불감증이 아니라 도덕성 자체가 없어진 것이다.

부끄러워할 줄 모르고 염치도 없고 뻔뻔스러운 세상이 되어 버린 것이다. 그래서 MB시대 정신은 뻔뻔스러워 부끄러움이 없다는 뜻의 후안무치厚顔無恥, 체면을 차릴 줄 모른다는 뜻의 몰염치沒廉恥, 염치를 모르고 뻔뻔스럽다는 뜻의 파렴치破廉恥이기 때문에 '삼치정권' 이라 부르는 것이다.

MB는 정치하다 보면 거짓말도 좀 할 수 있고 약속도 좀 어길 수 있는 것 아닌가, 나만 그러는 것 아니지 않느냐고 생각할지도 모른다. '거짓말이 무슨 그리 큰 죄인가' 라고 되물을 수도 있다. 경전에 나오는 한 얘기를 들려주고 싶다.

어느 날 두 여인이 부처님을 찾았다. 한 사람은 몸을 파는 거리의 여자였고 또 한 사람은 평범한 가정의 주부였다. 부처님은 이들에게 물었다.

"무슨 문제가 있어 왔는가?"

부처님의 물음에 창녀는 힘없이 고개를 떨구었다. 하지만 옆에 있던 평범한 주부는 당당하게 말했다.

"저는 작은 죄는 몰라도… 큰 죄는 지은 적이 없습니다."

이 말을 들은 부처님께서 창녀에게는 멀리 떨어진 곳에 가서 자신의 죄만한 바위를 굴려오라고 했다. 큰 죄는 없다고 말한 주부에게는 작은 돌을 주워 소쿠리에 담아오게 했다.

그런 다음 부처님께서는 두 여인에게 각자 가져온 돌들을 다시 가져온 자리에 돌려놓으라 했다. 바윗돌을 굴려온 창녀는 금세 제자리를 찾아 돌려놓았으나 작은 돌을 주워온 여인은 제자리를 찾지 못하고 헤매었다.

부처님께서는 "이와 같이 크게 지은 한 가지의 죄는 찾기도 쉬워 그 허물을 뉘우치고 참회하기도 쉽지만, 작게 여러 번 지은 죄는 그 허물을 낱낱이 찾기조차 어려우니 뉘우치기도 어려운 법이다. 작은 악업이라 하여 별것이 아니라고 무시해서는 안 된다. 작은 것이 쌓이면 곧 큰 것보다 무거운 죄가 되나니 이를 경계해야 한다"고 말씀하셨다.

이 이야기를 바탕으로 톨스토이는 《돌과 두 여자》라는 유명한 소설을 썼다.

인간이 완전한 존재가 아니기 때문에 잘못도 할 수 있고 거짓말도 할 수 있다. 그러나 그 다음이 문제다. 거짓말을 부끄러워하고 반성하면 고칠 수 있다. 그런데 거짓말하고도 부끄러워할 줄 모르면 그것은 사람이 아닌 것이다. MB정권 하의 고위공직자들 중에는 후안무치한 인간들이 즐비하다. 그들은 부도덕한 짓을 하고도 인사청문회 나오는 걸 부끄러워하지 않는다. 온 국민들이 보는 앞에서 손가락질을 당해도 역시 부끄러워할 줄 모른다. 그런 점에서 MB정부의 DNA는 거짓말에다 뻔뻔스러움까지 포함되었다.

여러 차례 잘못을 비판했음에도 MB가 낯빛 하나 안 바꾸고 또 다시 거짓말을 계속하는 것을 보고 참으로 낯짝이 두껍다는 생각이 들었다. 얼굴에 철판을 깔았는지 총알을 맞아도 탕탕 튕겨낼 것이다. 하기야 그의 고향이 포항이니 거기서 철판을 구해다가 깔았는지도 모르겠다. 그래서 후한무치를 넘어 '철판정권' 이라 부르는 것이다.

"도덕적으로 완벽한 정부? 뼛속까지 사기꾼"

:: 도덕을 포기한 부정부패 정권

"금융감독원이라는 게… 정치하는 자들이 말이야. 서민들이 새벽시장에 나가 배곯아가며 허리 휘도록 한두 푼 벌어 이자로 여생 보내겠다며 맡긴 돈으로 천인공노할 만행을 저지른 놈들이다. 그걸 왜 비판 안 하나. (이상득 의원이) '내 동생은 뼛속까지 친미'라고 했다는데 알고 보니 뼛속까지 사기꾼이다. 부정부패 비리가 이렇게 심할 줄 몰랐다. 부자로 만들어주겠다는 거짓말에 속아 MB를 찍어 대통령 만든 국민들이 반성해야 한다. 부산저축은행 사태를 보면 이건 국가가 아니라 도둑놈 집단이다. 금융감독원은 차라리 '금융사기원'이라 부르는 게 좋겠다."

2011년 9월 25일 동국대 야외법회 법문 중에서

　　도덕적으로 완벽한 정부? '도둑적'으로 완벽한 정부라는 말을 잘못한 것 아닌가? 일본 오사카 태생이어서 그런지 모르지만 MB의 국어실력은 문제가 있다. 자신이 존경한다는 안창호 선생한테도 '안창호 씨'라고 부르지 않나, 수덕사 원담 스님 다비식에 가서 만장을 쓰는데 '극락왕생'을 '긍낙왕생'이라고 쓰지를 않나. 그런 국어 실력으로 어떻게 대학을 나오고 대통령도 됐는지 모르겠다.

　　'도덕적으로 완벽한 정부'라는 말을 들으면 어느 개그프로의 유행어처럼 정말이지 '기가 막히고 코가 막힌다'. 오죽했으면 내가 "뼛속까지 거짓말, 뼛속까지 사기꾼"이라 하고 "세계부정부패비리 선수권대회를 열면 금메달을 휩쓸겠다"고 했겠는가? 그런 부도덕한 MB가 도덕적으로 완벽한 정부라니 듣는 국민들은 속에서 '열불'이 나고 '천불'이 난다.

이명박 장로가 대통령을 하니 교회 사람들이 기독교당을 만든다고 야단이다. 그래서 나는 천불당을 만들면 어떨까 그런 생각을 해본 적이 있다. 천주교와 불교가 합쳐서 '천불당', 신부님들과 스님들은 독신이니 역대 정부들이 친인척 비리로 다 엉망진창이 됐는데 적어도 그런 문제는 없지 않겠는가? MB처럼 가족들이 투기에 나설 일도 없고 말이다. 내가 '천불당'을 만들자고 하는 것은 속에 천불난 사람들이 너무 많아서다. 아마도 '천불당'을 만들면 MB 때문에 속에서 천불이 나는 사람들이 다 지지할 테니 참 잘될 것 같다.

국민들 마음속에서 천불나게 하는 대표적 사건이 바로 부산저축은행 비리 사건이다. 측근인 김두우 청와대 홍보수석, 은진수 감사원 감사위원 등이 저축은행 비리에 연루되자 MB는 "도덕적으로 완벽한 정부인만큼 조그마한 허점도 남기면 안 된다"라고 말했다. 정말 적반하장도 정도가 있는 것이다.

온 나라를 떠들썩하게 만든 문제의 부산저축은행 그룹은 총 여신규모 7조 6,579억 원에 달하는 초대형 저축은행이다. 그중 5조 3,400억 원이 대출됐는데 대부분이 불법적으로 대출되었다. 특히 120개의 위장법인을 만들어 심사도 없이 4조 6,000억 원이나 불법 대출했다. 이 돈을 골프장, 납골당, 선박 등에 마구잡이로 투자했다가 자금이 회수되지 않아 저축은행의 부실화가 일어난 것이다. 그걸 감추려고 임직원, 친인척 명의로 불법 신용대출을 해 돌려막기에 나섰다.

이 과정에서 분식회계를 통해 회계장부를 조작했고 재무제표는 거짓으로 흑자라고 꾸몄다. 이렇게 위조된 재무제표에 따라 대주주와 임직원들에게 2006~2010년까지 640억 원의 배당금을 나눠주기도 했다고 한다. 무려 2조 4,533억 원 규모의 위조된 재무제표를 가지고 국제결제은행(BIS) 자기자본은 물론 서민들을 속여 투자를 하게 만든 사기사건이다. 과장된 선전으로 투자자들에게 피해를 입힌 BBK와 비슷하다.

갖은 편법과 불법을 동원한 돌려막기 대출로도 경영이 어려워지자 부산저축은행 대주주와 임원들은 권력 실세들과 정치권에 로비를 해 1,000억대의 유상증자를 받아 부실을 감추고 위기를 모면하려 했다. 이렇게 됨으로써 서민들의 피땀 어린 투자금, 나라의 혈세까지 말아먹게 된 것이다.

이런 잘못을 저지르고도 대주주와 임직원들은 천문학적 규모의 배당금과 월급을 꼬박꼬박 챙겼다. 심지어 대주주 개인 빚까지 은행이 대신 갚기도 했다. 돌려막기로도 도저히 감당되지 않는 상황이 되자 파산 직전 이들은 본인들과 친인척의 예금을 모두 빼내 챙겼다. 2011년 2월 14일 영업정지 전 대주주와 임직원 등 200여 명의 VIP 고객들만 따로 연락해서 사흘 전인 2월 14일에 312억 원, 15일에 441억 원, 바로 전날인 16일에 573억 원을 인출해 갔다.

심지어 2월 16일 오후 4시 은행 창구의 셔터가 내려진 상태에서도 예금이 빠져나갔다. 금융감독원은 "영업정지 전날 직원이 고객 예금을 무단으로 인출해 고객 계좌로 송금하지 말라"는 공문을 보냈는데도 대규모 인출이 이뤄진 것이다. 금융감독원은 이를 알고도 2개월 동안 숨겼다. 도덕적 해이의 극치를 보여주는 것이다. 부실은행과 금융감독원이 공모해 투자자들과 국민의 혈세를 빼내간 것과 마찬가지다. 그 피해는 예금자들이 몽땅 떠 안아야만 했다. 법으로 보호받지 못하는 고객 돈이 자그마치 2,800억 원에 달한다. 서민들이 피땀 흘려 모은 2,800억 원이 고스란히 허공으로 사라진 것이다.

이런 부정과 비리, 부실을 감시하라고 만들어 놓은 것이 금융감독원이다. 그런데 대주주가 10년 동안이나 고객 예금을 제 주머닛돈 쓰듯 했는데도 금융감독원은 까마득히 몰랐다니 믿을 수가 없다. 더욱이 2010년에는 넉 달이나 상주하며 검사를 했는데도 비리를 한 건도 발견하지 못했다고 한다. 이걸 누가 믿겠는가. 그래서 금융감독원 이름을 '금융사기원'으로 바꾸라고 한 것이다.

뿐만 아니다. 대주주와 경영진의 부정행위를 감시해야 할 금융감독원의 고위 인사들은 퇴임 후 줄줄이 저축은행의 감사가 되어 임원회의에 참석해 이 같은 범죄에 동참함으로써 떡고물을 챙겼다. 이른바 금융계의 '전관예우'인 셈이다. 이들이 하라는 감사는 안 하고 오히려 금융당국의 로비 창구가 되지 않고서야 어떻게 이런 부정비리가 판을 칠 수 있겠는가.

부정과 비리로 얼룩진 저축은행의 사외이사 혹은 감사는 대부분 퇴직한 금융감독원, 국세청, 감사원 출신들로 채워진다. 이들은 로비의 창구, 징검다리가 되기도 했다. 로비스트 윤여성을 통해 부산저축은행 고문변호사 은진수 감사원 감사위원에게 줄을 댔고 은진수는 김종창 금융감독원장으로 혹은 더 높은 정권 실세로 '검은줄'을 댔다. 또 다른 로비스트 박태규는 김두우, 홍상표 등 청와대 수석들을 통해 로비를 벌였다.

위만 썩은 것이 아니라 아래도 함께 썩었다. 금융당국의 실무 담당자들도 저축은행으로부터 금품과 향응을 받기에 바빴다. 전직 저축은행 임원이 폭로한 내용에 따르면 금융당국 등의 검사반이 내려오면 룸살롱 등에서 24시간 향응이 진행되었다고 한다. 인맥을 통해 연예인까지 동석시키기도 한 이런 접대 등으로 인해 금감원 부산지원 수석조사역 최모씨, 금감원 저축은행 서비스국 부국장 정모씨가 부패혐의로 관련 조사를 받았다. 이런 금품, 향응 때문에 2010년 넉 달 동안의 조사를 벌였지만 아무런 혐의를 발견하지 못한 것이다.

이것이 도덕적 해이의 종합판이자 '비리백화점 정권'에 걸맞은 비리 종합백화점 부산저축은행 비리사건인 셈이다. MB가 좋아하는 오늘날 이 나라의 국격이다. 이런 부도덕한 일에 자신의 측근들이 모두 연루되고 금융당국이 제 역할을 못했는데도 죄송하다는 말도 없이 적반하장으로 "도덕적으로 완벽한 정권"이라고 말하는 그 정신상태가 놀랍다.

그런데 부산저축은행 비리 사건과 관련해 주목되는 인물이 한 사람 있다. 은진수 감사원 감사위원이다. 1983년 세상을 떠들썩하게 했던 슬롯머신 사건 수사에 참여해 일명 '모래시계 검사'로 이름이 났던 은진수는 판사, 중수부 검사, 변호사, 국가청렴위원회 위원, 부패방지위원회

비상임위원, 한나라당 부대변인, 한나라당 클린정치위원회 법률대책팀장, 감사원 감사 위원까지 정말 화려한 경력의 소유자다.

특히 MB 대선 캠프에서 'BBK 대책팀장'을 맡기도 했다. 그는 2005년부터 2년 가량 부산저축은행의 고문 변호사를 맡았다. 2007년에는 골프장 불법대출 사건과 관련해 부산저축은행의 최고 실력자인 김양 부회장의 변호인으로 활약했다. 그런 그가 2009년 2월 감사원의 감사위원이 된 것이다.

감사위원이 된 그는 2010년 1월에서 4월 사이 '서민금융지원시스템 운영 및 감독 실태 심의'에 참여한다. 바로 저축은행의 운영 및 감독 실태를 다루는 심의였다. 감사원법 15조에는 "감사위원은 자기와 관계 있는 사항에 대해서는 심의에 참여할 수 없다"고 되어 있다. 전임 부산저축은행 고문변호사가 저축은행 문제를 다룬다는 것 자체가 법을 어긴 것이다. 감사원은 문제가 생기자 은진수가 부산저축은행과 연관되어 있는 줄 몰랐다고 해명했다. 김황식 현 총리가 감사원장 때의 일이다.

로비스트 윤여성에게 다이아몬드 반지를 받은 그는 그것도 모자라 친형 은현수의 취업을 부탁했다. 그의 형은 제주도의 모 카지노에서 열 달 동안 취업해 월 1,000만 원의 급여를 받아 챙겼다. 이런 은진수가 감사위원으로 어떤 역할을 했을지 보지 않아도 알 수 있는 일이다. 하기야 MB 형제도 '형님 먼저 아우 먼저'라면서 나라를 말아먹는데 측근인 그가 본을 받아야 하지 않겠는가.

이러한 연고로 곪은 부산저축은행 비리사건이 터져야 할 때 터지지 않고 봉합에 봉합을 거듭하다 더 이상 막을 수 없는 지경에 와서야 터지고 만 것이다. 오죽했으면 'MB의 남자'라 불리는 이재오 의원이 2011년 9월 29일 보건복지부 국정감사에서 "지난 10년간(김대중·노무현) 정부에 따진 것이 부끄럽다"고 말했겠는가.

그는 국정감사장에서 "이명박 정부 들어서도 지난 10년간 정부에 따진 것과 크게 달라진 것이 없다… 야당을 10년을 하면서 국정감사를 10번 했다. 10번을 할 때마다 당시 정부 여당에 따진 것이 기관의 부정문제, 부패문제, 인사문제였는데, 우리가 여당이 되거나 집권을 하면 적어도 저런 것은 안 되겠다 생각했었다"면서 측근 비리, 인사문제로 엉망이 된 MB정부의 현실을 개탄했다. 《선림보훈》禪林寶訓에 이런 말이 나온다. "도덕이 있으면 비록 필부라도 궁색하지 않지만 도덕이 없으면 천하를 다스려도 원활하지 못하다."

거짓말로 인해 도덕이 무너지면 세상이 썩기 마련이다. 도덕은 나라를 떠받치는 기둥이다. 기둥이 썩으니 나라가 폭삭 주저앉게 되는 것이다. 자기 자신부터 부도덕, 전과자인 MB, 또 하나같이 부도덕한 인물을 고위공직자에 앉혀 도덕을 무용한 것으로 만들었고 '민관합작비리'인 부산저축은행 비리를 일으킨 MB정부가 스스로 도덕적으로 완벽한 정부라고 말한다. 군 면제자인 MB가 다녀올 곳은 군대만이 아닌 것 같다. 초등학교도 다시 다녀야 할 모양이다. MB에게는 거짓말이 부도덕이 아닌 모양이다.

포항형제파의 권력 사유

총리실 산하 공직자윤리지원관실의 불법적인 민간인 사찰로 세상이 시끄러웠다.
이를 감추기 위해 청와대에서 대포폰을 썼다고 한다.
깡패나 범죄자들이 범법행위를 위해 쓰는 게 대포폰인데 청와대에서
이 대포폰을 쓴다는 것 자체가 말이 되지 않는 일이다.
이런 정부를 어떻게 제대로 된 국가조직이라 할 수 있겠는가?
범죄조직, 조폭조직, 잡범조직이라고 불러야지.
청와대에서 대포폰을 썼다는 것 하나만으로도 정권을 내놓아야 할 만큼 부도덕한 일이다.
그런데 그런 나쁜 짓을 하고도 아무런 문제가 없는 것이 MB시대의 풍경이다.
아무리 거짓말을 하고 나쁜 짓을 해도 문제삼는 사람이 없고 도리어 그런 사람들이
승승장구하는 MB정부니 이 정권에게 무슨 도덕관념이 있다 하겠는가.

"형님 먼저 아우 먼저 하면서 나라 거덜내"

:: '포항형제파'의 대한민국 접수기

"부산에 가면 폭력조직 칠성파가 있다. 광주엔 OB파, 그런데 포항엔 '형제파'라는 조직이 있었다는 걸 우리가 놓치고 있었다. '포항형제파'가 대한민국을 접수해 '형님 먼저 아우 먼저' 해가며 대한민국을 거덜내고 있다."

2011년 1월 3일 봉암사 법문 중에서

옛날에 코미디언 구봉서와 곽규석이 나와 '형님 먼저 아우 먼저' 하면서 서로에게 그릇을 내미는 라면 광고가 있었다. '형님 먼저 아우 먼저', 동방예의지국인 우리나라에서 이런 형제애, 가족애는 미덕으로 꼽힌다.

그러나 이 형제애, 가족애가 정치판으로 들어오면 상황이 영 달라진다. 역대 정권치고 가족이 문제가 되지 않은 경우는 거의 없었다. 전두환 당시에는 동생 전경환이 문제였고, YS 때는 아들 김현철, DJ 때는 김홍업, 김홍일 등의 아들이, 노무현 때는 형 노건평이 사달이었다. MB 역시 다르지 않다.

다르지 않은 정도가 아니라 노골적이다. 아니 차원이 다르다고 하는 것이 더 옳다. 이전의 정부는 대통령의 후광을 업고 가족들이 물의를 일으켰다면 이명박-이상득 형제는 팔을 걷어붙이고 아예 나라를 거덜내고 있기 때문이다.

MB와 이상득, 이 두 사람의 관계가 다른 형제, 다른 가족과 다르기 때문이다. MB와 이상득은 가족이기 때문에 물론 피를 나눠가졌다. 그뿐이 아니다. 여러 가지 인생 이력도 함께 나눠 가졌다. 그 과정에서 서로 끌어주고 밀어주고 해온 것이 두 사람의 인생 역정이다. 평사원에서 기업 CEO로, 정치 입문에 같은 소망교회의 장로까지 둘은 닮은꼴 인생이다.

게다가 친미 보수라는 이념도 닮았다. 2006년 9월 21일~25일까지 한나라당 이상득 국회부의장을 단장으로 전여옥, 정형근 최고위원, 박진 의원, 황진하 국제위원장, 정문헌 제2정조위원장 등 6명으로 구성된 한나라당 방미단이 미국을 찾았다. 이때 이상득 단장은 특파원 간담회에서 "우리가 옛날에 중국에 죽지 않으려고 조공도 바치고 책봉도 받아가면서 살아남지 않았느냐"면서 "(미국쪽 인사들이 만나기) 귀찮다고 해도 국익에 필요하면 귀찮게 할 것"이라고 말했다. 이른바 조공외교 발언이다. 그 형님의 아우에 걸맞게 "MB는 뼛속까지 친미 친일"이라 한다.

둘의 다른 점이라면 MB가 살아오면서 시끄럽고 흠이 많았던 반면 형님은 비교적 원만했고 노숙했다. 수줍음이 많고 낯을 가린 MB에 비해 형님은 탁월한 친화력을 가졌고 마당발이다. 때문에 MB는 형님에게 많이 의존했다.

MB를 정치로 입문시켜준 것도 형님이었고 아들 교육을 위해 위장전입을 할 때 의탁한 곳도 형님의 압구정동 집이었다. 형님의 도움은 그뿐이 아니다. 특히 사람을 형님으로부터 많이 소개받았다. MB의 '정치멘토'로 불린 최시중을 MB에게 소개한 것도 형님이었고, 박근혜와 MB 사이에서 갈등하던 박희태를 끌고 온 것도 형님이었다. 박희태는 MB의 국회의원 시절 "현대건설 회장 출신 국회의원보다 이상득 의원의 동생으로 더 기억되었다"고 할 정도로 MB는 형님의 그늘에 있었다.

MB시대의 실세들로 꼽히는 박영준, 장다사로를 서울시장 시절 MB에게 붙여준 것도 형님이었다. 코오롱 때부터 데리고 다니던 김주성을 MB가 서울시장 시절 세종문화회관 사장으로 천거한 것도, 정권을 잡은 뒤에는 국정원 기조실장을 맡게 한 것도 형님의 의중이었다. 뿐만이 아니다. 초대 대통령실장 류우익, 집권 후반기 대통령실장 임태희 모두 형님의 사람에서 MB의 사람이 된 인물들이다.

대선 당시 수줍음이 많고 귀찮은 일이 많았던 MB는 귀찮은 일은 대부분 형님에게 얘기하라고 했다. 그도 그럴 것이 대선 후보가 얼마나 바쁜가. 그런데 여기저기 청탁에다가 BBK다 무슨 무슨 비리 혐의다 터져나오는 게 한두 개가 아니었는데 일일이 다 처리할 수도 없고 정말 믿고 맡길 수 있는 대리인이 필요했다.

그런데 자기 출생 비밀부터 살아온 동안 남에게 말 못할 흠결까지 다 아는 형님이 있었다. 뼛속까지 들여다보는 형님에게 맡기니 편했다. 그

때마다 형님은 잘 처리했고 그 결과로 MB는 대통령이 된다. 이재오, 정두언 등이 아무리 일등공신이라 해봐야 형님한테는 안 된다. 그들은 피도 안 나눠 가졌고 뼛속까지 알지도 못하지 않는가. 이렇게 포항의 가난한 집에서 태어난 형제는 마침내 성공해 동생은 대통령이 되고 형님은 '상왕'이 되었다.

MB는 취임사에서 "끼니조차 잇기 어려웠던 시골 소년이 노점상, 고학생, 일용노동자, 샐러리맨을 두루 거쳐 대기업 회장, 국회의원과 서울특별시장을 지냈습니다. 그리고 대한민국의 대통령이 되었습니다. 이처럼 대한민국은 꿈을 꿀 수 있는 나라입니다. 그리고 그 꿈을 실현시킬 수 있는 나라입니다"라고 감격스럽게 말했다.

얼마나 기뻤겠는가. 형제는 얼싸 안았을 것이다. 어머니를 생각하면서 북받쳐 오르는 눈물을 함께 흘렸을 것이다. 그리고 조용히 무릎을 꿇고 기도를 올렸는지도 모른다. "하나님 감사합니다. 어머니 보고 계시죠. 명박이가 대통령이 됐어요"라고 말이다.

이렇게 의좋은 형제들이다. 쌍둥이 같은 형제들이다. 형제는 같이 살아왔고 같이 성공한 것이다. 형님 먼저 아우 먼저 하면서 온갖 시련을 딛고 정권을 잡은 것이다.

MB에게는 여러 형제가 있다. 그러나 다른 형제를 다 합쳐도 상득 형님 만한 분이 안 계셨다. 정권을 잡고 난 뒤 '형님'에게 인사 문제다, 비리다 여러 혐의가 쏟아져 2선 퇴진 얘기가 나왔지만 그때마다 MB는 "내게 부모 같은 형님이시다"라는 한마디로 정리했다. 생을 두고 뼛속

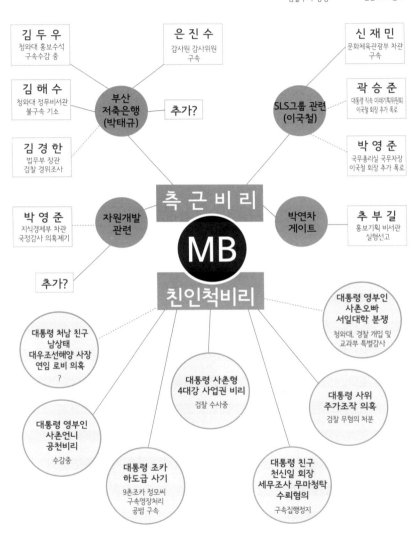

MB정부는 부패공화국!

—— 검찰수사 상황   ······ 언론보도 참고

김 두 우
청와대 홍보수석
구속수감 중

은 진 수
감사원 감사위원
구속

신 재 민
문화체육관광부 차관
구속

김 해 수
청와대 정무비서관
불구속 기소

**부산
저축은행
(박태규)**

추가?

**SLS그룹 관련
(이국철)**

곽 승 준
대통령 직속 미래기획위원회
이국철 회장 추가 폭로

김 경 한
법무부 장관
검찰 경위조사

박 영 준
국무총리실 국무차장
이국철 회장 추가 폭로

측 근 비 리

MB

박 영 준
지식경제부 차관
국정감사 의혹제기

**자원개발
관련**

**박연차
게이트**

추 부 길
홍보기획 비서관
실형선고

추가?

친인척비리

**대통령 영부인
사촌오빠
서일대학 분쟁**
청와대, 경찰 개입 및
교과부 특별감사

**대통령 처남 친구
남상태
대우조선해양 사장
연임 로비 의혹
?**

**대통령 사촌형
4대강 사업권 비리**
검찰 수사중

**대통령 사위
주가조작 의혹**
검찰 무혐의 처분

**대통령 영부인
사촌언니
공천비리**
수감중

**대통령 조카
하도급 사기**
9촌조카 정모씨
구속영장처리
공범 구속

**대통령 친구
천신일 회장
세무조사 무마청탁
수뢰혐의**
구속집행정지

깊이 각인된 생각이다. 정말 눈물겨운 형제애가 아닌가.

이상득은 어땠을까? 동생 MB가 좀 철이 없다고 생각했을 때도 있었을 것이다. 1955년 포항의 동지상고를 졸업하고 육사 14기에 들어가 성공가도를 달릴 뻔했으나 2학년 때 팔을 다쳐 중퇴했다. 서울대 경제학과에 들어가 1961년 졸업을 하고 코오롱에 입사를 한다. 그렇게 대기업에서 한창 일을 배우고 있을 무렵 동생은 데모를 하다 감옥에 간다.

당시 고려대 상대 학생회장이던 이명박은 고려대에서 있었던 '주체성을 잃은 굴욕적 대일외교 반대 선언문' 발표에 관여하면서 시위에 적극 가담한다. 《이명박 신화는 없다》라는 책에서 MB는 그때를 이렇게 말한다.

"양국 간의 민족사적인 문제가 미해결로 남아 있는데 단순한 경제논리로 덮어버린다는 것은 있을 수 없는 일이다. 한일 국교 정상화는 그렇게 서두를 일이 아니다. 일제가 사과를 하고 들어와야 할 성격의 일이지, 우리 쪽에서 먼저, 그것도 밀실 협상을 통해 손을 벌리고 들어간다는 것은 민족적 감정이 용납할 수 없다. 군사정권이 한일 국교 정상화를 현실적 필요에서 파악한 데 견주어, 학생과 대다수 국민은 이 문제를 민족사의 장구한 흐름 위에서 파악하고 있다. 군사정권의 판단은 조급하고 졸속적이다."

이게 정말 MB가 관여한 게 맞다면 그런 MB가 왜 미국산 쇠고기 수입 반대를 위해 촛불시위에 나선 사람들은 이해 못하고 사과 안 하냐고 했는지 모르겠다. 한미FTA도 마찬가지다. 하지만 육사 중퇴생인 형님의 눈에는 철부지 짓이었을 것이다. 아마 그 시절 형님은 동생에게 길은 거기에 있지 않다고 일러주었을 것이다. 그때 동생은 "맞어. 형님이 맞어"라고 했을 것이다.

그래서 당장 취업할 생각으로 문을 두드리지만 데모했다고 취업이 안 되자 "박정희 대통령에게 편지를 보냈고, 청와대와 담판 끝에 1965년 현대건설에 입사하는 우여곡절을 겪었다"라고 MB는 청와대 홈피 속 자기 프로필에 적고 있다. 물론 MB의 주장이다.

하여튼 그 시절 형은 동생이 좀 철이 없다고 생각했을지도 모른다. 그러면서 뒷바라지도 해주고 또 때로는 동생한테 도움도 얻었을 것이다. 현대건설에 다니던 유능한(?) 동생은 정보도 빨라서 어디가 개발될지 알았고 그런 덕인지 몰라도 형은 지금 부동산으로 신고한 것만 따져 25억의 자산가다.

그렇게 상부상조하던 두 형제가 한 배를 탄 것은 1992년 MB가 민정당 전국구 의원으로 정계에 입문하면서다. 이미 육사 14기 라인을 타고 1988년 민정당 영일군 울릉군에 출마해 정계에 진출했던 형님은 동생도 그 길로 이끌어준다. 당시 민정당 공천심사위원이었던 하나회 출신의 이춘구가 밀어줘서 됐듯 형님이 좀 역할을 했을 것이다. 형님은 육사를 중퇴했지만 그 후로도 육사 14기 동창생 모임의 중추적인 역할을 한다. 또 14기 동기회 부회장까지 했다.

동생은 1996년 재선에 나서면서 정치 1번지 종로에 출마한다. 이종찬, 노무현 등의 거물들과의 경쟁에서 이들을 누르고 단번에 '정치 스타' 가 된다. 그러나 높이 오르다 보면 추락하기도 십상인지라 선거 때 불법 자금을 쓴 혐의로 국회의원직을 내놓게 된다. 자신의 비리를 폭로한 사람은 다름 아니라 비서관이었던 김유찬이었다. 그 순간 MB는 "믿을 놈 하나도 없네. 역시 핏줄뿐이야"라고 생각했을지도 모른다.

그 다음부터 자신의 재정 관리를 처남 김재정에게 맡긴 것을 보면 정말 그랬던 것 같다. 도곡동 땅, BBK에 투자한 다스에 처남 김재정과 같은 형제인 이상은의 이름이 나오는 것 역시 그런 흐름에서 볼 수 있다. 게다가 14대 국회의원 당시 재산을 공개하면서 은닉한 혐의가 있다고 지탄을 받았는데 그 다음부터는 이에 대한 대비로 가족들의 협조를 얻었을 가능성이 높은 것이다.

가족의 협력 속에 MB는 어려움을 뚫고 2007년 대선에서 승리한다. 그 과정에서 치열했던 경선을 치러야 했는데 흠 많은 동생을 형님은 가려주고 막아주면서 당선시켰던 것이다. 그랬던 형인지라 MB의 뼛속까지 아는 것이다. MB의 DNA가 친미 친일인 것도, 거짓말쟁이에 사기꾼이라는 것도. 그러나 형님은 알고도 모른 체한다. 동생의 허물을 같은 가족이 되어 말할 수는 없는 노릇이니까.

그렇게 두 형제는 대한민국을 접수했다. 경상도의 항구도시 포항의 형제파인 MB와 이상득은 그렇게 시작도 끝도 같이 해온 것이다. 이들 용감한 형제에게 권력 분점이니 역할 분담이니 논할 필요가 없다. 이들은 시작 때부터 같이 했고 끝까지 같이 갈 공동의 정부를 구성했기 때문이다. 이름하여 '포항형제파 정권'이자 '범MB일가 정권'이다. 가끔씩

마누라도 끼워주고 친인척들도 끼워주기 때문에 '범MB일가 정권'이라는 것이다. '범서방파'도 있듯이 말이다.

"MB형제 비선조직 영포회, 국정농단의 핵심"

:: 만사형통과 영포회

"MB와 이상득 형제가 권력을 사유화해 국정을 농단하고 있다. 4대강 사업도 낙동강 쪽은 동지상고가 싹쓸이했다고 한다. 이 정권에서는 영포회가 아니면 명함도 못 내민다는 소리가 나올 지경이다. 영포회의 몸통이 MB 형제다. 이들은 봉은사 문제에도 깊이 개입해 나를 내쫓기도 했다. MB 하수인 노릇을 한 자승 원장이 수시로 '만사형통' '영일대군'이라 불리며 '상왕' 노릇하고 있는 이상득과 통화하고 만나면서 작업을 한 것이다. 여기에 국정원 같은 온갖 권력기관을 동원했다. 이제 그것도 모자라 내가 발행인으로 있는 《민족21》에 간첩 혐의를 들씌우려고 혈안이 되어 있다. 갖은 뒷조사를 다 해보고도 할 것이 없으니 지난날 정권 말기 공안몰이하던 못된 버릇을 재탕, 삼탕 하고 있는 것이다."

2011년 7월 22일 〈아프리카TV 망치부인〉 인터뷰 중에서

MB시대에 만들어진 신조어가 있다. 만사형통萬事'兄'通, 모든 길은 로마가 아니라 형님으로 통한다고 해서 만들어진 것이다. '상왕', '영일대군' '갓파더' 모두 MB의 형님 이상득 의원에게 붙여진 이름이다.

만사형통, 2008년 3월 2일 《오마이뉴스》 카메라에 찍힌 장면은 이를 상징하는 작은 사건이다. 국회 회기 중에 한나라당 권철현 의원이 이상득 부의장에게 메모를 보이자 이상득 의원이 메모에 적힌 박종구라는 이름을 손가락으로 가리킨다. 그러자 권철현 의원이 양복 안주머니에 있던 이력서를 이상득에게 내밀었다. 얼마 후 박종구는 교육과학기술부

2차관으로 기용되었다. 이건 약과다.

MB정부 인사에 '상왕' 이상득이 개입하고 있다는 것은 널리 알려진 일이다. 청와대 1기 대통령실장인 류우익, 집권 후반기 실장 임태희가 모두 대표적 이상득 라인의 인물들이다. 류우익은 촛불시위 책임으로 물러났다가 주중대사를 거쳐 통일부 장관으로 복귀했는데 집권 후반기 남북관계를 통해 난국을 돌파하겠다는 의중이 반영된 것이다. 'MB의 정치멘토' 라 불리는 최시중 방통위원장 역시 이상득이 MB에게 소개해준 인물이다. 한상대 검찰총장 역시 장인인 육사 14기 박정기와 입교 동기인 이상득 라인이 작용해 집권 말 여당과 야당의 반대에도 불구하고 밀어붙였다는 풍문이다.

정권을 쥐게 되면 인사를 통해 국정을 장악하고자 한다. 그러나 이상득은 인사를 통해 국정을 장악한 것이 아니라 권력을 사유화했다는 비판에 직면했다. 비판은 야당이나 시민단체에서 나온 것이 아니라 MB 당선의 일등공신으로 뽑히는 정두언 한나라당 의원의 입에서 나왔다.

2008년 4월 총선을 앞두고 '상왕' 이상득이 인수위와 MB 1기 내각과 청와대 참모진까지 주무르자 정두언 등 한나라당 소장파 의원 55인이 그의 정계은퇴를 요구한다. 3선 이상 65세 이상의 고령 의원 퇴진이라는 쇄신공천도 당시 함께 나온 얘기였다. 그러나 다선 의원들이 줄줄이 2선으로 후퇴하고 공천에서 탈락했지만 '오직 이상득' 만이 살아남았다. 뿐만 아니라 이방호 한나라당 사무총장을 통해 친박계 의원 등의 '공천학살' 을 주도하고 친이계를 대거 약진시킨 '형님공천' 을 완성한다.

한나라당에서 가장 돋보이는 인물은 포항 북구가 지역구인 3선의 이병석 의원이다. MB의 고대 후배이기도 한 이병석은 18대 국회에서 원래 야당 몫인 국회 지식경제위원장을 원했지만 여당 몫인 국토해양위위원장이 됐다. 4대강 사업과 포항 지역 관련 예산을 챙기려는 이상득의 입장이 반영된 것이다. 그가 임명되자마자 한국철도공사 등의 국토해양부 산하 기관에 동해안 도로 철도망 낙후 문제를 제기한 것도 그렇고 이른바 '형님예산'이라 불리는 포항과 관련된 예산을 몰아준 것도 같은 이유다.

이상득이 인사를 통한 권력사유화를 진행할 때 '핵심' 역할을 한 것이 박영준이다. '왕비서관' '왕차관'이란 별명으로 유명한 박영준은 경북 칠곡 출신, 고대 법대, 서울시 정무국장을 지낸 이른바 MB정부의 성골 코스를 다 밟은 인물이다. 이 박영준은 이상득의 보좌관을 10년 넘게 한 '이상득의 남자'다. MB가 서울시장으로 있을 때 박영준을 MB에게 보낸 것도 이상득이었다.

이상득-박영준의 힘은 인수위 때부터 나타난다. 인수위 비서팀 총괄 팀장이었던 박영준은 다른 팀장들의 회의를 소집하는 팀장 중에서도 팀장이었다. 그뿐이 아니다. 그가 새 정부의 장차관, 청와대 참모진 등에 추천될 인물군을 2~3배수로 추리면 그것을 가지고 MB가 결정했다고 여러 언론들에서 회자될 정도였다. 박영준을 거치지 않고는 MB정부의 고위직에 오를 수 없는 것이 인수위 때부터 형성된 시스템이었다.

그래서 청와대 1기 참모진에 국정기획비서관이란 직책을 달고 갔지만 '왕비서관'으로 통했던 것이다. 이 결과 이상득의 사람들로 불리는 류우익 대통령실장, 곽승준 정책기획수석, 이주호 교육과학문화수석 등이 요직에 앉게 된다. 이른바 '고소영', '강부자 내각'이라는 비판을 받은 인사의 밑그림을 그린 것이 박영준—이상득 라인이다. 그 이후에 있은 인사들도 대부분 박영준 기획조정비서관이 실무를 맡았다. 이 때문에 MB 집권 4개월 만에 이상득이 권력을 사유화했다는 비판이 나온 것이다.

박영준은 국무총리실 국무차장 시절 실세 차관들인 이주호 교과부 1차관, 장수만 국방차관, 신재민 문체부 차관 등과 함께 이른바 '차관회의'를 열어 국정을 좌지우지했다. 이들 실세 차관들의 힘을 단적으로 보여준 것이 당시 이상희 국방장관이 장수만 국방차관과의 갈등으로 사표를 낸 것이다. 윗사람이 아랫사람 때문에 사표를 낸 경우는 김성호 국정원장도 있다. 국정원장이 이상득 라인이었던 김주성 기조실장에게 밀렸던 것이다.

집권 초부터 이상득에게 '만사형통萬事兄通'이란 말이 붙은 것은 그에게로 가면 안 되는 일이 없었기 때문이다. 그의 말 한마디에 따라 여당도, 검찰도 호각소리에 달려나가는 개처럼 움직였다. 미디어법이 긴급 상정된 배후에도 이상득 의원의 강경론이 있었고, 촛불시위를 군화발로 진압한 어청수 경찰청장에 대한 경질 여론이 들끓어 위태로울 때도 "어청수 청장은 잘못한 게 없다"는 말 한마디로 퇴진 압박을 받던 어청수 청장을 살려낸 것도 이상득이었다.

정권이 언론을 장악하기 위해 정연주 KBS 사장 교체로 여야가 날선 공방을 벌일 때 "대통령을 비판하는 공영방송 사장이 있을 수 있는가"라는 말 한마디로 검찰을 움직여 정연주 사장을 내쫓은 것도 그였다. 이렇게 현안마다 해결사 노릇을 했고, 그래서 '상왕'으로 불리고 군림하게 된 것이다.

형님 파워의 진수를 보여준 것은 바로 '형님예산'으로 불리는 지역구 예산 배정이다. 3년간 1조가 넘는 돈이 포항에 뿌려졌다. 집권 첫해인 2008년 4,370억, 2009년 4,359억, 2010년 1,790억 등이다. 특히 국정 첫해인 2008년엔 여야 합의로 삭감되었던 포항항 정비 예산 등 500억 원이 최종안에 다시 부활했다. 예산이 모자란다며 복지예산을 대폭 삭감한 2011년 예산안에서도 포항의 과메기산업업화가공단지 10억, 울산─포항간 철도 복선화사업 520억, 포항─삼척 철도 건설 700억 등 엄청난 액수가 증액되었다. 날치기 과정에서도 '형님 예산'은 알뜰히 챙겨진 것이다. 이 액수는 대전과 충남북 예산 증액분을 다 합친 것보다 많았다.

이렇게 된 데는 MB의 책임이 가장 크다. MB는 선거 전에도 귀찮은 것은 형님에게 물어보라고 했다. 정치도 잘 모르고 인맥도 옅은 MB보다 특유의 친화력을 가지고 국회 최다선인 이상득 국회 부의장의 정치력에 기댈 수밖에 없는 형국이었다. 피는 물보다 진하니까 '2인자'라 불린 이재오도, 개국공신 정두언도 이상득에게는 안 된 것이다. 이처럼 무소불위의 권력을 휘두르자 모든 통로가 이상득으로 집중됐다.

인사와 예산을 장악한 이상득에게 각종 로비가 집중된 것은 당연하다. 전 국세청장 한상률이 노무현 정부 때 국세청 차장을 하다가 국세청 장이 된 것은 이례적인 일이다. 그는 대구 출신인 안원구에게 인사청탁을 했다. 안원구 국장은 검찰에서 "이상득 의원을 만나 한상률 전 청장이 모 해운으로부터 뇌물을 받았다는 소문은 사실과 다르다. 국세청 안정을 위해 한 전 청장이 유임돼야 한다"고 진술했다고 밝혔다. 이 자리는 평소 친분이 두터운 이상득 의원의 아들 이지형 씨가 도움을 줬다고 한다.

안원구 국장이 이상득 의원에게 한상률의 유임로비를 했다고 진술하고 이상득 의원실 방문 등 로비의 정황이 포착됐지만 검찰은 한 청장의 해명성 진술만 듣고 '형님'을 상대로 조사도 제대로 못한 채 사건을 끝냈다. 천하의 검찰도 이상득 앞에 가면 지리멸렬해지는 모양이다.

천신일이 태광실업 박연차의 구명 로비를 위해 만난 사람도 이상득 의원이었다. 오죽했으면 조현오 경찰청장이 부산경찰청장에 임명된 뒤 기자들과의 간담회 자리에서 "승진하려면 이상득, 이재오에 줄을 대야 한다"고 말했겠는가.

"조폭이 쓰는 대포폰으로 범죄은폐한 MB형제"

:: '청와대 하명' 받은 민간인 불법사찰

"집에서는 착하고 직장에서는 성실한 은행인이 있었습니다. 그는 퇴직하고 중소기업을 차려 착실히 운영해왔습니다. 그런데 인터넷을 보다가 '쥐코'라는 동영상을 보게 되었습니다. 재미 유학생이 만든 25분 짜리 동영상인데 이명박 대통령을 흉보는 동영상이었습니다. 하도 재미있어 그걸 본 사람이 180만 명이나 됩니다. 그걸 자기 블로그에 올려놓았는데 이걸 어떻게 정부가 알고 이 중견기업인을 조사하기 시작했습니다. 그에게 하청을 주던 은행에 압력을 넣어 하청도 못 주게 했습니다. 그래서 그는 직원들이 하청을 받아먹고 살 수 있게 해주기 위해 대표이사직을 내놓았습니다. 조사에 나선 경찰이 아무리 봐도 죄를 물을 게 없어요. 그렇게 보고하니 위에서 어떻게 해서든지 죄를 만들라 다시 지시를 한 겁니다.

그래서 개인 카드 3년치를 낱낱이 조사했다고 해요. 뒤를 캐는 수사때문에 너무 힘들어서 그 가족들은 자살까지 생각했다고 합니다. 국가라는 거대 권력이 이렇게 사조직화 되면 이미 국가조직이 아니라 국가라는 탈을 쓴, 법치의 탈을 쓴 폭력조직이 되는 겁니다. 이런 일을 당한 사람을 보고 우리는 어떻게 해야 합니까? 여러분 가족, 내 아들, 내 부모가 이런 억울한 일을 당했을 때 어떻게 하겠습니까?

민주주의는 삼권분립을 해놓고 서로 견제하고 감시하면서 권력을 마음대로 쓸 수 없도록 한 겁니다. 이런 일이 대한민국에서 일어난다는 것은 민주주의의 근간이 무너진 것과 같은 것입니다."

2010년 7월 4일 봉은사 일요법회 법문 중에서

청와대가 대포폰을 쓰게 된 이유는 총리실 산하 공직자윤리지원관실에서 불법적으로 민간인 사찰을 하다 탄로가 나자 이를 은폐하기 위해서다. 이름 그대로 공직자윤리지원관실이라면 부산저축은행 비리사건 등을 감시해야 할 금융감독원, 감사원 등의 공직자 윤리나 감독할 것이지 왜 민간인들까지 불법적으로 사찰을 했는가? 그리고 총리실 조직인데 왜 청와대가 대포폰을 써야 했는가? 이것이 문제의 핵심이다.

공직자윤리지원관실은 총리실 산하에 있었지만 총리에게도, 국무총리 실장에게도 보고를 하지 않은 이상한 조직이었다. 'BH(Blue House, 청와대의 약칭) 하명' 보고라는 메모에서 드러나듯 본래부터 청와대의 지휘를 받은 조직이다. 그랬기 때문에 청와대는 민간인 사찰 문제가 터지자 대포폰을 사용해 '뭔가'를 은폐하기 위해 나섰던 것이다.

이 조직이 만들어진 것은 2008년 4월 총선을 앞두고 정두언 등의 소장파가 이상득의 정계 은퇴를 위해 연판장을 돌린 뒤의 일이다. 또한 촛불시위로 MB가 국민들에게 두 번 사과를 하고 국정을 쇄신하겠다고 한 뒤이기도 하다. 겉으로는 반성하고 국민의 목소리를 더욱 겸허하게 듣겠다고 해놓고 뒤로는 이런 불법적인 조직을 만든 것이다.

이 조직이 뒷조사를 해서 넘기면 경찰과 검찰 등에서 수사를 하거나 뒷조사를 한 자료를 가지고 반대파 등의 입막음용으로 썼던 것이다. 소련의 악명 높은 KGB와 마찬가지로 '비밀경찰' 노릇을 한 것이고 MB는 이를 가지고 '공포정치'를 편 것이다.

불법적으로 남의 뒤를 캐던 그들의 범죄가 2010년 6월 22일 국회에서 폭로되었음에도 불구하고 국기문란의 불법적인 범죄가 제대로 밝혀지지 않았다.

총리실은 열흘이 지난 7월 2일 자체 조사를 한 뒤 7월 5일에야 검찰에 수사를 의뢰했다. 고양이에게 생선을 맡긴 격이다. 이 시간 동안 범죄자들은 자신들의 범죄 기록을 최첨단 컴퓨터하드 파괴장비인 '이레이저'와 '디가우저'를 동원해 인멸했다. 이들 자료의 대부분은 검찰 수사가 진행되기 바로 전에 삭제, 파기되었다고 한다.

이 과정에서 깡패나 범죄자들이 사용하는 대포폰도 동원됐다. 최고 권력기관인 청와대가 조폭들이나 범죄자들이 쓰는 대포폰을 마련해 주면서 공직자윤리지원관실의 불법 사찰을 은폐하도록 도왔다. 검찰은 불법이 국회에서 폭로되었는데도 눈만 끔벅끔벅하면서 제대로 수사를 안 했다. 수사를 지휘하던 이귀남 법무장관은 "당사자들이 묵비를 하거나 또는 증거인멸을 위해 다 훼손하는 바람에…"라고 얼버무렸다.

하지만 언론에 공개된 것처럼 증거인멸 과정에 사용된 대포폰은 청와대 직원이 만들어주었다는 사실, 사찰팀 수첩에서 '청와대 지시사항'이라는 메모가 발견된 것, 사찰팀 컴퓨터에 '청와대 민정수석 보고용'이라는 폴더가 있다는 증거만으로도 검찰은 고강도 수사를 진행했어야 했다. 그런데 검찰은 배후를 입증할 결정적 증거는 아니라며 재수사 불가 입장을 고수했다. 국가권력과 법 집행기관에 의해 법이 파괴되고 범죄가 저질러진 것이다.

〈PD수첩〉 수사, 미네르바에 대한 수사나 노무현, 한명숙 등 전 정권 인사들에 대한 수사가 공개적으로 진행됐다면 총리실 공직자윤리지원관실의 조사는 은밀하게 진행되었다는 것만 다를 뿐이다. 이렇게 음지에서 은밀하게 일을 하려고 하니 역시 믿을 사람은 고향 사람들이었을 것이다.

이 조직을 주도한 사람들이 대부분 이른바 '영포목우회' 인사들이다. 속칭 영포회라 불리는 영포목우회는 영일-포항지역의 정부 부처 5급 이상 공무원들의 모임이다. 이명박, 이상득이 여기에 연루되어 있다.

이상득-박영준은 선진국민연대 등의 MB 대선 조직 때부터 형성된 끈끈한 영포라인을 정부 조직 내에 심었는데, 공직자윤리지원관실이 그것이다. 민간인 불법 사찰 문제로 물의를 일으킨 공직자윤리지원관실은 박영준-이상득 라인의 권력사유화를 위한 실행 기관이었다. '관가의 저승사자'라 불리면서 김성호 국정원장, 한나라당 정두언, 남경필, 정태근, 이성헌 의원과 민간인 김종익 씨 등의 뒷조사를 하는 등 무소불위의 권력을 휘두른 것이다.

그런데 국기를 흔드는 대형 사건임에도 불구하고 검찰의 늑장 부실 수사 등으로 인해 처벌은 영덕 출신으로 노동부 감사관을 하다가 공직자윤리지원관실로 옮긴 이인규 공직윤리지원관, 김충곤 점검 1팀장, 원충연 사무관 3명에 그쳤다. 하지만 실제 몸통은 건드리지 않고 깃털만 뽑았다는 지적을 받았다. 한나라당 정태근 의원은 그 몸통이 박영준-이상득 라인이라고 공개적으로 밝혔다. 이상득 정도가 아니었으면 청와대가 대포폰으로 은폐에 나서고 검찰이 늑장 수사로 이를 비호해줄 이유가 없다.

이들에게 보고를 받았다고 지목된 포항 구룡포 출신의 이영호 고용

노사비서관, 대포폰을 지급한 최종석 청와대 행정관, 민정수석실에서 공직자 기강 문제를 다루었던 포항 출신의 이강덕 공직기강 비서관(현 서울 경찰청장) 역시 영포라인이다. 불법 민간인 사찰은 처음부터 끝까지 영포라인에서 시작해 영포라인으로 매듭지어진 셈이다. 총리실에 있으면서 총리에게 보고하지 않는 이상한 조직, 사정 업무를 관장하는 청와대 민정수석을 통해 이들의 업무가 최종적으로 도달한 종착역은 어디였겠는가? 결국, 청와대에서 조폭들이나 쓰는 대포폰을 쓰면서 감추려 한 것을 보면 나라가 폭력조직이 되었다 해도 지나친 말이 아니다.

MB와 이상득 형제의 사설조직이고 이를 정부 조직이 뒷받침한 셈이니 두 형제의 권력사유화, 국정농단이 극에 달했다는 증거다.

정부조직이 깡패조직, 범죄조직으로 전락한 순간이다. 일찍이 이런 일은 없었다. 권력이 사유화되고 정부 조직보다 사조직, 비선 조직이 더 위력을 발휘한 셈이니, 이러고도 나라꼴이 제대로 될 거라고 생각한다면 그런 생각이야말로 허황한 기대일 뿐이다.

"최초의 민관합작 '투기'는 청와대 작품"

:: 내곡동 사저는 민관합작 투기의 산물

"얼마 전에는 내곡동 금싸라기 땅에 사저를 짓겠다며 편법으로 땅을 사, 온 나라가 시끄러웠습니다. 한 나라의 최고위 공직자인 대통령이라는 자가 모범은 못될망정 갖은 편법을 동원해 추태란 추태는 다 부리고 있습니다. 그런데 참 기가 막힌 것은 땅을 살 무렵이던 2011년 6월 13일 MB가 라디오연설을 하면서 한 말입니다.

'소득이 아무리 높아져도 사회가 공정하지 못하다면 참으로 염려스러운 일입니다. 저는 소득이 높고 불공정한 사회보다는, 소득이 다소 낮더라도 공정한 사회에서 사는 것이 더 행복한 삶이라고 생각합니다. 이를 위해 고통스럽고 힘들지만 뼈를 깎는 심정으로 단호하게 부정과 비리를 척결해야 합니다.'

MB는 말로는 국민들이 선출직과 고위공직자들의 부패를 가장 심각하게 보고 있다고 하면서, 뒤로는 국민 세금으로 퇴임 후 자기가 살 집을 편법으로 사들였던 것입니다. 잘못은 자기가 저지르고 있으면서 사돈 남 말하듯 하는 것을 보면 정말 기가 막히고 적반하장도 이런 적반하장이 없습니다.

오늘의 일을 보면서 분노를 금할 수 없는 것은 MB가 아니라 우리 국민들일 것입니다. 잘못하고도 반성을 하지 않고 뻔뻔스러운 MB를 보고 있으면 그가 과연 어떤 업보를 받으려고 저렇게 어리석은 짓을 하고 있나 싶은 연민이 생깁니다. 일국의 대통령이 된 자가 천불(天佛)이 출현해도 구제 못할 잘못을 거듭 짓고 있는지 안타까울 지경입니다."

2011년 10월 19일 산중한담 중에서

형님 먼저 아우 먼저 하면서 가족끼리 권력을 사유화하다, 이제는 내곡동에 사저를 준비하면서 청와대와 MB 가족이 합작으로 부동산 투기까지 손을 뻗친 것이다. 한마디로 가족까지 동원한 부동산 투기다. 민관합작 '투자' 라는 말은 들어봤지만 민관합작 '투기' 라는 말은 생전 처음 들어본다. 아버지를 대신해 아들 이시형의 명의로 땅을 샀으니 가족들이 투기에 나선 것이다. 'MB 가족투기단' 이라 불러도 될 것 같다.

국민들은 전세대란 때문에 못 살겠다고 아우성인데 대통령이라는 사람이 하는 짓이 참 가관이다. 문제는 집이 모자라서 전세대란이 일어나는 것이 아니라는 점이다. 정부가 국민 주택보급률을 조사해 발표하기 시작한 1970년의 주택보급률은 78.2%였다. 그것이 32년 후인 2002년 드디어 100%를 넘겨 100.6%가 됐다. 2008년에는 109.9%에 이르러 전체 가구 수가 1,289만 1천 가구이고 주택 수는 그보다 많은 1,416만 9천 호에 이른다. 집이 무려 127만 8천 채가 남아도는 것이다.

이런 현실인데도 국민들은 전세대란으로 힘겨워하고 있다. 모두가 부동산 투기자들 때문이다. 1,083, 819, 577, 476, 471, 405, 403, 341. 이 숫자는 2005년 8월 12일 기준으로 행자부가 개인 명의로 집을 가장 많이 소유한 최고 집부자 10명이 각각 보유하고 있는 주택수를 분석한 수치를 뽑은 것이다. 1명이 집을 1,000채도 넘게 가지고 있는 것이다. 이들을 포함해 대한민국 최고 집부자 30명이 갖고 있는 집은 9,923채로 1인당 평균 330채씩을 소유하고 있다.

수도권 역시 크게 다르지 않다. 2008년의 주택보급률은 98.3%다. 이 중 서울은 93.8%. 하지만 이 중에서 집을 가진 사람은 2008년 기준으로 수도권은 50.2%, 서울은 44.6%다. 2009년 6월 말 서울인구가 10,489,7

11명이고 4,106,591세대인데 이 중에서 약 230만 세대, 580만 명은 집이 없는 사람들이다.

물론 집을 여러 채 가지고 있을 수도 있다. 그런데 한 사람이 몇 백 채씩 가지고 있다는 건 말이 안 된다. 이러니 국민 절반 정도가 집이 없는 것이다. 지난 40년간 땅값은 1,200배 올랐고, 같은 기간 소비자 물가는 40배 올랐지만, 임금은 15배 밖에 오르지 않았다. 국민들의 삶이 팍팍해질 수밖에 없는 까닭이다.

MB시대에 들어와 장관, 수석 등의 고위공직자 중에 다운계약서에서 자유로운 사람이 몇이나 될까. 아마 거의 없을 것이다. 부동산 투기에 이용되는 다운계약서는 MB정부 고위공직자가 되는데 기본 지참물이 되어버렸다. 자신들이 다운계약서를 통해 부동산 투기를 하는 사람들이니 당연히 종부세를 깎는 부자감세 정책을 쓰는 것이다. 그렇게 해서 MB정부는 합법적으로 부동산 투기 세력을 비호해주고 있다.

최중경 지식경제부 장관은 종부세로 2007년에는 1,200만 원 가량 냈는데, 2010년에는 30만 원 가량을 냈다. MB의 내곡동 땅투기도 그 연장선이다. 아니 MB가 부동산 전문가로서 부동산 투기는 이렇게 한다는 것을 솔선수범해 보여주고 있는 것이다. 노무현 전 대통령이 사저를 짓는 걸 두고 아방궁이니 뭐니 하면서 비판했던 한나라당과 보수신문들은 MB의 내곡동 땅투기에 대해서는 왜 그렇게 관대하게 입을 다물었는가? 이들 역시 부동산 투기 세력과 한패이기 때문이다.

특히 한나라당의 경우 김대중, 노무현 정부 시절 위장전입 하나만으로도 총리와 장관을 줄줄이 낙마시켰다. 하지만 MB정부에 들어와서는 위장전입, 다운계약서, 땅투기, 논문 표절, 탈세, 병역 면제 등을 해도 일사천리로 통과시켜줬다. 이른바 이중잣대다. 공당으로서의 역할을 포기한 것이다.

한나라당 출신 의원이었던 박재완, 이주호가 MB정부의 장관으로 갔는데 이들 역시 이런 의혹으로부터 자유롭지 못했다. 이전 정부 시대에 위장전입에 대해 부도덕하다고 질타를 했던 자신이 그 부도덕으로부터 자유롭지가 못했다. 사실 안상수 등 당의 대표가 두 번이나 병역을 기피한 인물이고 전여옥은 남의 글을 표절해놓고도 뻔뻔스럽게 국회의원직을 계속하고 있고, 신지호는 폭탄주를 먹고 TV토론에 출연해 '음주정치'라는 신조어를 만들어내기도 했는데 그들에게 검증을 잘하라고 요구하는 것이 어불성설인지 모르겠다.

정부 조직을 동원해 '민관합작 투기'를 실현한 MB가 공사를 구분하지 못한 것은 서울시장 시절부터다. 2002년 월드컵이 끝난 후에 열린 히딩크 감독의 명예서울시민 수여식에 참관한 MB는 모든 행사를 무시하고 자신의 아들과 사위로 하여금 히딩크 감독과 반강제로 기념사진을 촬영시켰다. 밖에서는 히딩크 감독의 얼굴 한 번 보려고 서울시청을 찾아온 수많은 서울 시민을 경찰을 동원해 제지하는 와중에도 이명박 자신은 기념사진을 촬영해 물의를 빚었다.

특히 내곡동 사저를 산 MB의 막내아들 이시형은 이 자리가 공식석상임에도 반바지를 입고 맨발에 슬리퍼 차림으로 참석하였으며, 사위인 조현범 한국타이어 부사장은 "난 히딩크 감독과 사진을 촬영하기 위해 회사도 빼먹고 여기 왔다"라고 발언해 물의를 빚었다. 이 사건은 MB가 서울시장에 취임한 지 사흘 만에 일어났고 이 사건 때문에 원래 진행이 예정되었던 히딩크 감독과 관련된 다른 행사는 제대로 진행되지 못했다.

공사를 구분 못한 MB는 그때부터 국민 세금이 자기 돈인 줄 착각한 모양이다. 2004년 6월 MB는 시청 출입기자들과 프랑스, 미국을 순방하는 과정에서 기자들의 취재경비를 서울시청 세비로 전용해 물의를 빚은 바 있다.

더 심각한 것은 해외 공짜 취재를 다녀온 일부 기자들의 '동행취재단 소요경비 내역서'에 버젓이 부인 김윤옥도 기자 신분으로 등재해 놓은 것이다. 당시 공짜 취재를 다녀온 국내 유력 보수일간지 기자의 취재경비가 443만 9,500원이었던 것에 반해 '가짜 기자 김윤옥' 아니, 그것도 '특급 가짜 기자 김윤옥'은 이보다 3배 가까이 많은 1,215만 2,690원 가량을 지원 받았다.

공짜 해외 취재 문제는 그 한 번뿐이 아니었다. 같은 해 11월 MB가 상하이, 베니스, 모스크바를 방문했을 때도 마찬가지였다. 당시 기자단의 공짜 취재 경비는 약 730만 원 가량이었다. 부인 김윤옥도 역시 '가짜 기자'가 되어 해외 순방에 동행했으나 서울시는 소요경비에 대해서는 공개하지 않았다.

2002년에 이명박이 시장에 당선되면서 신고한 재산이 175억 원 정도였는데 수백 억대 부자 시장이 부인 여행경비가 아까워서 서울시민의 혈세를 이용해 취재를 위장한 호화 해외여행을 다녀온 것이다. 시장 시절이나 대통령이 된 후나 자기 돈은 아깝지만 국민 세금은 내 돈이나 다름없다는 게 MB의 일관된 신조인 모양이다.

그런데 2009년 3월 23일 라디오 연설에서 "평소에 탈세가 범죄이듯 공직자가 예산을 낭비하는 것도 일종의 범죄라고 생각한다"고 했다.

몇 백억 대의 자산가인 MB는 세금 체납을 6번이나 해 가압류를 6번 받았다. 세금을 체납해 가압류 당하는 일은 사업을 하다가 부도가 나거나 돈 없는 사람들에게 일어나는 일인데 어떻게 돈 많은 자산가에게 그런 일이 일어날 수 있는지 모를 일이다.

MB의 세금 안 내는 방법도 가지가지인데 딸을 자기 빌딩 관리직원으로 위장 채용시켜 탈세액이 3,000만 원에 이르고, 그 아들의 경우는 금융계 회사에서 고액 연봉을 받으면서도 관리직원으로 채용해 250만 원씩 지급하기도 했다.

얼마 되지 않는 국민연금을 체납한 것도 수차례 된다. 국민의 모범은 고사하고 서민들도 하지 않는 치사한 짓을 하고도 대통령직에 앉아 있는 걸 보면 참으로 후안무치하다. 그러면서도 도덕적이라 자처하고 자신이 정직한 대통령으로 남겠다 하니 참으로 유구무언이다.

이렇게 자기 돈 내는 걸 아까워하는 사람이 국민 세금에는 어떻게 그렇게 함부로 손을 대는지 모를 일이다. 그래도 청계재단이라는 것을 만들어 전 재산을 사회에 환원한다고 떠들썩하게 하기는 했다. 하지만 실제로 청계재단이 운영되는 걸 보면 자기 측근들을 전부 이사로 넣어놨다. 겉모양은 사회 환원이지만 실내용은 세금 안 내고 자기 재산을 관리하는 것에 지나지 않는다.

언론에 공개된 청계재단 이사진을 보면 분명하다. 김도연 전 교육과학기술부 장관, 고대 61학번 동기인 김승유 하나금융지주 회장, 류우익 전 대통령실장, 문애란 퍼블리시스 웰콤 대표, 박미석 전 청와대 사회정책수석, 유장희 이화여대 교수, 맏사위인 이상주 변호사, 이왕재 서울대 교수, MB의 싱크탱크인 국제전략연구원(GSI)을 운영해온 측근이자 김&장 소속의 이재후 변호사 등 9명이다. 그리고 감사 2명도 고향 포항의 죽마고우인 김창대 세일이엔시 대표와 주정중 삼정컨설팅 회장 등의 가까운 인사들이다.

나랏일은 하지 않고 정부기관이 MB 일가의 일 뒤처리나 하고 있으니 나라가 제대로 되겠는가? 특히 청와대는 MB가 내곡동에 땅투기를 하는데 동원된 것이다. 고려 말 나라가 망할 즈음 불가사리가 나와 온 세상의 쇠라는 쇠는 다 잡아먹었다는 이야기가 있다. MB는 도곡동, 내곡동 등 시작부터 끝까지 땅 문제로 시끄럽다. MB정권은 불가사리가 아니라 '땅가사리'가 나와 땅이란 땅은 다 잡아먹으려 하는 것 같다.

2007년 MB 일가가 보유한 부동산이 전국 7개 시·도에 걸쳐 여의도 면적인 총 85만 9,243평 가량이었다고 한다. 이는 시가 총액 2,300여 억 원에 이른다. 언론에 공개된 것만 이 정도이다. MB는 현대건설 사장 시절부터 부동산 전문가였는데 대통령이 되고도 그 전문성을 포기하지 않고 있다.

그래서 내가 "MB는 본래부터 부동산 전문가니까 대통령직을 내놓고 부동산 투기 쪽으로 나가는 게 좋을 것 같다"고 권한 것이다. 기왕이면 넓은 땅 미국에 가서 부동산 투기를 해보라고 권하고 싶다. 연설문까지 미제, 한미FTA를 한 것도 미국 가서 부동산 투기를 마음껏 하기 위한 것이 아닌가 싶다. 뼛속까지 친미라고 하니 MB에게도 나쁘지 않을 것이다.

"내각은 잡범집단, 청와대는 우범지대"

:: 탈세범, 위장전입자 모인 MB정부는 잡범정권

"MB정권에 있는 고위공직자들은 북한에서 남한을 전부 망하게 하려고 보낸 간첩들 같다. 왜 위장전입을 하나? 위장은 북한 간첩들이 남파되었을 때나 하는 거다. MB정부는 위장전입자 집단이다.

MB정부는 한마디로 블랙코미디다. 박정희, 전두환, 노태우 정부를 일컬어 군사정권, 독재정권이라 부른다. YS는 문민정부, DJ는 국민의 정부, 노무현은 참여정부라 부른다. 그런데 MB정권은 그야말로 잡범정권이라 불러야 할 것 같다. 잡범들이 민생을 논하고 국가안보를 논하니까 국민이 우습게 보는 것이다."

2011년 8월 18일 《충청리뷰》 인터뷰 중에서

포항형제파가 권력을 사유화하니 나라가 잘되겠는가. 언론과 법을 장악하고 5년짜리 대통령이 자신의 치적을 쌓기 위해 4대강사업을 강행하고 종교까지 권력의 발아래 두려는 야욕을 보였다. 쿠데타를 일으켜 맨 처음 장악하는 것이 언론이다. 독재정권도 맨 처음 언론을 장악한다. 최시중 방통위 위원장을 앞세워 정연주 KBS 사장을 내쫓고 MBC와 YTN을 탄압해 '관제방송'을 만들었다.

법 장악도 마찬가지다. BBK 검사, 이인규 중수부장, 권재진 법무장관, 한상대 검찰청장 등을 통해 법을 장악하고 권력을 자기의 입맛대로 이용했다.

4대강 사업도 마찬가지다. 5년짜리 대통령이 자신의 역점사업이라며 천안함사태 와중에 군대까지 동원하면서 밀어부쳤다. 종교 영역에서도 권력사유화가 벌어졌는데 헌법에 명시된 종교분리의 원칙을 위배하고 종교 편향을 일으켰다. 또한 불교계 인사까지 개입하는 망동을 저질렀다.

권력을 사유한 MB의 인사정책은 한마디로 잡범들과 함께 부정비리 부패 정부를 구성하는 것이다. MB정부의 고위 공직자들은 하나같이 부도덕하고 비리의 오물이 묻은 자들이다. 그런 사람들만 떼로 모아놓으니 MB정부를 잡범수용소, 잡범집단으로 불러야 할 것 같다.

집권 초 MB정부의 인사에 대해 '고소영' '강부자'라는 말을 했지만 이제는 확실히 '잡범집단'이라 불러야 될 것 같다. 어떻게 부정과 부패, 비리로 얼룩지지 않은 인물을 눈을 씻고 봐도 찾을 수가 없는가. 존경할 만한 인물이 단 한 명도 없는가 이 말이다. 이런 MB정부의 청와대는 지금부터라도 잡범들이 집단적으로 서식하는 곳이라는 경고문을 붙이고 반경 1km를 청소년들이 출입하면 안 되는 우범지대로 선포하는 게 좋겠다.

2011년 10월 10일 민주당 박우순 의원이 발표한 자료에 의하면 MB정부 고위공직자 82%가 소위 5대 의혹에 연루되었다고 한다. 5대 의혹은 부동산 투기, 위장전입, 병역기피, 논문 표절, 세금 탈루라고 한다. MB 본인이 범인도피, 공직선거 및 선거부정방지법 위반, 위장전입 다섯 차례, 탈세, 땅투기 등의 부정 비리를 저지른 인물이니 장관 후보자들이 위장전입, 땅투기, 탈세 좀 한 것은 잘못으로 보이지도 않을 것이다. 남주홍, 박은경, 이춘호 세 명의 장관 후보자가 부동산 투기 의혹으로 낙마하고 다른 후보자들도 위장전입, 탈세, 병역기피, 논문 표절 등의 부도덕한 혐의로 지탄의 대상이 되었지만 MB는 1기 내각에 대해 "베스트 오브 베스트"라고 자찬했다. 어쩜 달라도 이렇게 국민들과 다를까 싶다.

MB는 능력을 중시하는 게 자신의 인사철학이라고 강변하지만 그 능력이라는 것이 일 잘하는 것이 아니라 비리, 부정을 저지르는 능력인 것 같다. MB는 자신이 편법과 부정 비리로 승승장구해왔기 때문에 부동산 투기, 위장전입, 다운계약서, 세금 탈루를 못하는 사람은 무능한 사람으로 보일지도 모른다.

MB정부의 고위공직자 중에는 국민의 4대 의무를 이행하지 않은 사람도 많다. 병역과 납세는 국민의 4대 의무인데 국민의 공복이 되고, 리더가 되겠다는 자들이 의무도 다하지 않은 채 국민의 녹을 받아 먹고 공직에 오르겠다는 참으로 오만불손한 생각이다. 국민의 의무라는 것은 국민 누구나 이행해야 하는 의무이지 선택 사항이 아니다.

고위공직자 중에는 석연치 않은 이유로 병역을 면제받은 이들이 많다. 대표적으로는 건강만큼은 자신 있다고 큰소리치는 MB의 경우 '기관지 확장증'으로 면제를 받았다. 김황식 국무총리는 1972년 징병검사에서 양쪽 눈의 시력차가 심한 '부동시'로 군복무를 면제받았지만 법관 임용 신체검사에서는 시력차가 0.1정도였다. 원세훈 국정원장의 경우 1976년 하악 관절염으로 군 면제를 받았지만 그 2년 전인 1974년 8월 공무원 채용신체검사에서는 정상이었다.

유난히 안보를 외치는 보수정권 MB정부의 공직자들은 뻔뻔스러울 정도로 병역면제자들이 가득하다. 여성장관을 제외한 21명의 장관들 중에 병역 의무를 이행하지 않은 자가 자그마치 7명이나 된다. MB정부 들어서 최근까지 고위공직자들의 군 면제 비율은 24.1%로 일반 국민의 10배가 넘는다. 김황식, 정운찬 총리, 원세훈 국정원장, 정정길 대통령실장, 이동관 대변인, 강만수 재경부 장관 등이 대표적이다.

병역과 더불어 고위 공직자들이 꼭 이행해야 할 의무 중의 하나가 납세 의무다. 납세는 국가의 근간이다. 따라서 세금 탈루는 나라의 근간을 뒤흔드는 범죄 중의 범죄로 꼽힌다. 그런데 MB정부에서 장관 자리라도 하나 꿰차려면 다운계약서 작성을 통한 탈세 정도는 너끈히 할 수 있는 능력이 되어야 한다.

근래에 여성가족부 장관이 된 김금례는 대표적이다. 그의 실력은 정말 신출귀몰하다. 부동산 투기 전문가인 MB가 장관으로 뽑을 만한 이유가 충분해 보인다. 분당의 47평 아파트를 9,000만 원에 구입해 9,500만 원에 되팔았으니 반값 아파트가 아니라 4분의 1 아파트를 실현한 셈이다. 여의도의 52평짜리 아파트도 1억 8,000만 원에 샀다고 하니 여성가족부가 아니라 국토해양부 장관을 시켜야 할 모양이다.

권재진 법무부 장관도 2002년 서울 대치동 아파트를 9억 2,000만 원에 구입한 뒤 7억 2,000만 원에 구입했다고 다운계약서를 작성했다. 문제가 되자 권재진은 "당시 실정법에는 실거래가로 신고하도록 돼 있지 않아 위법은 아니다"라는 후안무치한 주장을 펼쳤다. 다운계약서 문제가 심각한 사회문제로 대두하자 국세청에서는 10년 전 것까지 추적해 추징하고 있는데도 법무부 장관이 되겠다는 권재진은 사과는커녕 정당하다고 우긴 것이다.

주택거래를 담당하는 권도엽 국토해양부 장관 역시 주무장관답게 다운계약서를 작성했다. 2005년 경기 분당의 빌라를 5억 4,250만 원에 매입했다고 신고했지만 매입 당시 취득 등록세를 납부하기 위해 분당구청에 신고한 매매가는 공시가격인 3억 4,400만 원이었다. 실거래가 대로 신고했다면 총 2,224만 원의 취득 등록세를 납부해야 하는데 실제 납부액은 1,410만 원이었다. 아이러니한 것은 그가 2004년 건설교통부 주택국장 시절 주택거래 허위신고를 대대적으로 단속한 바 있다는 점이다. 이 외에도 김성환 외교부 장관, 진수희 보건복지부 장관, 이귀남 법무부 장관, 주호영 특임장관 등이 다운계약서를 작성한 사실이 밝혀졌다.

병역면제와 탈세와 함께 MB정부 고위공직자 등용의 전공 필수라 꼽히는 위장전입의 경우는 너무도 많아 꼽을 수가 없다. 한상대 검찰총장 후보자 역시 불법 위장전입을 했지만 뻔뻔스럽게 임명이 됐다. 임명한 MB나 받는 한상대나 위장전입쯤이야 무슨 문제가 되냐는 식이다. 그런데 더 가관인 것은 검찰총장인 한상대가 자신은 위장전입 해놓고 다른 사람들은 법으로 처리하겠다고 하는 것이다.

1기 내각 인사 때는 박은경 환경부 장관 후보자가 주소 이전 후 친척에게 농지를 증여 받은 뒤, 1주일 만에 다시 서울로 이전해 위장전입 논란을 불러일으켰고, 이만의 전 환경부 장관도 아들 중학교 진학 등과 관련해 두 차례 위장전입한 사실이 드러났다. 2008년 4월 인사 때 곽승준 청와대 국정기획수석은 대학 3학년 시절 토지 매매와 관련한 위장전입 의혹을 받았고, 2009년 2월 인사 때 현인택 통일부 장관이 미국 귀국에 앞서 자녀를 국내에 위장전입시킨 의혹을 샀다.

임태희 대통령실장(당시 노동부 장관 후보자)은 총선에 출마한 장인의 선거운동을 위해 두 차례 위장전입을 했고, 이귀남 법무부 장관은 맏아들 고교 배정을 위해 위장전입을 했다. 정운찬 전 국무총리도 "기억나지 않는 이유"로 두 달간 주소 이전을 했다. 2010년 8월 신재민 문화부 장관 후보자는 세 자녀의 중·고교 배정을 위해 위장전입을 했다. 이현동 국세청장 역시 자녀 고교 배정을 위해 위장전입을 했고, 조현오 경찰청장도 딸 고교 배정을 위해 위장전입을 했다.

가히 '위장전입 정권'이라 불러도 손색이 없다. 위장전입은 주민등록법 위반으로 징역 3년 이하, 벌금 1,000만 원 이하에 처해질 수 있는 범죄다. 지난 10년간 위장전입으로 1,000명 이상이 형사처벌을 받았다. 그런데 이들 고위 공직자들은 한결같이 법망을 피해 갔다.

과거 DJ정부 시절 장상, 장태환 총리 내정자는 위장전입 때문에 낙마했다. 노무현 정부 시절 이헌재 경제부총리 내정자를 '주민등록법을 어기면 3년 이하의 징역이나 1,000만 원 이하의 벌금을 받도록 돼 있다'며 범법자로 몰아세워 낙마시켰다. 홍석현 주미대사 내정자도 위장전입으로 낙마했다. 모두 한나라당이 인사청문회 때 검증을 통해 한 일이다.

당시 한나라당 전여옥 대변인, 안택수 의원, 특히 MB정부에서 장관이 된 박재완 의원은 2006년 국회 대정부 질문에서 위장전입 문제를 거론하며 윤리 불감증이 심각한 수준에 이르렀다고 비판했다. 그런데 한나라당이 집권하자 이를 모두 용인하고 있다.

개각 때마다 위장전입 문제가 되풀이되자 2010년 8월 한나라당은 '사회적 기준을 만들자'는 제안을 내놓았다. 홍준표 당시 한나라당 최고위원은 "2002년 장상, 장대환 후보가 위장전입으로 낙마한 이후에도 위장전입을 했다면 고위 공직자가 될 마음이 없는 것"이라고 기준을 제시했다. 김정권 한나라당 사무총장도 "위장전입 시점이 인사청문회 제도 도입(2000년) 전이냐 후냐로 평가해야 한다"고 말했다. 당시 야당인 한나라당의 주장으로 인사청문회가 도입됐고, 2002년 장상, 장대환 국무총리 후보자의 낙마 때도 한나라당의 반대가 결정적 역할을 한 것을 의식한 기준이었다.

하지만 이런 기준을 적용하더라도 한상대 검찰총장 후보자의 위장전입은 분명한 결격 사유에 해당한다. 두 번의 위장전입 가운데 한 번은 2002년 9월에 있었던 일로, 두 국무총리 후보자가 낙마한 바로 직후이기 때문이다. 더구나 당시는 한 후보자가 서울지검 형사1부장으로서, 전국 형사부 검찰의 '수석'에 해당하는 막중한 책임을 지고 있을 때였다. 이러기나 저러기나 막무가내 정권이고 후안무치한 정권이긴 마찬가지다.

땅투기도 MB정권에게는 단골 메뉴다. "땅을 사랑했을 뿐"이라는 희대의 명언을 남긴 박은경 초대 환경부 장관 후보, 이춘호 여성부 장관 후보, 남주홍 통일부 장관 후보, 정동기 감사원장 후보는 모두 땅투기 때문에 낙마했다. 2008년~2010년까지 인사청문회 대상 고위 공직자 40명 중 11명이 부동산 투기에 연루되었다. 이재훈 재경부 장관은 부인이 쪽방 투기를 해 낙마했고, 김경한 법무장관의 경우 부인이 부동산 투기를 통해 재산을 59억 원으로 불리는 기염을 토했다.

이런 5대 불법을 저지른 잡범들이 고위공직자로 모여 있는 곳이 MB정부다. 그러니 잡범집단이라 부를 수밖에 없다. 그런데 이들은 한결같이 '처벌시한이 넘었다' 는 이유로, '죄송하게 생각한다' 라는 사과 한마디로 대충 덮고 넘어가고 있는 것이다.

본인들은 탈세하면서 일반 국민이 탈세하면 엄벌에 처하라 하는데 이래서야 나라가 제대로 되겠는가? 또한 나라를 이끌어야 할 정치 지도층에 있는 사람들이 다운계약서 등 '잡범' 수준의 범죄행위를 저지르는 것이 오늘날 MB시대의 공직자들인데 이들이 나라를 제대로 이끌 수 있겠는가? 그러니 지금 MB정권을 '잡범 수용소' 라 부르는 것이다. 국민들에게는 법질서를 지키라고 하면서 몰염치하게 스스로는 온갖 법을 위반하고 부패와 비리를 저지르는 그런 집단이기 때문이다.

《임제록》에 "공적으로는 바늘 하나도 용납할 수 없지만 사사롭게는 수레와 말도 허용한다" 라는 말이 있다. 원칙과 도덕이 바로 서야 선진국도 되고 살기 좋은 나라도 되는 것이지 그저 돈 있다고 선진국이 되는 것은 아니다.

3
장

무너진 법치, 무너진 민생

―――

"힘없는 사람들은 모조리 고소 고발해서 옴짝달싹 못하게 하고,
힘 있는 사람들은 법망을 다 피해 가게 하는 것. 그게 정상적인 법치인가요?
저는 천성관 검찰총장 후보자 같은 자는 뇌물죄로 구속 수사해야 한다고 생각합니다.
법이 만인 앞에 평등해야 존경받고 무섭고 그런 거지,
힘 있는 사람들 다 빠져나가는 법이 무슨 법입니까. 깡패세계와 같은 것 아니에요?"

"힘 있는 사람 봐주는 법은 깡패세계"
:: 권력 위한 고무줄 법 적용으로 무너진 법치

"〈PD수첩〉 작가 개인의 이메일까지 뒤지고 공개하는 자들이 정작 자기들이 수사한 기록을 내놓지 않는다는 건 상식적으로 납득이 안 되잖아요. 무엇이 두려운가 묻고 싶어요. 민중에게는 칼날 같은 법 적용을 하면서, 돈 있고 권력 있는 자들에게는 봄바람 같은 법이 되면 그건 깡패세계와 다를 바 없지요."

2009년 8월 30일 용산참사 현장에서

MB시대에 들어와 많은 것들이 무너졌다. 양심과 도덕은 물론 남북관계, 국방, 서민경제, 민주주의, 언론자유 등등 너무도 많은 것들이 무너졌다. 법 역시 예외가 아니다. 법을 민주주의 최후의 보루라 했지만 MB시대에 들어와서는 무참하게 무너졌다.

대법원 입구에 가면 법을 상징하는 천칭저울이 있다. 법은 평등하다는 의미다. 돈이 있거나 없거나, 권력을 가졌거나 못 가졌거나, 많이 배웠거나 못 배웠거나 상관없이 공평해야 하기 때문이다. 만일 가게에 가서 저울에 물건을 달아 살 때마다 다르다면 누가 그 저울을 믿겠는가. 마찬가지로 법이 평등하지 않다면 그건 이미 법으로서 생명을 잃은 것이다.

법은 원래 강한 사람들이 약한 사람들을 못 괴롭히도록 하기 위해 만들어진 것이다. 옛날부터 힘 있는 사람들은 법이 필요 없었다. 돈과 권력이라는 힘을 가진 사람들은 그것을 마음껏 휘두르고 싶어한다. 전제군주가 마음대로 권력을 휘두르던 중세 때는 사람도 마음대로 죽이고, 재산도 마음대로 약탈해갔다.

그러나 문명이 발달하면서 사람은 누구나 평등하다. 돈이 있거나 없거나, 힘이 있거나 없거나 관계없이 평등하다. 그러한 인간의 존엄성과 권리를 함부로 침해할 수 없게 하기 위해 만들어진 것이 법이다. 법치라는 것은 결국 강자들이 마음대로 하던 세상에서 공평한 규칙을 정함으로써 약자들을 보호하기 위한 장치다. MB시대에 그것이 무너진 것이다.

총칼로 무고한 광주시민을 학살하고 권력을 찬탈한 전두환이 입만 열면 '정의사회 구현'을 외쳤다면 편법과 불법을 저질러온 MB는 '법치'와 '공정사회'를 외쳤다.

MB는 집권 초부터 법을 지킬 의사가 없었다. MB는 정부의 고위관료를 뽑을 때 주민등록법 위반인 위장전입과 다운계약서 작성을 통한 탈세를 한 사람들이 많았지만 그걸 문제 삼진 않았다. 그런 그들에게 MB는 '베스트 오브 베스트'라고 오히려 치켜세웠다. 법을 어겨도 고위공직자가 되는데 아무런 문제가 없다면 누가 법을 지키려 하겠는가?

심지어 법 집행기관의 수장인 검찰총장을 뽑는데도 마찬가지였다. 한상대 검찰총장을 임명할 때 청와대에서는 이미 위장전입 사실을 알고 있었다고 실토했다. 실정법 위반의 범법행위자인 줄 알면서도 검찰의 수장에 앉히는데 아무런 문제가 없다는 생각을 한 셈이다.

오죽했으면 2011년 7월 18일 《한국경제》신문이 "위장전입은 이제 문제도 아니라는 건가?"라는 제목의 사설을 썼겠는가.

"한상대 검찰총장 내정자가 위장전입 사실을 시인했다. 자녀들의 중학교 진학을 위해 1998년과 2002년 두 차례 주소를 실제 살지 않는 곳으로 옮겼다는 것이다. 청와대는 사전 검증과정에서 이를 알고 있었다며 부동산투기 목적이 아닌 이상 문제될 것이 없다는 입장이고 여야 정치권 역시 이 점에 관해서는 그냥 덮고 가려는 모양새다. 위장전입은 엄연한 실정법 위반이건만, 장차관급 고위공직자들에게는 무시해도 그뿐인 거추장스러운 시빗거리 정도로 전락해버렸다.(…중략)

한상대 검찰총장 내정자는 물론 과거 위장전입했던 장관들 모두 지금은 이미 5년의 공소시효를 넘긴 만큼 법적 책임을 물을 방도는 없다. 그렇더라도 공직자가 법을 위반하고도 사과 한마디면 별 문제없이 장관이나 장관 부럽지 않은 권력을 가진 자리로 올라가게 방치할 수는 없는 일이다. 당장 공직사회의 기강이 설 리가 없는 것은 물론이고 법에 순응하면서 살아가는 국민들에게는 상실감이 더없이 클 것이다. 더구나 지금 논란인 자리는 공권력을 집행하는 검찰총장이다."

더 가관인 것은 청문회에서 민주당 박지원 의원이 "아직 공소시효가 남아 있는 주민등록법 위반자 6,894명은 어떻게 처리할 것인가?"라고 묻자 한상대는 "법에 따라 처리하겠다"라고 답한 사실이다. 순간 청문회장에 실소가 흘러나왔다. 더 허탈한 것은 청문회를 보고 있는 국민이었다. 도둑놈이 경찰이 되어 도둑놈을 잡는 것과 같은 희대의 풍경이 만들어진 것이다.

2008년 5월 원세훈 행자부 장관이 봉은사를 방문해서 한 말도 가관이다. 부동산 투기를 해본 사람이 부동산 투기를 막을 수 있다는 것이다. 그래서 내가 "도둑놈을 경찰청장 시키면 도둑을 잘 잡겠네"라고 했다. MB정부의 법 무시는 이뿐이 아니다. 임기가 남은 김윤수 국립현대미술관장, 김정헌 한국문화예술위원회 위원장, 황지우 한국예술종합학교 총장 등의 문화예술단체장들을 내쫓았다. 이들 단체장의 임기를 법적으로 정해놓은 것은 자의적으로 내쫓지 못하게 하기 위한 것이었다. 그러나 MB에게는 그런 것은 안중에도 없었다. 자기와 코드가 맞지 않으면 무조건 내쫓았다. KBS 정연주 사장도 마찬가지였다.

입맛에 따라 법을 적용하는 것은 정치적 사건에서 더욱 뚜렷하게 나타난다. 노무현 전 대통령과, 한명숙 총리 등 자기와 정치적 입장이 다른 인사들에 대한 수사는 친인척은 물론 자주 다닌 단골식당까지 이 잡듯이 뒤지는 식으로 가혹하게 진행했고, 반면 자신의 측근인 천신일이나 사돈가문인 효성의 비자금 문제는 얼렁뚱땅 넘어갔다. 만일 노무현, 한명숙에게 포괄적 뇌물죄가 성립한다고 봤다면 스폰서를 받은 검찰총장 후보자였던 천성관 역시 포괄적 뇌물죄로 조사했어야 마땅했다. 그러나 MB시대의 법치는 내 편과 네 편을 확실히 갈랐다.

MB시대 법 적용의 또 하나 중요한 기준은 힘이 있느냐 없느냐이다.

용산참사가 대표적이다. 용산참사가 일어나 6명의 국민이 죽었다. 철거민도 죽고 경찰도 죽었다. 그런데 수사는 일방적이었다. 진압수칙도 제대로 지키지 않고 무리하게 진압작전을 강행해 많은 생명을 죽게 만든 경찰에 대해서는 혐의가 없다 하고 생존을 위해 싸운 철거민들에게는 무자비하게 법을 적용했다. 경찰과 함께 진압작전에 동참한 용역깡패에 대해서도 제대로 조사하지 않았다. 오로지 모든 잘못을 힘없는 철거민들에게만 들씌웠다.

형평을 잃은 것은 그것만이 아니다. 광우병을 취재했던 MBC 〈PD수첩〉을 수사하면서는 사생활 침해에 걸리든 말든 작가의 개인 이메일까지 공개해놓고 법원에서 용산참사 수사기록 3,000쪽을 공개하라는 판결이 내려졌음에도 끝끝내 공개하지 않은 것이 MB시대 법치의 풍경이다. 법 집행기관이 법의 최종 결정기관인 법원의 판결을 무시한 것이다.

더 놀라운 것은 이귀남 법무부 장관이 2010년 1월 19일 국회에서 열린 법제사법위원회 회의에 참석해 용산참사 수사기록을 공개하라는 법원의 판결에 대해 "오히려 법원에서 적절치 않은 결정을 한 것"이라고 비판했다. 사법부의 판결까지 옳네 그르네 하는 것은 삼권분립에 대한 부정이고 헌정질서에 대한 명백한 도전이다. 그러면서도 국민들에게는 법을 지키라고 말하는 것이 MB식 법치인 셈이다.

재미난 것은 이를 주도한 검사가 MB 인수위 출신의 정병두 검사라는 점이다. 같은 검사가 〈PD수첩〉 사건은 개인 이메일까지 공개하도록 하고, 용산참사 사건은 법원이 공개하라고 해도 공개하지 않은 것이다.

그러고도 MB정부에서 승승장구해 법무부 법무실장이 됐다. 더욱이 〈PD수첩〉 사건은 법원에서 검찰이 패소했는데 말이다.

그런데 MB는 적반하장으로 2011년 10월 25일 국회 예산안 심의 때 행한 시정연설에서 "법 집행은 원칙에 따라 엄정 투명하게 하여 우리 사회의 신뢰를 높이겠습니다. 서민과 사회적 약자의 관점에서 볼 때, 우리 사회에 불공정한 점이 없는지 세심하게 살피겠습니다"라고 했다. 아마도 MB가 말하는 법치는 법으로 다스리는 것이 아니라 법으로 국민을 치도곤으로 만들겠다는 의미에서 법치가 아닌가 싶다.

법이 법으로서의 존엄과 엄정함을 잃은 것은 그뿐이 아니다. 신영철 대법관의 위증 사건은 MB시대의 법의 가치가 나락으로 떨어진 것을 단적으로 보여준다. 법관은 교육자와 함께 성직자와 똑같은 도덕성과 양심을 요구받는 자리다. 그런데 서울중앙지방법원장이던 신영철은 대법관 청문회에 나와 의혹이 제기된 촛불시위 사건 관련 배당에 개입하지 않았다며 "사건은 컴퓨터로 배당됐다"고 답했다.

하지만 실제로는 촛불시위 사건 8건이 한 재판부에 집중적으로 배당됐고 신 후보자도 당시 배당에 불만을 품은 판사들을 불러모아 달랬다는 점을 인정해 위증을 한 셈이다. 게다가 개인적 의견을 후배 판사들에게 메일로 보내 재판에도 개입했다. 이런 물의를 일으킨 인물임에도 대법관이 되는 데는 아무런 문제가 없었다. 도덕이 무너지고 법과 양심도 함께 무너져 내린 시대가 바로 MB시대인 셈이다.

대통령이 법을 대놓고 무시한 경우도 있다. MB가 청와대에서 목사를 불러 예배를 올리는 등 노골적으로 종교 편향 행위를 일삼고, 봉은사 사태 등에서 드러나듯 권력을 이용해 종교인들의 인사문제까지 개입한 것이 그것이다. 이는 헌법에 명시된 정교분리의 원칙을 깬 것이다. MB가 법을 하도 무시하고 안 지켜서 봉은사에 '헌법을 지키십시오'라는 현수막을 내걸기도 했다.

MB시대에 들어와 법이 권력의 입맛에 따라 자의적으로 해석되고 편파적으로 적용됨으로써 법으로서의 정의로움과 공정함을 상실했다. 그 권위와 존엄함도 무너졌다. 그것은 법의 죽음을 의미한다. MB시대, 법이 죽고 나서 남은 것은 역시 몽둥이뿐이다.

MB는 혹시 "말은 부드럽게 하되 몽둥이는 큰 걸 들고 있어라"고 한 미국 대통령 루스벨트의 신봉자인가.

"보신탕은 앞으로 '검찰탕'이라 부르자"

:: 권력의 사냥개로 전락한 검찰

"내가 곽노현 교육감에게 1억을 줬다고 검찰에서 계속 흘리고 있다고 검찰 출입기자들에게 연락이 오고 있다. MBC, 《한겨레》, 〈경인방송〉 등의 매체에서 전화를 받았다. 곽노현 교육감이 박명기 교수에서 준 2억 가운데 1억은 출처가 나왔는데 1억의 출처를 몰라서 그런 모양인데 나와 곽 교육감이 그렇게 가까운 사이도 아닐 뿐더러 복지시설 등은 도울망정 개인에게 그렇게 주지 않는다. 그럴 여력도 없고.

정말 검찰이 이 사실을 흘린 게 사실이라면 응당한 책임을 져야 한다. 추잡스럽고 비열한 방법으로 몹쓸 사람 만드는 행위를 그만둬야 한다. 그만두지 않으면 내년에 전국 개장수 오토바이를 검찰청 앞으로 불러 대기시킬 것이다."

2011년 9월 21 〈불교닷컴〉 인터뷰 중에서

경찰을 '짭새'라고 비아냥거린 적은 있지만 '떡검'이니 '섹검'이니 '권력의 사냥개'니 하면서 검찰이 오늘날처럼 조롱거리가 된 적은 없다. 권력이 물으라면 물고 짖으라면 짖고 조용해라 하면 조용해지는 검찰, 권력의 요구에 따라 사냥개가 되었다가 애완견도 되었다 한다. 그래서 앞으로는 보신탕을 부를 때 '검찰탕'이라 부르자 한 것이다. 정말 정권의 비열한 개노릇을 계속한다면 복날에 개장수들을 검찰청 앞에 풀겠다고도 했다.

《민족21》이 북한 정찰총국의 지령을 받았다는 《조선일보》 기사에 대해 허위에 의한 명예훼손으로 고소를 했다. 그 정보를 흘린 쪽이 검찰이라 한다. 곽노현 교육감 수사를 담당하는 검사와 《민족21》 사건을 담당하는 검사가 같은 사람이다. 확인도 안 된 피의사실을 흘리면서 남의 인격과 명예를 훼손하는 일은 참으로 비열한 짓이다. 노무현 전 대통령에게도 검찰은 그런 짓을 했다. 권력의 입맛 따라 그렇게 개 노릇을 한 것이다. 그러니 검찰을 '검견'이라고 부르지 않나. 인터넷 포털사이트에 떡검이란 단어를 치면 검찰을 설명하는 단어 중 하나로 '검견'이란 말도 나온다.

어쩌다 검찰이 이 지경이 되었는가? 권력이 시키는 대로 이리 갔다 저리 갔다 해서 그렇게 된 것이다. MB시대에 들어와 검찰이 한 일이라고는 정치 편향 수사로 법을 유린하고, 인권과 언론의 자유를 탄압하고, 부정부패의 방지는 고사하고 도리어 금품과 성을 상납 받은 것이다. 그래서 '개'란 소리나 듣는 것이다.

특히 정치권에서 검경수사권 조정안을 내놓았을 때 하는 꼴은 정말 가관이었다. 저녁에 긴급 회동이다 뭐다 하면서 모여서는 뭔가 할 듯 싶더니 금새 꼬리를 내리고 슬그머니 자기 집으로 돌아가는 게 천상 개들이 하는 짓이다. 그중에서도 제일 못난 똥개들이나 하는 짓을 MB 검찰이 하고 있다. 노무현 때 검사와의 대화에서 대들던 그 펄펄한 기상은 다 어디로 갔나? 좀 싹수머리 없어 보였지만 검찰의 가장 큰 오명인 정치적 예속을 벗어날 수 있을까 했는데 이토록 부도덕한 MB한테는 어째서 그렇게 꼬리를 내리고 살랑살랑 흔드는지 도무지 이해가 안 된다.

흙덩어리를 던지면 개는 달려가 흙을 물고 호랑이는 던진 사람을 문다는 말이 있다. 언제나 호랑이처럼 눈을 부릅뜨고 혼자 다닐지언정 당당해야 하는 게 법을 집행하는 검찰이다. 그런데 지금 검찰은 노무현 대통령처럼 풀어주는 사람에겐 덤비고, 개줄로 묶어 놓고 이리 와라 저리 와라 하는 자에겐 설설 기는 개나 마찬가지다. 그런 개 수준이기 때문에 독립성을 보장해준 노무현 전 대통령은 물어 죽이고 개처럼 부리는 MB한테는 살살 기는 것이다.

검찰이 전례 없이 망가진 데는 MB 권력에 줄을 대고 아부하면서다. 이들 검사들은 단순한 줄서기를 한 것이 아니다. 조사하라는 BBK는 조사를 않고 피의자나 회유 협박하면서 적극적으로 MB편에 섰다. 그리고 수사 결과라고 내놓은 것이 도곡동 땅의 임자가 '제3의 누구'인데 그 누구가 누구인지는 모른다는 것이다. 국민 세금 받아먹고 어떻게 그런 수사 결과를 내놓을 수 있는지 알 길이 없다. 그렇게 'MB 방패로펌'을 자처한 뒤로는 아예 MB호에 올라타 승승장구하고 있는 것이 MB시대의 정치검찰이다.

MB가 '저 놈 잡아라' 하면 '예이' 하면서 달려가 잡아오고, '이번엔 이놈이다' 하면 죄가 있건 말건, 국민들이 욕하든 말든 막가파가 되어 망나니 칼을 휘두르고 다닌다. 입만 열면 검사동일체라더니 정치 중립은 내팽개치고 아예 MB정권과 동일체가 된 모양이다.

노무현 전 대통령에 대한 수사가 대표적이다. 태광실업 박연차 회장 수사를 빌미로 노 전 대통령에 대한 먼지털이식 수사, 욕보이기 수사는 그야말로 편파적인 정치 수사였다. 가족과 주변 인물들에 대한 괴롭히기식 수사는 정말이지 피도 눈물도 없는 가혹한 수사였다. 피의사실 공포 금지라는 법을 스스로 어기고 한 수사 끝에 전직 대통령을 죽음으로 몰고 갔다. 정말 비열한 방법으로 죽음으로 내몬 것이다.

그 책임자가 이인규 중수부장이다. MB가 선거법 위반, 위증교사, 범인 도피 등의 파렴치한 짓을 한 뒤 법의 심판을 받아 국회의원직을 내놓고 도망가듯 미국에 갔을 때 만난 인물이다. 1998~1999년 무렵 MB와 이인규, 유명환 전 외통부 장관, 신재민 전 문체부 차관 등이 자주 모여 골프도 치면서 교류했다고 한다. 당시 그는 주미대사관 법률협력관이었다. 이들 모두가 물의를 일으킨 인물이라는 공통점도 있다. 임채정 당시 검찰총장은 전직 대통령에 대한 구속수사를 반대했지만 정동기 민정수석과 정다사로 민정1비서관의 청와대 민정라인과 경동고 동문인 이인규가 직거래를 하면서 구속수사 쪽으로 밀어붙였다는 설이 파다했다.

이인규 중수부장 밑에서 그 사건을 맡은 담당 검사가 바로 BBK 방어의 일등 공신인 현 대검 중수부장 최재경이다. 중수부의 비열한 수사를 보고 이건 정말 아니다 싶어 노 대통령 49재를 앞두고 봉은사에 '대한민국 중수부 검사들은 출입을 삼가주시기 바랍니다'라는 현수막을 내걸었다.

대검 중수부가 어떤 곳인가? 조선시대로 치면 의금부다. '어명이요' 하면서 잡아가는 곳이다. 그런 그들이 참으로 비열한 방법으로 사람을 욕보이고 전직 대통령을 죽음으로 몰고 갔다. 이것이 어찌 노무현 한 사

봉은사가 검찰의 비열한 수사에 항의하는 의미로 내건 현수막.

MB 텃밭인 강남 봉은사에서도 종교 편향에 항의하는 집회가 열렸다.

람의 비극이겠는가. 우리 역사의 비극이고 온 국민의 비극이지.

한명숙 전 총리에 대한 수사도 마찬가지다. 당시 나는 "검찰이 한 전 총리를 수사하듯이 BBK와 천신일 회장 등을 수사했느냐? 고 되물은 적 있다. 아니 거기까지 말할 필요도 없이 스폰서에게 매달 수백만 원씩을 받고 해외에서 함께 골프도 친 천성관 전 검찰총장 내정자를 제대로 수사했느냐?"고 물었다. 어떻게 했나? 살아있는 권력, 자기 식구들에게는 아무런 잘못을 묻지 않고, 죽은 권력이나 다른 사람들을 향해선 그악스럽게 덤벼들었다. 그래서 "권력이 물라면 물고, 짖으라면 짖고, 조용해라 하면 조용히 하는 애완견 노릇하는 정치 검찰을 그냥 놔두면 절대 안 된다"고 비판했던 것이다.

한명숙 전 총리에 대한 수사의 경우 전 정권의 비리를 불라는 식으로 수사를 하다보니 대한통운 곽영욱 사장이 돈을 줬다고 한 모양이다. 그런데 시간이 지나면서 없는 일을 있는 일로 꾸민 것이 양심에 찔렸던지 진술을 바꿨다. '없는 일을 있는 것처럼' 꾸미다 보니 어디서 어떻게 돈을 줬는지도 앞뒤가 안 맞았다. 검찰의 압박수사 과정에서 곽영욱은 생명의 위협을 느꼈다고 진술할 정도였다. 마치 2007년 BBK 김경준 회유협박 사건과 닮았다. 그래서 법원에서 무죄를 받았다.

그런데 무죄가 예상되자 재판 하루 전에 검찰은 한신건영 한만호 사장에게 한명숙이 9억 원을 받았다며 별건 수사를 진행한다고 밝혔다. 담당한 검사가 김기동이다. 역시 최재경 현 중수부장과 함께 2007년 BBK 수사에 참여해 피고인 김경준에게 본인이 한 것으로 다 뒤집어쓰면 3년

형으로 해주겠다고 해 지탄을 받았던 그 자다. 그런데 그는 그후로도 승승장구했다.

2007년 주간지 《시사IN》은 김기동 등의 BBK 검찰 수사팀이 김경준을 회유, 협박한 사실을 공개했다. 그러자 이들 BBK 수사팀은 《시사IN》과 주진우 기자를 상대로 명예가 훼손됐다며 법원에 고소했다. 무려 6억 원의 손해배상 청구도 함께 말이다. 그들의 고소에 대해 법원은 2011년 4월 21일 다음과 같은 판결을 내렸다.

"국가기관 수사가 적법하게 이루어지는지 여부는 공적인 감시와 비판 대상이므로 수사 진행과정에서 김경준을 회유했는지 의혹을 제기한 기사는 적법하다. 악의적이거나 현저히 정당성을 잃은 공격이 아닌 한 언론 자유는 보장돼야 한다.

기자가 직접 관련자를 만나 김경준이 작성한 자필 종이와 육성 녹음을 건네 받고 인용해 작성한 것으로 명예 훼손 책임을 인정할 수 없다. 증거물 존재 자체를 보도한 것은 허위사실 공표라고 보기 어렵다. 또한 증거물의 사후 조작 증거가 없고, 메모도 검찰청 사내에서 작성됐으며, 녹음 테이프도 마찬가지로 검찰청 사내에서 가족과 통화한 부분이다. 객관적 사실 보도로 명예훼손이라고 보기 어렵다."

《시사IN》이 보도한 김경준의 메모 내용은 다음과 같다.

"내가 제출한 서류 가지고는 이명박을 소환 안 하려고 해요. 그런데 저에게 이명박 쪽이 풀리게 하면 3년으로 맞춰주겠대요. 그렇지 않으면 7~10년. 그리고 지금 누나랑 보라(아내)에게 계속 고소가 들어와요. 그런데 그것도 다 없애고. 저 다스와는 무혐의로 처리해준대. 그리고 아무 추가 혐의는 안 받는대."

검찰의 김경준 회유 사건은 2007년 11월 23일 서울지방검찰청 BBK 특별조사팀 조사실에서 있었던 일이라 한다. 주가조작 투자 사기로 물의를 빚은 BBK와 이명박 대통령 후보가 어떤 관련이 있는지가 초미의 관심사이던 때라 많은 이들의 관심이 김경준의 입에 쏠렸다. 《시사IN》 은 검찰 수사팀이 이명박 후보를 보호하기 위해 중요 증인을 협박 회유 했다고 보도한 것이다.

김경준의 변호인인 김정술 변호사 역시 2007년 12월 5일 기자회견을 열어 "시사IN에 보도된 메모지는 김경준이 작성한 것이고, 메모지에 적힌 바와 같이 수사과정에서 검찰로부터 회유와 협박을 받은 것도 사실이다. 담당검사가 김경준에게 '검사 도움을 받지 않으면 언론도 사기꾼으로 몰고 가고, 판사도 그걸 보고 많은 형을 판결할 것이다. 협조를 하면 검찰에서 최소 3년으로 구형해 집행유예를 받을 수 있다'고 말했다"고 밝혀 《시사IN》 보도에 힘을 실어줬다.

김경준의 변호인인 김정술 변호사와 홍선식 변호사는 12월 9일에도 기자회견을 열어 "김경준의 말은 검찰이 김경준에게 '협조를 하면 3년형으로 맞춰주고, 3년형을 구형하면 집행유예를 받을 자격이 있다. 재판이 항소심까지 10개월 걸리니까 항소가 끝나면 미국으로 돌려보내 주겠다'고 약속했다. 검사가 김경준에게 '이명박 후보자는 BBK와 아무런 상관이 없는 것으로 진술을 바꿔 달라'고 요구했다"는 등의 내용을 발표했다. 그래서 지금도 많은 국민들이 검찰의 BBK 수사를 못 믿고 의심하는 것이다.

피의자를 회유하거나 협박을 하면서도 의혹의 당사자인 MB는 한 번도 불러서 조사한 적이 없다. 그런 편향된 수사를 해놓고 그것을 알리는 언론에 재갈을 물리고자 하는 게 BBK 검사 김기동의 작태다. 그런 부도덕한 정치검사가 야당의 유력한 서울시장 후보였던 한명숙에게 한 재판이 끝나기 하루 전 새로운 의혹을 제기하며 정치 수사를 감행함으로써 서울시장 선거에 개입했고 결과는 0.6%로 차이로 한명숙의 아쉬운 패배로 끝났다.

당시 서울시의 구청장, 시의원, 구의원 선거 등 모든 선거구에서 민주당이 압승했다. 김기동의 치졸하고 더러운 정치 개입의 별건 수사가 없었다면 어떻게 됐을까? MB 검찰의 그악한 수사에도 불구하고 청렴성을 확인 받은 한명숙 후보가 당선되는 일은 그리 어렵지 않았을 것이다.

검찰은 정치자금 수사를 하면서 정치인들 중에 이것에서 자유로운 사람이 많지 않을 것이라고 말해왔다. 그랬다면 더 많은 국회의원을 거느리고 있는 한나라당, 더 힘 있는 여당 의원들의 정치자금은 왜 수사하지 않는가? 만일 국회의원 전원을 대상으로 그 같은 방식의 수사를 진행한다면 그나마 검찰의 말을 신뢰할 수 있을 것이다. 현실은 그렇지 않았고 검찰이 사냥개처럼 문 것은 죽은 권력 노무현과 그 측근들이었다. 비열한 정치 보복에 검찰이 망나니처럼 칼을 들고 나선 것이다.

검찰의 더러운 칼날은 MB 권력에 비판적인 사람들을 향해서도 미친

칼춤을 추었다. 미국산 쇠고기의 위험성을 경고한 MBC 〈PD수첩〉과 MB 측근을 사장으로 앉혀 언론을 장악하려는 시도에 맞선 YTN 기자들, 인터넷에서 리먼브라더스 파산 예측을 하는 등 MB의 경제 실정을 비판했던 누리꾼 미네르바 등에 대한 검찰의 무차별적인 수사는 민주주의 국가에서 언론의 자유를 압살하는 행위였다. 오죽했으면 〈PD수첩〉과 관련한 검찰 수사가 부당하다고 담당 검사였던 임수빈 검사가 대들었겠는가. 그런데 검찰은 그를 내쫓고는 호기 있게 기소를 했다. 그 결과가 어떤가. 모두 무죄판결을 받았다.

수모도 이런 수모가 없다. 손을 대는 수사마다 무죄다. 법률에 근거하지 않고 정치적 논리만을 앞세워 진행한 수사이다 보니 법률적 허점이 너무 많았던 것이다. 이런 수모를 당한 검찰은 자신들의 치부인 이른바 검사들의 성상납 사건을 보도한 〈PD수첩〉에 대한 보복으로 이근행 노조위원장을 구속시키려 했다. 그런데 법원이 이 악의적인 구속영장을 기각해 버렸다.

검찰 출신의 변호사 김용원은 자신의 책 《천당에 간 판검사가 있을까?》에서 "남을 비판하는 말을 하면 처벌을 받게 되는 수가 있다. 그러니 입 다물고 살아라. 특히 권력자를 비판하는 말은 하지 말아라. 감방에 가는 수가 있다"고 적고 있다. 또한 그는 "공인들, 특히 그 가운데 권력자들에 대한 자유로운 비판이 금지되지 않고 오히려 권장되는 사회가 민주주의 사회"라며 "침묵을 강요하는 사회는 조지 오웰의 동물농장이고 그런 사회의 판검사들은 동물농장의 개들"이라고 꼬집었다.

"잡범 검찰에게 국민이 전쟁 선포하자!"

:: 위장전입 범법자, 한상대의 후안무치

"특히 검찰총장에 임명된 한상대는 심각합니다. 두 번이나 위장전입이라는 불법을 저질러 놓고도 '다른 사람이 위장전입하면 어떻게 할 것인가' 라는 질문에 '처벌하겠다'고 답했지요. 온 국민이 보는 앞에서, 국민의 대표인 국회의원들 앞에서 법 집행기관의 수장이 되고자 하는 자가 자기는 해도 되고 남은 처벌할 거라고 하는 건 뻔뻔스럽다는 말로도 설명이 안 됩니다.

어떻게 힘있고 빽 있는 사람은 다하고 처벌 안 받는데 국민들만 처벌 받아야 하는 겁니까? 검찰총장은 단순한 공직자가 아닙니다. 검찰 스스로 얘기하는 '법치주의와 민주주의를 지키는 최후 보루' 인 검찰 조직의 수장입니다. 법이 고무줄입니까? 늘었다 줄었다 하게. 법이 불륜입니까? 나는 되고 남은 안 되고. 이는 스스로 법을 무시하고 조롱하고 파괴하는 범죄입니다."

———
2011년 8월 산중한담 중에서

'후안무치' 가 아무리 MB시대의 시대정신이라 해도 그렇지 잡범 수준의 한상대 같은 자들이 국민들을 향해 3대 전쟁을 선포하다니 참 어처구니가 없다. 국민이 비리를 저지른다고? 부산저축은행 사건을 보라. 언제나 그렇듯 힘있고 돈 있는 자들이 다 저지르지 않나. 국가 권력자들이 범죄 비리자들에게 뇌물을 받아먹고 그들 뒤나 봐주지 않나.

좌익사범들이 나라를 혼란스럽게 만든다고? 온갖 불법과 탈법으로 국민들을 열받게 하고 갖은 거짓말로 국민들을 혼란스럽게 만들고 있는 MB와 잡범집단 수준의 고위공직자들만큼 나라를 혼란스럽게 하는 자들이 있는가? 그리고 떡값이나 받고 성상납이나 받는 자들이 자기 구린데는 덮어놓고 국민들을 향해 전쟁 운운하다니 무슨 망발인가? 똥 묻은 놈이 뭐 묻은 놈보고 짖는다더니 꼭 그 꼴이다.

전쟁은 검찰이 국민들에게 할 소리가 아니다. 오히려 국민이 잡범집단인 검찰을 향해 전쟁을 선포해야 할 때다. 아무리 한상대가 국민을 협박하고 전쟁을 선포하더라도 '한상대'는 결코 국민에게 '상대'가 못된다. 국민을 향해 3대 전쟁을 주도한 자가 한상대다. 그가 검찰총장에 취임 일성으로 3대 전쟁인가를 선포했다. 취임사를 직접 썼다고 하는데 "첫째가 부정부패와의 전쟁이고, 둘째는 종북 좌익세력과의 전쟁이며, 마지막으로는 우리 내부(검찰)의 적과의 전쟁"을 벌이겠다는 것이다. 정말 살벌하게 몇 번이고 전쟁을 운운했다. 당시 일본이 독도를 탐내는 상황에서 신임 국방장관의 취임사인줄 착각할 정도였다.

국회 인사청문회에서 병역면제와 위장전입, 탈세, 부동산투기 등 이른바 MB정부 공직자들의 4대 필수과목을 이수한 장학생이라고 해서 야당으로부터 부적격 판정을 받은 인물이 한상대 총장이다. 그런 부정한 인물이 부패세력과의 전쟁이라고 떠드는 것이다. 아직도 국민들은 '검사와 스폰서' 의혹을 검찰 스스로 규명하지 못했다고 생각한다. 그러니 '떡검' '섹검' '그랜저 검사'라는 신조어가 생기지 않았는가. 자기 집의 대들보 썩는 줄도 모르면서 어디의 부패를 막겠다는 것인가.

썩은 냄새가 진동하는 부산저축은행 비리 사건에 대해선 뭐 하나 시원하게 내놓은 게 없어 부실수사 논란이 일고 있다. 국민이 다 아는 부패 비리 문제에 대해 제대로 수사도 못한 검찰이 과연 부패와 전쟁을 할 수 있나?

좌익 종북세력과의 전쟁도 선포했다. 그런데 남북대치라는 조건에서 군대에 가서 병역 의무도 필하지 않은 사람이, 테니스는 잘도 치고 다니면서 건강이 안 좋아서 군대 못 갔다는 사람이, 대한민국의 건장한 남자라면 다 군대에 가서 연병장 돌고 흙먼지 뒤집어쓰고 훈련하면서 나라를 지키는데 국민의 4대 의무 중 하나인 국방의 의무도 이행 안 한 사람이, 총 한 번 안 잡아본 사람이 과연 좌우를 논할 수 있는 자격이나 있나? MB정부 하의 고위공직자에는 동종의 직업병이 있는데 그것은 군대도 안 갔다 오면서 안보와 국방을 이야기한다는 것이다.

만일 종북세력과 전쟁이 필요하다면 첫 번째 대상이 MB와 청와대일 것이다. 취임사에서 "북한을 추종하며 찬양하고 이롭게 하는 집단을 방치하는 것은 검찰의 직무유기"라 했다. 국민들에게는 사과를 안 하면 교류는 없다 해놓고 몰래 북한을 만나 돈 주면서 정상회담을 구걸했고 그것도 모자라 적대세력에게 돈을 상납하려 했으니 청와대 대외전략비서관 김태효, 통일부 정책실장 김천식, 국가정보원 국장 홍창화 등을 즉각 수사하고 그것을 지시한 책임을 물어 MB를 조사하기 바란다. 그것이 한상대 검찰총장이 얘기한 종북세력과의 전쟁 수행에서 첫 번째 임무다.

MB도 한심하기 짝이 없다. 앞으로는 보수층의 결집을 위해 사과 안

하면 대화 없다고 해 놓고는 뒷구멍으로 돈이나 갖다 바치는 꼴이라니. 국민 속이기를 밥 먹듯 한다. 하기야 이미 말 뒤집기, 거짓말의 달인이니 이해하고 넘어가야 되나?

셋째, 내부의 적과 전쟁을 얘기하면서 "검찰이 국민들께 오만하게 비춰질 때 우리는 설 땅을 잃고 국민으로부터 사랑 받는 검찰상은 요원해진다" 해놓고 국민들을 상대로 3대 전쟁이니 하는 말을 쓰는 것 자체가 이미 도를 넘은 오만이다. 내부의 적이라면 스스로 법을 어긴 한상대 자신이 첫 번째 전쟁 대상일 것이고, 두 번째가 '떡검' '섹검' '그랜저 검사'들일 것이다.

2011년 2월 한상대 총장이 서울중앙지검장으로 취임할 때는 "지금 우리 검찰은 위기에 처해 있다"면서 "사람들이 검찰이 무능해진 것 아니냐, 검찰을 믿을 수 있냐, 검찰이 청렴하냐는 의심을 품고 있다"고 했던 것을 기억한다. 그래 놓고 이제는 국민들을 대상으로 선전포고문을 작성한 것이다. 권력의 입맛대로 하겠다는 거다. 법을 두 번이나 어긴 자신을 잘 봐주고 승진시켜 줬으니 승진시켜 준 사람이나 승진된 사람이나 이심전심으로 뭘 해야 하는지 아는 모양이다. 권력에 반대하는 사람들 좀 손보겠다는 것이다. 검찰이 괴담이다 뭐다 하면서 SNS를 통해 괴담을 퍼뜨리면 구속 수사하겠다고 하는 것은 바로 권력에 반대하는 사람들을 통제하겠다는 속셈을 노골적으로 드러낸 것이다.

이 모양이니 검찰을 '떡검'이니 '섹검'이니 '그랜저검사'니 하면서 '사냥개'라고 조롱하게 된 것은 MB시대에 와서 처음 생긴 일이다. 그렇게 권력과 재벌들에 빌붙어 호의호식하고 잘 나가다가 퇴임하면 전관예우라고 해서 수억 원의 수임료를 받아 챙긴다. 스스로들 법률가가 되어야 한다고 입으로 떠들면서 실제로는 전관예우를 통해 막대한 수입을 올리는 로비스트로 전락해버린 것이 오늘날 검찰의 자화상이다.

법의 최후 보루라고 하는 검찰이 중국의 포청천처럼 존경은 못 받을망정 조롱거리가 되어서야 쓰겠는가? 위장전입한 사람이 붙잡혀 와서는 검찰총장도 되는데 왜 나는 안 되냐고 묻는다면 일선에서 열심히 일하면서 법집행을 하고 있는 검사들은 무슨 말을 해야 하나? 지금 이 순간도 권력에 빌붙어 출세할 생각에만 골몰하는 일부 정치검사들 때문에 수많은 검사들이 자괴감을 느끼고 있다. 실제 2011년 11월 28일 대구지검의 백혜련 검사는 부끄러워서 검사노릇 못하겠다면서 사표를 던지기까지 했다.

한상대처럼 스스로 법을 어긴 사람이 검찰총장으로 직무를 수행하는 것을 국민들은 납득할 수 없다. 그럼에도 불구하고 그런 사람을 자리에 앉히는 그 뻔뻔스러움도 용납이 안 될 뿐더러 스스로가 가장 썩었으면서도 썩은 줄 모르는 한상대와 일부 정치검찰을 향해 이제 국민들이 전쟁을 선포할 때다.

한상대 검찰총장 임명으로 인해 우리나라는 법치도 무너지고 양심도 무너진 사회가 됐다. 어떻게 그렇게 뻔뻔스러울 수 있는지 정말 '후안무치 대통령' 시대에 맞는 인물이긴 하다. 하지만 과거 독재정권이라고 불렀던 전두환, 노태우 시절에도 검찰이 이렇게 망가지지는 않았다.

그렇게 권력의 애완견 노릇하다가 정치권에 들어간 검사들 모습이 어떤가? 대표적인 사람이 안상수 전 한나라당 대표와 홍준표 대표다. 안상수는 아무나 보고 좌파라고 부르고, 보온병과 포탄도 구별 못해 망신을 당했는데 어떻게 그런 자가 사시를 통과했는지 모르겠다. 혹시 뒷담을 넘은 건 아닌가 하는 의심이 든다. 홍준표 대표도 마찬가지다. 입만 열면 막말을 해 얼마나 국민의 조롱을 받고 있는가?

이러한 독선과 오만, 자기만을 위한 사람들 때문에 더불어 살아야 할 우리의 공동체가 고통에 빠지고 혼란스러워지는 것이다. 썩은 사과 하나가 사과 궤짝 전체를 다 썩게 만들듯 이들 부정부패한 세력 때문에 나라와 나라의 근간인 법이 썩고 있는 것이다. 이런 세력을 발본색원하지 않고는 결코 선진사회로 나아갈 수 없다. 우리 공동체를 파괴하고 있는 자들을 위해 이제 국민이 나서야 할 때인 것이다.

"피도 눈물도 없는 잔인한 정권"

:: 공권력의 국민학살 '용산참사'

"제가 천일기도를 올릴 때 참 많은 일이 일어났습니다. 남대문이 불탔고, 용산참사가 벌어졌고, 쌍용자동차 사태가 평택에서 일어났지요. 노무현·김대중 두 전직 대통령이 서거하셨고. 수많은 일들 가운데 제가 가장 가슴 아픈 건 바로 용산문제였어요.

생존권 때문에 시너를 짊어지고 망루를 설치하고 살겠다고 아우성치는 사람들을 불타 죽게 만든 게 무법천지가 아니고 무엇입니까. 힘없는 사람들은 모조리 고소고발해서 옴짝달싹 못하게 하고, 힘 있는 사람들은 법망을 다 피해가게 하는 것. 그게 정상적인 법치인가요? 사람이 6명이나 죽게 된 거 아닙니까. 경찰도 죽었어요. 경찰 아버님이 제게 찾아와 '저도 서민으로서 그분들 심정 이해한다'고 하셨어요. 공권력이 이럴 수 있느냐는 거죠. 정말 너무 억울한 게 바로 용산 분들입니다. 용산사건은 많은 사람들이 잊으면 안 되는 사건입니다. 역사의 심판을 받게 될 겁니다."

2009년 8월 30일 용산참사 현장을 방문해서

2009년 1월 20일 새벽, 철거민 이상림, 양회성, 한대성, 이성수, 윤용헌, 그리고 경찰관 김남훈, 이렇게 무고한 국민 6명이 불에 타 죽었다. 참 기막힌 일이었다. 지금도 가슴이 먹먹하고 잠자리에 누워도 도무지 편치 않다. 어떻게 이런 일이 21세기 대한민국에서 일어날 수 있는가 참으로 아연했다. 같은 하늘 아래에 살면서 나는 이렇게 멀쩡히 살고 있는데 그들은 왜 생목숨을 잃어야 했을까?

사건 후 내내 마음이 아팠다. 이런 상황에서 내가 무엇을 해야 하나? 하는 질문이 떠나질 않았다. 그래도 잘 해결되겠지 했다. 하지만 겨울이 다 지나고 봄이 와도 또 봄이 지나고 여름이 되어도 문제는 해결되지 않았다. 천일기도를 끝내고 첫걸음으로 용산참사 현장에 갔다. 분향을 하는데 울컥 눈시울이 붉어졌다. 마음을 간신히 진정하고 유족들·범대위 분들과 불에 탄 남일당 현장을 둘러보는데 다시 울컥했다.

순간 '피도 눈물도 없는 잔인한 정권'이란 생각이 떠올랐다. 사건 자체도 참 기막힌 사건이지만 겨울 한복판에서 일어난 일을 여름이 다 지나고 가을로 접어드는 순간까지 해결할 생각조차 하지 않은 채 방치만 하고 있는 게 아무리 생각해도 이해가 안 됐다. 정말이지 피도 눈물도 없는 잔인한 정권이다. 철거민들이 좀 살아보겠다고 저항을 하고, 어떤 의미에서는 불법적이고 과격하게 행동했다 하더라도 권력의 이름으로 어떻게 사람들을 죽음으로 내몰 수 있는가.

철거민, 우리 사회 최하위 계층 중 하나다. 1960~70년대 너나 할 것 없이 힘들고 먹을 것이 없었던 시절 농촌보다는 도시가 그래도 살기 괜찮지 않을까 하는 생각으로 도시로 도시로 올라와 서울 변두리 아니면 산비탈에 집을 짓고 하루하루 먹고 살던 사람들이 바로 철거민이다. 고향을 등지고 왔을 땐 그 마음이 오죽했겠는가? 삶의 벼랑에서 더 이상 갈 곳이 없는 사람들이 모인 곳이 철거촌이었다.

그것이 경제가 좀 발전하면서 도시개발 붐이 일자 그곳에 아파트를 짓고 빌딩을 올린다고 살던 사람들을 내쫓았다. 갈 곳 없는 사람들이 어뜩게 했겠나? 당연히 처절하게 저항했다. 생존의 벼랑 끝에 내몰린 사람들이 법 이전에, 살고 싶었던 사람들의 발버둥이 철거반대 투쟁이다. 용산참사 때 자식을 잃은 고 김남훈 경사의 아버지도 "오죽했으면 망루에 올라갔겠느냐"고 했다.

MB는 예나 지금이나 입으로는 친서민, 친서민한다. 그래서 당시 MB에게 "정말 서민행보를 하고 싶으면 한 손에는 떡볶이를 들고 다른 한 손에는 어묵을 들고 시장 바닥을 돌아다니지 말고 용산참사 현장부터 방문해달라"고 호소했지만 역시 '쥐 귀에 경 읽기'였다.

왜 그런 아귀다툼을 겪으면서도 재개발이 될까? 돈이 되기 때문이다. 돈이 되기 때문에 포크레인, 불도저 동원해서 깨부수고 용역깡패 앞세워 밀어내는 것이다. MB가 그렇게 좋아하는 불도저를 동원해서 말이다. 용산참사는 최하층 도시빈민들만의 이야기는 아니다. 거기는 좀 먹고 살 만한 중산층들도 있었다. 그런데 왜 그들은 망루에 올라갔는가? 역시 먹고 살기 위해서다.

개발이란 미명하에 이들의 생활터전을 허물어뜨린 것이다. 용산참사는 용산개발이라는 장밋빛 전망과 더불어 돈이 되기 때문에 일어난 일이다. 이 돈의 욕망을 국가권력이 협력해 지켜주고 도와준 사건이다. 권력자들의 '합작 살인'이다. 이 돈에 대한 욕망이 MB를 대통령으로 만들었다. 부자 되겠다는 생각에 모두들 서울에서 뉴타운 깃발만 꽂으면 능력이 되던 안 되던 국회의원으로 뽑아준 것이 2008년 총선이다. 이른바 '뉴타운 광풍', '욕망의 광풍'이 결국 용산에서 화마를 일으킨 것이다.

이 욕망 때문에 무고한 국민 6명이, 생목숨들이 죽었다. 이러한 죽음으로부터 배우지 못하면 짐승이다. 용산의 죽음을 통해 우리 자신을 돌아보고 문제점을 짚어내지 못한다면 감히 인간이라고 말할 수 없다. 이미 용산참사는 인간이 인간이기를 포기하고 돈의 노예가 되었기에 가능한 일이었다. 법이 인간을 보호할 생각은 하지 않고 돈의 이익을 지켜주기 위해 앞장섰기 때문에 일어난 일이었다.

법은 인간을 위해 움직일 때만이 법이다. 따라서 우리는 인간이 법을 지켜야 하는 것이 아니라 법이 인간을 지켜야 하는 것을 기억할 필요가 있다.

혹자는 철거민이, 전철연이 무슨 사람이냐고 한다. 도시게릴라라고 한다. 그들이 도심 테러를 주도했다고 한다. 보수신문과 한나라당 일부 국회의원들이 대놓고 그런 말을 했다. 극언이다. 물어 보자, 철거민은 사람이 아닌가? 돈이 있고 권력이라도 쥐고 있어야 사람이고 힘없고 빽 없으면 사람이 아닌가? 그래 이 MB시대는 분명 그런 것 같다. 돈 있고 빽 있으면 이리저리 군대 다 빠져나가고, 요리조리 부동산 투기해서 돈 벌고 위장전입, 탈세해서 돈 벌고, 돈 없는 사람들은 이리 차이고 저리 뺏기고 하면서 사람 대접도 못 받고 살아도 사는 것 같지 않게 사는 거다. 힘있고 돈 있는 사람들은 전경련이요, 또 무슨 무슨 회 만드는데 힘없는 사람들이 뭉쳐서 전철연 만드는 건 왜 문제인가?

MB 권력 자체가 철거민들을 사람으로 보지 않았다. 사람으로 봤다면 어떻게 망루 시위가 시작된 지 3시간 30분만에 1600명의 경찰 정예특

공대를 들여보내 사람들을 죽음으로 내모나. 건물이 4층짜리니까 진압 과정에서 혹여 일어날 사태에 대비해 매트리스 같은 것도 준비하지 않고 마치 적군 소탕하듯, 빨갱이 토벌하듯, 전광석화와 같이 작전을 벌인 것이냐는 거다.

한 경찰 고위간부는 보통 철거와 관련된 시위 진압의 경우 저항이 격렬하기 때문에 철거민들이 가지고 있는 화염병이나 시너 등을 다 소진시키고 저항 의지가 약해졌을 때 시행하도록 경찰의 진압 매뉴얼에 있다고 지적했다. 그런데 다 무시하고 강경 진압을 해서 이 같은 참사를 불렀다. 선진국으로 가겠다는 21세기 대한민국에서 말이다.

국가에 의한 타살이고 욕망의 시대가 부른 사회적 타살이다. 누가 이 죽음에 관해 자유로울 수 있는가? 또한 이 죽음을 통해 우리가 배우지 않고 성찰할 수 없다면 이러한 죽음은 앞으로도 계속될 수밖에 없는 것이다.

원인 제공을 누가 했느냐, 과실의 책임이 어느 편에 더 있느냐는 논쟁의 여지가 있을 수 있다. 싸움이 격하다 보니 의도하지 않았지만 그런 일이 발생했다고 할 수도 있다. 하지만 6명의 무고한 죽음 앞에서 우리가 머리를 조아리지 않는다면 그것은 짐승이지 사람이 아니다. 특히 국가의 공권력 집행 과정에서 일어난 일에 대해 오로지 법집행의 정당성만을 내세운다면 그건 인간이 인륜도 천륜도 없는 짐승으로 전락하는 길이다. 그래서 용산에 방문했을 때 하루 빨리 국가의 책임자인 대통령이 사과하고 문제를 해결하라고 호소했던 것이다.

대통령은 법집행이 정당했으므로 사과할 수 없는가? 그런데 2005년 12월 27일 한미FTA를 반대하며 시위를 벌이던 중 전용철, 홍덕표 두 명의 농민이 경찰의 과잉진압으로 목숨을 잃은 일이 발생했다. 당시 노무현 대통령은 TV를 통해 직접 나와 머리를 숙이며 사과했다. 그러면서 그 사과의 의미에 대해 이렇게 말했다.

"폭력시위를 주도한 사람들이 이와 같은 원인이 된 상황을 스스로 조성한 것임에도 경찰에게만 책임을 묻는다는 것은 불공평하다는 비판이 있을 수도 있을 것입니다.

그러나 공권력은 특수한 권력입니다. 정도를 넘어서 행사되거나 남용될 경우에는 국민들에게 미치는 피해가 매우 치명적이고 심각하기 때문에 공권력의 행사는 어떤 경우에도 냉정하고 침착하게 행사되도록 통제되지 않으면 안 됩니다. 그러므로 공권력의 책임은 일반 국민들의 책임과는 달리 특별히 무겁게 다루어야 하는 것입니다.

이 점을 국민 여러분과 함께 공직사회 모두에게 다시 한번 명백히 하고자 합니다.

아울러 말씀드리고 싶은 점은 쇠파이프를 마구 휘두르는 폭력시위가 없었다면 이러한 불행한 결과는 없을 것이라는 점입니다. 이 점에 관해서는 정부와 시민사회가 함께 머리를 맞대고 진지하게 대책을 마련해 나가야 할 것입니다. 정부도 이전과는 다른 대책을 세우도록 하겠습니다. 국민 여러분 다시 한번 송구스럽다는 말씀과 함께 다시는 이런 일이 생기지 않도록 철저히 대비하겠다는 다짐을 드립니다."

천일기도 회향일에 용산을 찾았다. 국민 눈에 피눈물 나게 하고 자기는 온전할 것인가.

노무현 대통령의 여러 정책에 대해 비판적이었던 나도 그 모습을 보면서 '그래도 저 사람은 파렴치한 사람은 아니구나. 이 나라 최고의 권력자이면서 잘못을 인정할 줄 알고, 부끄러워할 줄 아는구나' 하는 생각을 했다. 많은 사람들의 희생과 노력으로 만들어진 민주주의가 그리 헛된 것은 아니구나 하는 생각도 들었다.

2009년 1월 23일 여론조사 전문기관 사회동향연구소의 여론조사에 따르면 국민 67.8%가 용산참사의 근본 원인으로 이명박 정부의 강경통치를 꼬집었다. 이 조사에서 이 대통령의 사과가 필요하다는 의견도 57.2%나 나왔다.

그런데 MB는 용산참사가 해결되는 시점까지 단 한 번도 반성을 하거나 성찰을 하지 않았다. 여전히 그는 잘못한 게 없다고 생각할 것이다. 그런 점에서 그는 여전히 짐승과 같은 단계에 머물고 있는 셈이다. 인간이 인간이 될 때는 인간다운 노릇을 해야 인간이 되는 거지 인두겁을 쓰고 있다고 다 인간인 것은 아니다.

우리 옛 사람들이 숭례문을 세울 때 현판을 가로가 아닌 세로로 쓴 것은 남쪽에서 일어나는 불기운을 누르기 위해서였다고 한다. 국가의 재난이 바로 남쪽에서 불로 일어난다는 생각이었다. 풍수적인 생각이었지만 오늘의 현실에서 보면 딱 맞아떨어진다. 숭례문이 불타면서 현판이 툭하고 떨어졌을 때 나는 법회 등을 통해 "우리 사회 도덕이, 인륜이 땅에 떨어지는 상징적인 사건"이라고 여러 차례 경고했다. 용산참사는 바로 숭례문 현판의 경고가 현실이 된 것이다. 예와 도덕이라는 인간적 가치를 받들지 않고 돈이라는 물질적 가치를 숭배한 우리들의 마음과 행동이 이런 막장 사태를 부른 것이다.

용산참사는 인간이 돈이라는 물질적 힘 앞에 참으로 탐욕스럽다는 것을, 그 탐욕스러움을 국가가 보호하고 있다는 것을, 사람을 죽이고도 반성할 줄 모르는 짐승 같은 자들이 권력을 잡고 있다는 것을 단적으로 보여주고 있다. 또한 돈 없고 힘없는 게 죄라는 것을, 그런 세상은 사람 사는 세상이 아니라는 것을 또한 보여주었다.

영국의 역사가 R.H 토니가 자신의 책 《평등》에서 "가난하기 때문에 올바른 인간 사회가 될 여유가 없는 사회는 존재하지 않는다. 어떤 사회도 단순히 부유해짐으로써 올바른 사회가 되는 것은 아니다"라고 지적했다.

용산참사로 인해 우리는 많은 것을 잃었다. 그러나 이 6명의 죽음을 통해 우리가 다시 삶을 들여다보지 않는다면, 인간이 인간으로 살려면 어떻게 해야 하는지 묻지 않는다면 그 누군가가 아니라 바로 우리 자신이 영원한 짐승이 될 뿐이다.

"4대강 사업은 死大江 사업이다"

:: 뭇생명, 서민경제, 나라미래 죽이는 4대강

"지금 이명박 정부가 하는 삽질은 전 국토를 삽으로 도륙해내는 것입니다. 30년 전 광주항쟁에서 전차와 군인이 총으로 국민들을 유린했다면 지금 대한민국은 정권과 건설업자들이 굴착기, 덤프트럭, 불도저 등으로 온 산천을 유린하고 있는 셈입니다. 그걸 묵인하고 용인하는 게 우리 국민입니다.

인위적으로 자연을 파괴하면 반드시 재앙이 옵니다. 삽질의 과오는 이명박 대통령에게 가는 게 아니라 방관하는 국민에게 올 것입니다. BBK 동영상을 보고도 MB를 찍은 국민은 과오를 반성해야 합니다."

2010년 5월 19일 〈프레시안〉 인터뷰 중에서

    MB는 4대강 사업으로 나라를 마치 살릴 것처럼 말하고 있다. 하지만 4대강 사업은 한마디로 하자면 '死大江 사업'이다. 4대강 주변의 뭇생명들을 마구 마구 죽이니 '死대강 사업'이라고 할 수밖에. 산과 강은 사람만의 것이 아니다. 거기에는 물새도 살고 물고기도 헤엄친다. 그걸 바닥부터 긁어대고 파헤치니 헤아릴 수 없이 무수한 생명들이 죽고 있는 것이다. 지금 이 순간에도 포크레인 삽날에 불도저 바퀴에 깔려 뭇생명들이 죽고 있다.

    뭇생명들만 죽이는 게 아니다. 국민과 경제도 다 죽이고 있다. 천문학적 액수의 예산을 쏟아 부으면서 국민을 위한 복지 예산은 없다고 한다. 4대강 예산의 절반만 있어도 반값등록금 공약을 지킬 수 있는데, 국민이 지키라고 지키라고 하는 공약은 안 지키고 하지 말라는 건 억지로 하려는 게 청개구리도 아니고 무슨 심사인지 모를 노릇이다.

뿐만이 아니다. 4대강은 우리들의 미래를 죽이는 사업이다. MB는 과학기술부를 없앴다. 한국처럼 자연자원이 없는 나라는 아이디어로 세계 속에서 살아남아야 한다. 대표적인 것이 IT 같은 것이다. 그런데 그런 것을 장려 육성을 못할망정 시계를 거꾸로 돌려 40년 전에나 하던 토목사업을 통해 경제를 일으키겠다는 것이다. 그렇게 삽질을 하는 사이 우리의 미래 경쟁력은 죽고 있는 것이다. 경제에 대해 알더라도 세계적 조류를 이해하는 사람이어야 하는데 그저 1960~70년대 개발독재식 성장밖에 모르니 세계에 뒤처질 수밖에 없는 노릇이다.

치수 문제는 중요하고 필요하다. 해마다 여름이 되면 얼마나 물난리로 고생을 하고 있나? 우리는 2011년 전례 없는 물난리를 겪었다. 대부분 4대강 본류가 아니라 지천에서 일어났다. 자료를 보면 알 수 있다. 치수를 논하자면 4대강 본류가 아니라 지천 사업을 전개해야 한다. 그런데 왜 굳이 4대강 사업을 강행하고자 하는가?

MB의 4대강 사업은 대운하계획에서 비롯되었다. 청계천의 성공으로 재미를 본 그가 대운하를 통해 뭔가 해보겠다는 것이었다. 그러나 국민이 반대하자 4대강이라는 이름으로 슬그머니 이름을 바꿔 편법으로 하고 있다. 국민의 반대가 강한 사업 중 하나다. 자기가 하고 싶어도 국민의 반대가 심하면 재고해봐야 하는 것 아닌가? 그게 민주주의 국가의 지도자가 갖춰야 할 덕목이다. 세종대왕이 조세개혁을 단행할 때, 벼슬아치에서부터 민가의 가난하고 비천한 백성에 이르기까지 이 법에 대한 가부를 묻도록 했다. 그러면서 "만약 백성이 반대한다면, 만약 백성이 이 법이 좋지 않다고 하면 행할 수 없느니라"라고 했다. 이 가부조사를 통해 1430년 전국 17만 2,806명을 대상으로 여론을 물어 장장 17년간 토론을 거친 후 나라의 조세개혁을 단행하니 스스로 기꺼워 따르지 않는 이가 없었다고 한다.

"백성이 나를 비판한 내용이 옳다면 그것은 나의 잘못이니 처벌해서는 안 되는 것이요. 설령 오해와 그릇된 마음으로 나를 비판했다 해도 그런 마음을 아예 품지 않도록 만들지 못한 짐의 책임이 있는 것이니 어찌 백성을 탓하리오"라고도 했다. 또한 임금이 꿈꾸는 태평성대는 "백성이 하려고 하는 일을 원만하게 하는 세상이다"라고도 했다. 모두 《세종장헌대왕실록》(1418~1450)에 나오는 말들이다.

정말 나라와 민족을 위해 꼭 필요한 사업이라고 하면 왜 설득을 못 하겠나? 진정성이 없기 때문이다. 오죽했으면 국민이 대운하가 아니라 4대강 사업이라고 해도 믿지 않겠는가?

민주주의는 반대파를 얼마나 설득할 수 있느냐 없느냐에 달려 있다. 어떻게 사람들이 다 생각이 같고 입장이 같을 수 있겠는가? 얼굴이 다 다르듯 생각도 사람의 수만큼이나 많다. 천 갈래 만 갈래로 갈라진 물길을 하나로 모으듯 생각이 다른 사람들을 모을 수 있어야 한다. 그러자면 낮아져야 한다. 바다는 가장 낮은 곳에 있기 때문에 그 모든 물을 다 모을 수 있는 것이다. 그리고 생각이 다른 국민들, 정치인들을 설득하려 하면 그들의 마음을 얻어야 하는 것이다. 4대강 홍보비를 펑펑 쓴다고 국민이 설득되는 건 아니다. 잠시 현혹될 수는 있다. 그러나 그것은 역시 순간이다. 마음을 얻어야 한다. MB로서는 제일 어려운 일이다. 입만 열면 거짓말하기 바쁘고 국민들에게 신뢰가 없는데 어떻게 마음을 얻을 수 있겠는가?

정말 나라와 민족을 위해 한다면 서두를 것도 없다. 불도저와 포크레인, 군인들까지 동원해 마치 군사작전 벌이듯 할 필요가 없는 것이다. 정말 옳다면 자기 임기 내에 하려고 욕심 낼 필요도 없다. 옳은 일이라면 자신이 씨를 뿌리고 열매는 후대 사람들이 거둘 수 있게 하는 것도 지도자의 중요한 덕목 중 하나다. 대통령 노릇을 제대로 하려면 반만년 역사가 우리를 내려다보고 있다는 생각을 가지고 항상 두려워하고 살필 줄 알아야 한다.

일제 때 독립운동하시던 분들이 만주에서 농사를 지을 때 삼전법을 썼다고 하지 않았던가? 농사를 짓되 3분의 1은 먹고사는데, 3분의 1은 독립운동을 위한 군자금으로, 나머지 3분의 1은 미래를 위해 학교를 짓는데 썼다고 한다. 나라를 빼앗긴 사람들도 미래를 내다보고 준비할 줄 알았는데 나라의 리더인 대통령 직분을 가진 자가 눈앞의 자기 이익에만 골몰하고 자기 임기 때 뭔가 성과만 내려 하다 보니 제대로 안 되는 것이다.

만일 해야 한다면 영산강 같이 문제가 심각한 곳을 골라 한 군데에서 먼저 시행해서 성공하면 다른 곳으로 확대하는 방식으로 하면 된다. 나도 4대강 문제에 대해 얘기할 기회가 있을 때마다 그렇게 권했다. 수만년 국토의 물줄기를 바꾸는 일을 어떻게 5년짜리 대통령이 하려 하나. 그 자체가 오만과 독선이고 어리석은 생각이다. 되지도 않는 일이다. 만일 군사작전처럼 밀어붙인다 해도 그 후과는 엄청날 것이다. 그 뒷감당은 MB가 아니라 국민들이 짊어지게 될 것이다.

자기가 뭘 할 수 있다는 오만함, 그 오만함은 인간이 자연을 마음대로 할 수 있다는 개발지상주의의 산물이다. MB의 성장 근거가 거기 있으니, 사회는 발전했는데 MB는 아직 유아적 단계에 머물러 있다. 사람들은 이제 환경, 생명 이런 것이 중요하다는 인식으로 깨어나고 있으며 조화와 공존의 가치를 고민하고 지속 가능한 사회를 위해 궁구중이다.

스스로 自 그러할 然. 스스로 그렇게 있는 게 자연이다. 억지로 인공으로 인간의 오만함으로 마음대로 할 수 있는 게 자연이 아니라는 말이다. 자연은 어머니요, 아버지다. 우리 인간을 비롯한 뭇생명이 자연으로부터 왔다. 자연이 우리의 일부가 아니라 우리가 자연의 일부일 뿐이다. 어머니 강, 아버지 산은 사람을 길러낸 자궁이다. 이 산하 대지 위에 인간은 문명을 발전시켜온 것이다. 이를 함부로 하면 안 된다.

굳이 서열을 따지자면 인간이 자연의 위가 아니라 자연이 인간의 위다. 인간이 이를 잊고 오만한 행동으로 자연을 파괴할 때마다 자연은 경고를 보내고 있다. 지구 온난화와 쓰나미 같은 것이 그러한 대표적 예다.

자연은 항구적인 것이 아니다. 보존하고 가꾸지 않으면 파괴된다.

이미 지구는 물난리를 겪고 있다. 우리도 마찬가지다.

자연에 함부로 하면서 인간은 대재앙에 직면하고 있다. 그런데도 성찰하지 못하고 MB는 환경 파괴, 생명 파괴를 일삼는 개발 정책을 쓰고 있다. 그러면서 아이러니하게 녹색성장이란 말을 만들어내 사람들을 현혹시킨다. 4대강 개발을 미명으로 세계 최대의 유기농 단지인 팔당지역을 훼손하면서 무슨 녹색성장인가. 애당초 녹색은 성장과 같이 갈 수 없다. 녹색은 뭇생명과의 조화로움 속에 있는 것이지 인간 중심의 독선적인 개발에 있는 것은 아니다. 녹색의 다른 말은 생명이기 때문이다. 4대강 사업으로 둑을 쌓으니 강이 죽어가면서 녹조가 끼는데 MB가 말한 녹색성장은 강의 녹조를 끼게 해 강을 다 죽인다는 의미의 '녹조성장'이 아닐까 싶다.

2010년 5월 31일 오후 3시 경북 군위의 낙동강 둑 위에서 문수스님이 소신공양을 했다. 우리 역사상 초유의 일이다. 동남아 국가 등에서 사회적 이유로 소신공양을 한 적은 있었지만 우리나라에서는 처음 있는 일이었다. 문수스님은 소신공양을 하면서 다음과 같은 유서를 남겼다.

이명박 정권은 4대강 사업을 즉각 중지 폐기하라.

이명박 정권은 부정부패를 척결하라.

이명박 정권은 재벌과 부자가 아닌 서민과 가난하고

소외된 사람을 위해 최선을 다하라.

– 文殊

'死大江 사업'으로 폐허가 된 낙동강의 모습을 고발한 사진전.

사대강 사업과 더불어 서민에 대한 염려가 가득했다. 산중의 수도인이었지만 눈을 뜨고 있었기에 보고 있었던 것이다. 4대강은 단지 강에 대한 것만이 아니라 경제를 죽이고 서민을 죽이는 일이라는 것을 말이다.

실제 4대강 사업으로 인해 서민들은 죽어나가고 있다. 서민 복지에 쓸 돈은 없다면서 4대강 토건 예산은 펑펑 쓰고, 포항의 '형님 예산'은 날마다 늘어난다. 그래서 4대강은 예산 잡아먹는 하마, 예산의 블랙홀이라는 비판에 직면해 있다.

그러고도 돈이 없다며, 복지정책을 쓰다가는 그리스처럼 망한다고 국민을 협박하는 MB. 참으로 거짓말도 잘하고 뻔뻔스럽기 그지없다. 이러한 거짓말을 통해 또 한번 국민을 우롱하고 죽이는 것이다. 정말 재정건전성을 걱정한다면 본인부터 세금이나 제대로 내라. 그 잘난 'MB의 강부자 내각'의 수십억대 재산을 가지신 장관님들부터 세금을 내라 이 말이다. 이런 것도 안 하면서 나라 금고에 돈이 없다는 얘기가 어떻게 나올 수 있는지 모르겠다. 그리고 '형님 예산', '4대강 예산'에 돈 펑펑 쏟아 붓지 말고 서민 예산부터 챙겨라. 안 그러면서 '복지망국론' 운운하는 것은 위선이고 저열한 정치적 언사에 지나지 않는다. 만일 그렇게 하는데도 돈이 모자란다면 국민이 왜 이해 못하겠나. 자기들 이권이 있는 데는 나라 금고가 비든 말든 끌어다 쓰면서 서민들에게 쓸 돈은 없다는 야박한 소리를 하니 누가 믿겠는가.

MB가 4대강 사업을 하는 것은 치수도, 무엇도 아니다. 그저 돈 벌겠다는 속셈이다. 4대강 주변의 부동산으로 돈 벌고 끼리끼리 해먹겠다는 소리다. 얼마나 많은 동지상고 출신들이 4대강 사업에 참여해 돈을 긁어모으고 있나? 2009년 12월 8일 국회 국토해양위원회에서 한나라당 이병석 위원장은 2010년 4대강 살리기 사업 예산을 민주당 등 야당의 반대에도 불구하고 국토부가 애초에 요구한 것보다 3조 4,500억 원이나 증액된 예산을 통과시켰다.

4대강 살리기와 관련해 무더기 공사를 수주한 것으로 알려진 문제의 동지상고는 알려졌다시피 MB의 모교이고 국토해양위원회 위원장인 한나라당 이병석 의원의 모교이다. 이병석 의원은 포항을 지역구로 한 이상득의 최측근이기도 하다. 나라 세금을 동문 살리기에나 쓰는 게 MB 정부의 수준이다.

그렇게 예산도 자기 끼리끼리 편성해 쓰다 보니 4대강 사업에 비리가 하나씩 터져 나오고 있다. MB 말대로 "올 것이 오고야 만 것"이다. 4대강 사업 비리와 관련해 대통령 사촌형 일가가 고발당한 일이 그것이다. 이들 사촌형 일가는 4대강 건설사업을 미끼로 건설업자에게서 거액을 받은 혐의로 검찰에 고발되어 조사를 받고 있는 중이다. 사촌형 일가는 2009년 8월 4대강 사업의 사업권을 주겠다며 3억 원을 받아 가로챘는데 그 와중에 '대통령과 이상득 의원이 어려운 친척들을 위해 4대강 사업권을 주기로 했다' 며 투자를 유인했다고 한다. 4대강 주변으로 썩은 냄새가 펄펄 나는 것이다. 친인척 측근 비리가 나온다는 것은 이미 나라가 망조에 들었다는 뜻과 다름없다. 그래서 4대강은 흥국론이 아니라 망국론이다.

"선진국타령, 나라를 선짓국 만들어"

:: 6·25전쟁 후, 최대의 살상극 '구제역 사태'

"요 몇 달간 소 닭 돼지 수백만 마리를 살처분(도살)해 땅속에 묻으니 말 못하는 짐승들의
원한이 구천에 떠돌고, 묻힌 짐승의 피가 땅 위로 흘러 넘친다. 이명박씨가 입만 열면 나
라를 선진국으로 만들겠다고 했지만, 지금 와서 보니 온 산천을 동물의 피로 얼룩진 '선짓
국'으로 만들어버렸다.

아무리 짐승이라도 생명에 대한 최소한의 예의는 지켜야 한다. 두고 보라. 이제 생명의 업
보가 MB정부를 습격할 것이다. 기독교도 살생을 할 때는 하나님에게 바친다 하고 제사용
으로 잡았다. 그런데 인간이 먹겠다고 기른 동물 수백만 마리를 눈 하나 깜짝 않고 생매장
했다. 6·25전쟁 이후 대한민국에서 최대 살상 행위가 일어난 것이다."

2011년 2월 11일 《시사IN》 인터뷰 중에서

MB는 입만 열면 '선진국' '선진국' 한다. 그렇게 노래하는 선진국이
뭔가? 돈 있다고 선진국이 되는 건가? 돈은 있는데 생각은 없고 이게 똥
인지 된장인지 구분도 못하는 게 짐승이지 사람인가? 사람도 못되면서
무슨 선진국을 얘기할 수 있겠는가. MB시대는 어떤 가치를 가지고 그
가치를 위해 물질적 수준도 갖춰야 한다는 의미의 선진국을 추구한 것이
아니다. 무조건 잘살기만 하면 그게 선진국이라 생각한 것이다.

많은 이들이 MB가 말하듯 '747'이 달성되면 선진국이 될 것 같이 생
각한다. 요즘 아침에 KTX 타고 부산 갔다가 오후에 서울에 있는 집으로

돌아와 저녁을 먹는다. 옛날 같으면 축지법을 쓰는 것이다. 또 인터넷으로 검색하면 어느 나라, 어느 도시, 어느 골목에 뭐가 있는지 단번에 찾을 수 있다. 핸드폰만 있으면 산골에 있든 도시에 있든 바다 건너 미국에 있든 서로 얼굴을 보면서 통화하는 세상이 됐다. 옛날말로 천리를 내다본다는 신통력 중 하나인 '천안통'이 열린 것이다. 물질 수준이 높아진 것이다. 그런데 그만큼 행복해졌는가? 물질적 풍요와 물질적 누림만큼 행복의 수치도 수직 상승했는가 짚어봐야 한다.

1970년대만 해도 지금처럼 넉넉했던 것은 아니지만 아버지 직장 하나만 있으면 한 식구가 먹고 살았다. 그런데 지금 맞벌이 안하고 먹고 살 수 있나? 투잡, 쓰리잡 해도 간신히 먹고 살까 말까하다. 서울을 기준으로 보자면 2년마다 새로 계약을 해야 하는 전세금이 강북은 5천만 원, 강남은 1억 5천만 원은 있어야 한다. 입고 자고 먹고 쓰고 안 하면 모를까 직장 생활하는 샐러리맨이 어떻게 그 돈을 모으겠나? 얼마나 먹고 살기 힘들면 양육비, 교육비가 무서워 애를 안 낳는다고 하겠는가?

행복은 물질에 있지 않다. 세계 각국의 행복지수를 보면 말레이시아나 부탄같이 물질적 수준은 높지 않지만 자기 나름의 전통과 문화를 유지하면서 사는 나라들이 GDP가 높은 나라들보다 훨씬 높다고 나온다. 물론 물질적인 수준도 웬만하고 사회보장도 잘되어 있는 핀란드 등의 북유럽 국가들도 상당히 높은 만족도를 가지고 사는 것으로 나타났다. 오히려 경제 규모로 세계에서 손꼽히는 미국이나 일본 등의 나라는 스트레스가 그만큼 많고 사회가 각박하기 때문에 범죄율도 높아서 행복지

수가 낮다.

MB가 그렇게 입만 열면 떠벌리는 선진국, 선진국도 그렇다. 프랑스, 영국, 독일 등의 나라들을 보라. 그들 나름의 역사와 문화가 있고 무엇보다 도덕과 품격이 있다. 선진국은 단순히 물질적 풍요만 가졌다고 되는 것이 아니라는 말이다. 그건 그냥 졸부다. 품위도, 가치관도 없고 어쩌다 돈만 좀 있다고 폼을 잡는 졸부. MB가 생각하는 선진국은 이 졸부 같은 선진국이다. 편법과 탈법을 동원해 세금이나 포탈하고 위장전입에 위장취업까지 해서 돈만 닥닥 긁어 모아 부자가 되는 MB식 '졸부 선진국' 말이다.

그저 부자되는 게 제일이라는 생각, 좋은 집에 고급차에 명품 옷에 명품 백을 두르고 비싸고 좋은 것을 먹는 것이 행복하다는 생각이, 그러한 욕망이 구제역의 원인이다. 고기를 대량으로 키워서 팔려고 하니 몸을 뒤로 돌릴 수 없을 만큼 좁은 곳에서 밀실사육을 하게 되고 그런 환경에서 가축들이 건강해질 수 있겠는가? 면역력이 낮아져 쉽게 병에 걸리고, 모여 있으니 한 마리만 병에 걸려도 옆에 있는 가축들에게 쉽게 전염이 되는 것이다.

2010년과 2011년 초반 온 나라를 뒤흔들었던 구제역 파동의 경우는 수출 문제 때문에 방역이 늦어 더 피해를 키웠다. 정부가 제대로 대처를 못해놓고 그걸 농민탓, 국민탓으로 돌린다. 왜 그때는 북한탓이라는 소리가 안 나왔는지 모를 노릇이다. 농협이 해킹돼도 북한탓, 정전이 돼도 북한탓, 무슨 일만 터지면 북한탓 아닌가?

구제역이든 무엇이든 문제가 발생할 수 있다. 그런데 정부가 그것을 효율적으로 통제 관리할 수 있을 때 선진국인 것이다. 그런데 MB는 어떻게 했던가? 정부가 심각성을 인식하고 관계장관 회의를 소집한 것은 2010년 11월 28일 구제역이 발생한 이후 40일이 지난 후였다.

그리고 MB가 구제역 발생 현장을 찾아 정부의 대응을 살핀 것이 50여 일 만인 2011년 1월 18일이었다. 뒷북이고 늑장 대응이었다. 정부는 축산물 청정국 지위가 박탈되면 수출길이 막힌다는 이유로 백신을 접종하지 않다가 2011년 1월 12일에서야 정책을 바꿨다. 그러나 그때는 이미 너무 확산되어 백신의 효용성이 없게 된 것이다.

DJ정부 때인 2000년 3월 경기도 파주에서 구제역이 발생했다. 구제역 신고가 접수된 직후 당시 국방부 장관에게 이 같은 사실과 함께 인근 초소 24곳에서 파주로 통하는 도로를 봉쇄해 달라는 요청이 들어왔고, 즉각 군이 동원됐다. 그 사이 당국은 구제역 발생 지점으로부터 반경 500m 이내 모든 가축은 물론, 축사와 건초 등 전염 가능한 매개물을 전부 살처분하거나 소각했다. 국방, 농림, 보건, 행정 등의 관련 부처는 물론이고 중앙정부와 지방자치단체 간 일사불란한 대응으로 당시 구제역은 크게 확산되지 않게 방지할 수 있었다. 자칫 대재앙으로 번질 수 있는 사항이기에 단순한 질병관리 차원이 아닌 국가 위기관리 차원에서 봤던 것이다.

노무현 정부 때도 구제역과 조류인플루엔자 등 가축질병에 대한 범정부적인 통합훈련을 하면서 이를 국가 시스템으로 만들었다. 전례의 훌륭한 시스템이 있음에도 '잃어버린 10년'을 외치더니 그 결과로 346만 6,173마리의 어마어마한 가축의 목숨을 잃게 한 것이다. MB의 무능하고 안일한 대응으로 죽지 않아도 될 무수한 생명이 사지로 내몰린 것이다. 가축 전염병에 좌파 정책, 우파 정책이 있는 것도 아닌데 말이다.

조선시대 실학자 홍대용은 《의산문답》醫山問答에서 "사람의 처지에서 동물을 보면 사람은 귀하고 동물은 천하며, 동물의 처지에서 사람을 보면 동물은 귀하고 사람은 천하지만, 하늘로부터 보면 동물과 사람은 균등하고 똑같이 귀하다"고 했다. 조선시대 학자도 그런 생각을 했는데 우리는 어떤가? 사람이 아니라 가축이니 그 수가 얼마나 많던 상관이 없는가? 가축을 죽인 것도 살육이다.

소나 돼지 역시 우리와 함께 이 세상을 살아가고 있는 이웃들이다. 인간의 탐욕을 위해 태어나 그로 인해 질병이 확산되어 죽음으로 내몬 것도 미안한데 생각이라도 바르게 가져야 하지 않겠는가. 그것이 생명에 대한 최소한의 예의 아니겠는가?

광우병에 걸려 제대로 걷지도 못하고 죽는 소와 구제역에 걸려 죽는 가축들, 제 명대로 살지도 못하고 죽어간 생명들, 이 무고한 동물들은 무슨 죄가 있나. 인간이 잘못이지. 미안해하고 참회해야 한다. 그리고 그렇게 된 원인을 성찰하지 않으면 안 된다.

구제역 매몰에 참여한 공무원들과 가축을 키웠던 농민들은 또 어떤가? 이들 모두는 지옥에 다녀온 것과 진배없다. 지옥이 따로 있나? 생목숨이 죽어가는 것을 보는 게 지옥이지. 제 손으로 제가 키운 가축을 떼로 묻고 그 울부짖음을 들어야 했던 그 농민들은 자식 같던 가축들의 울음소리와 죽어가던 눈빛을 잊지 못해 고통을 호소한다. '외상후 스트레스 증후군'이라고 하는 트라우마를 겪고 있는 것이다.

무수한 생목숨을 죽게 만든 우리의 잘못을 돌아봐야 한다. 잘못을 정직하고 냉철하게 성찰하지 않고서는, 그리고 그 뿌리인 우리의 욕망을 성찰하지 않고서는 그 같은 지옥이 반복될 수밖에 없다. 그저 부자되려는 욕망, 잘 먹고 잘 살겠다는 욕망, 좁게는 나와 내 가족만 잘되었으면 하는 욕망, 조금 넓혀서는 인간만 생각하는 오만함과 욕망 모두를 성찰해야 한다.

한 그루 나무가 자라기 위해서는 햇살도 있어야 하고 물과 공기, 땅도 필요하다. 그 햇살은 어디에서 오나? 물과 공기는 어떻게 만들어지나? 땅은 또 어떤가? 한 그루 나무가 자라기 위해서는 온 우주가 필요한 셈이다. 말하자면 생명 하나가 존재하기 위해서는 온 우주가 필요하다는 것이다. 생명은 그렇게 귀한 것이다. 신비롭고 존중받아야 하는 것이다. 인간만 그런 것이 아니다. 생명이면 모두가 다 존중받아야 하는 것이다. 그런 세상이 진짜 선진국이다.

4
장

국정문란, 국기문란

———

"군대를 피하거나 석연치 않은 이유로 면제받은 사람은
정치도 피하고 정치도 면제를 해야 한다.
국민의 4대 의무로 국방, 납세, 근로, 교육의 의무가 있다.
납세와 국방의 의무를 피하면 법적 처벌을 받게 되어 있다.
세금 안 내고 탈세해 법적 처벌받은 사람들과 석연치 않은 이유로
군대 안 간 사람들이 어떻게 국가안보회의 자리에 앉아서
우리 아우, 형제 안위를 걱정할 수 있나?"

"쥐구멍에 물이나 들어가라!"

:: '747괴담'에 무너진 서민경제

"너무 늦게 와서 죄송스럽습니다. 쌍용자동차 파업투쟁 때는 천일기도 중이라 나오지 못하고 걱정만 하면서 마음만 아파했습니다. 1970~80년대 국가에 의해 간첩으로 몰렸다가 최근에야 무죄판결을 받은 '진실의 힘' 회원들이 이 자리에 와 있습니다. 국민을 보호해야 할 국가가 국민을 잡아 가두고 고통스럽게 했습니다. 쌍용자동차 문제도 똑같다고 봅니다. 쌍용자동차에 입사를 안 했다면 장사를 하거나 농사를 짓거나 하면서 다 먹고 살았겠죠. 그런데 쌍용자동차에서 20~30년 일하다 내쫓으면 어디로 가란 말입니까? 쌍용자동차 파업은 사상, 이념 이런 것 아닙니다. 살기 위한 생존의 문제죠. 불법파업이 아니라 살려 달라는 절규고 아우성입니다.

쌍용자동차 싸움은 작은 5·18 광주였다고 생각합니다. 공권력이 무차별적인 탄압을 가했지 않습니까. 고무총 쏘고 유전자 감식을 해서 색출한다 어쩐다 하면서 말입니다. 유전자 감식은 성범죄자들한테나 하는 건데 자기 터전, 밥줄 지키자는 사람들을 범죄자 취급하고 이게 뭡니까? 이런 세상에 분노하지 않고 싸우지 않고 욕하지 않으면 같은 범죄자가 되는 겁니다. 참 힘들게 살고 있습니다. 옛 속담에 쥐구멍에도 볕들 날이 있다는 말이 있죠. 그런데 저는 쥐구멍에 물이 들었으면 좋겠습니다."

2011년 4월 30일 쌍용자동차 해고노동자를 위한 법회 법문 중에서

정치는 국민을 살리기 위해 있는 것이다. 그런데 정치권력이 다수의 서민은 생각하지 않고 몇몇의 부자들만을 위한 정책을 쓴다. 부도덕하고 입만 열면 거짓말을 하는 MB를 국민들이 두 눈 꼭 감고 찍은 것은 경제 때문이었다. MB는 그에 화답하듯 '747 공약'을 들고 나왔다. 자기 집권기간 동안 연 7% 성장률, 1인 소득수준 4만 달러 달성, 세계 7위 경제대국에 진입하겠다는 내용이다. 대선 후보 시절 여의도 대우증권 본사를 방문한 자리에서는 "나는 실물경제를 한 사람이기 때문에 허황한 정치적인 이야기는 하지 않겠지만 제대로 되면 3,000포인트 정도 회복하는 것은 어렵지 않을 것"이라며 "아마 임기 5년 중에 제대로 되면 5,000까지 가는 게 정상"이라고 호언장담했다.

임기를 1년 남긴 지금 상황은 어떤가? 경제는 하락세고 물가는 폭등이고 주가는 대폭락의 위험 속에서 롤러코스트를 타듯 오르락내리락 하고 있다. 경제의 '마이다스손'이 될 거라는 믿음은 '마이너스의 손'임이 확인되었고 MB의 호언장담은 결국 허언이 되고 말았다.

MB는 대선 때 각종 물가인하를 통해 서민생활비 부담을 30% 절감하겠다는 공약을 수차례 했다. 기름값은 세금인하를 통해 10%, 통신비는 사업자간 경쟁을 유도해 20%를 내릴 수 있다는 구체적인 포부를 밝히기도 했다. 정권 초기인 2008년 3월부터 52개 생필품의 가격지수를 매긴 이른바 'MB물가지수'를 집계하기 시작했다. 그런데 기획재정부가 2011년 9월 국회에 제출한 국정감사 자료를 보면, MB물가지수는 3년 5개월만에 평균 22.6% 치솟았다. MB가 여러 차례 거론한 기름값도 18.6%나 올라 그동안 정권 차원에서 벌여온 '기름값과의 전쟁'을 민망하게 했다.

747공약은 엉뚱한 곳에서 달성되긴 했다. 2011년 7월 소비자 물가가 4.7%로 오른 것이 그것인데 이런 물가상승이 7개월 연속된 것이다. MB

의 대표 공약인 '747'이 이처럼 희화되는 것은 단순히 웃고 말 문제가 아니다. 그 고통이 고스란히 서민들에게 전가되고 있기 때문이다.

서민들이 피부로 느끼는 고통은 가히 공포스러울 지경이다. 오죽하면 IMF 때보다 더 힘들다는 얘기가 나오겠는가? 물가가 고공행진을 하는데는 MB정부가 재벌과 부자들을 위한 고환율 정책에 원인이 있다. 환율이 상승하면서 수입 물가가 동시에 오른 것이다.

'강부자'로 상징되는 부자 내각이다 보니 서민들의 삶은 알지도 못하고 안중에도 없다. MB내각이나 청와대 고위인사 중 서민이라고 부를 만한 사람은 눈을 씻고 봐도 없다. 그러니 서민의 삶이 어떤 것인지 모른다. 배추값이 천정부지로 오르자 MB는 2010년 9월 청와대 주방장을 직접 불러 "식사 때 배추김치는 비싸니 양배추김치를 올려라"라고 지시했다. 하지만 국민들의 반응은 싸늘했다. 배추 못지 않게 양배추 가격도 올랐기 때문이다. 2010년 9월 추석 직전의 양배추 가격은 1kg당 2,120원 가량이었는데 이는 전년 같은 기간의 860원에 비해 260% 폭등한 것이었다. 중세 때 떠돌던 말이 있다. 마리 앙투아네트가 프랑스 혁명 당시 배고픔을 호소하는 군중들을 향해 '빵이 없으면 케이크를 먹어라'고 했다는 말이다. 양배추 발언으로 MB는 일약 '마리 명투와네트'라고 불리기도 했다.

물가는 하염없이 오르는데 정부는 물가를 잡을 엄두도 못 내고 있다. 선거 전 주요 생활비를 30%로 줄여주겠다고 공약했으나 못 지키고 있다. 오죽했으면 서민놀이 하면서 시장통에서 뻥튀기를 좋아해서 그런지 입만 열면 거짓말, 입만 열면 뻥이던 MB의 입에서 "물가 잡기 어렵다"는 실토가 나왔겠는가.

이런 가운데 여러 경제연구기관에서 2011년 물가상승률이 성장률을 앞지를 것이라는 불안한 전망을 내놓고 있다. 현대경제연구원은 2011년 9월 15일에 발표한 보고서에서 대외 경제 여건의 악화에 따라 올해 성장률이 4.2%에 그치는데 반해 농축수산물 가격인상률이 4.3%로 예상된다고 밝혔다. 한마디로 하자면 돈을 벌어도 손해라는 것이다. 다른 경제연구기관도 비슷한 전망을 내놓고 있기는 마찬가지다.

물가와 함께 서민들을 고통스럽게 하는 것은 집 문제다. MB는 대선 때 '반값아파트'를 공약으로 내세웠지만 공약집에 있는 것도 아니다라면서 약속을 어기고 있다. 투기로 부자된 사람들과 토건업자들이 나라의 요직을 차지하고 있는 상황에서 너무도 당연한 결과인지도 모른다. 부동산에 대한 세금인 종부세 감세가 대표적인 예다. 재경부 차관 당시 이 정책을 추진했던 지식경제부 최중경 장관이 낸 세금 이야기는 이미 앞에서도 했다.

부자들에게 감세를 해주는 동안 없는 사람들은 살 집이 없어 난리가 났다. MB가 선거 당시 집 없는 설움을 겪지 않게 하겠다는 말과는 정반대로 서민들을 전세난민으로 내몰고 있다. 2년마다 계약을 갱신하는 전세계약의 경우 서울 강북지역에선 평균 4~5,000만 원 올랐고 강남지역에선 1억 5,000~2억 원까지 올랐다. 직장 생활하는 서민들이, 설혹 맞벌이를 한다 해도 2년에 이 같은 돈을 모을 수 있는가? 생활비 안 쓰고 교육비 한 푼도 안 쓰고 말이다. 그러니 빚더미에 올라설 수밖에 없는 것이다. 그런 절절한 고통이 있기에 반값아파트를 해준다고 하니 좋아했던 것이다.

서민들의 보금자리인 전세 문제도 해결 못하면서 부동산 규제를 완화해 정부가 투기를 권하고 종부세 등을 낮추는 방식으로 부자감세를 실현해가고 있다. 2011년 3월 15일 정부가 발표한 '다주택 및 비사업용 토지 보유자에 대한 양도세 중과 폐지'를 골자로 하는 3·15세제개편안은 더욱 기가 찬다. 2010년 1세대 1주택자와 2주택자에 대한 양도세 중과를 폐지한 데 이어 3주택 이상자와 법인 개인의 비사업용 토지에 대한 양도세 중과를 폐지했다. 집 없는 서민들은 전세도 못 구해 발을 동동 굴리는데 두 채, 세 채 가진 사람들의 세금을 낮춰주는 것이다.

전셋값이 집값의 80~90%까지 오른 상황에서도 정부가 전세대란을 좌시하는 이유는 "전셋값이 오를 대로 오르면 매매로 돌아설 것이라는 희망(?)" 때문이라고 한다. 이처럼 정부가 서민들의 전세난에도 불구하고 말도 안 되는 '집값 거품'을 돈을 끌어다 대면서까지 지키고 있는 이유는 단 하나다. 집값이 떨어지면 '표'도 사라지기 때문이다. 2012년 총선과 대선을 앞두고 있는 MB정부로서는 집 있는 사람들의 표를 놓칠 수 없기 때문이다.

없는 사람들은 전세를 구하든 집을 장만하든 대부분 대출을 끼고 할 수밖에 없다. 이런 상황 때문인지 개인 부채 비율이 나날이 높아지고 있다. 2007년 개인 부채 비율은 82%였는데 2010년엔 86%로 상승했다. 물가 폭등, 주거비용 상승 등이 요인이 되어 계속적인 증가 요인으로 작용한 것이다.

2009~2010년 사이의 가계부채도 107조 원으로 늘었다. 더 심각한 것은 가계 처분가능소득 대비 가계부채 비율도 같은 기간 130%대에서 155% 수준까지 올랐다는 점이다. 빚 갚을 능력보다 빚이 더 많아진 셈이다.

국가 채무 역시 늘었다. 2008년 309조 원, 2009년 359조 원, 2010년 392조 원 등으로 늘어 정부 출범 3년 만에 나랏빚은 100조 원 가까이 급증했다. 국가 채무에는 포함되지 않지만 그에 준한다고 볼 수 있는 공기업 부채 역시 2009년 말 213조 원이라 한다. 전반적으로 경제성장률보다 부채 비율이 높아지고 있다는 방증이다. 이로써 MB는 가계도 빚더미에 올려놓고 나라도 빚더미에 올려놓은 것이다. 허울좋은 MB괴담 747공약은 빛 좋은 개살구가 아니라 빚잔치가 되고 말았다.

가계의 부채 비율을 높이는 주범 중 하나가 교육비다. 우리 국민들은 못 먹더라도 자식 교육만은 시킨다고 할 정도로 교육열이 높다. 이렇다 할 지하자원이 없는 나라가 이만큼 성장한 것도 다 교육을 통한 인재 양성이 있었기 때문이다. MB와 한나라당은 반값등록금을 공약하고 집권에 성공했다. 연 천만 원이 넘는 대학등록금을 서민들이 부담하기란 쉽지 않다. 사립대학의 경우 재단에서 돈은 내지 않고 학생들의 등록금으로 건물을 짓는 등의 행위를 하고 있다. 고통을 학생들과 서민들에게만 전가해온 셈이다.

더 이상 감당할 수 없는 등록금 때문에 수많은 사람들이 촛불을 들었다. 한나라당은 금방 뭔가 할 듯 생색을 냈지만 용두사미가 됐다. 반값 등록금을 실현하자면 사학재단들이 협조해야 하는데 부자들인 사학재단에게 그걸 요구하지 못한 것이다. 이미 한나라당은 사학법 개정 반대 과정에서 사학재단과 손을 잡았고 그 당시 등록금을 낮추라는 지금의 촛불집회와는 다른 사학법 개정 반대 집회에서 촛불을 들었다. 그 자리에 MB도 있었다. 그러니 서민의 편을 들어 반값등록금을 실현하겠는가? 사학재단의 손을 들어주겠는가? 더군다나 대부분의 사학재단이 기독교 재단들인데 MB가 과연 누구 편을 들지 뻔한 일이다.

《중앙선데이》와의 인터뷰에서 2011년 5월 7일 한나라당 4선인 남경필 의원이 이명박 대통령에 대해 "국민 입장에선 경제 잘하라고 대통령 뽑아줬는데 청년 실업이니, 전세난이니 해서 잘한 게 하나도 없다"고 직격탄을 날렸다. 이처럼 경제대통령을 호언하며 등장한 MB는 스스로 부도덕하기 때문에 올바른 정치를 할 수 없었고 정치가 기형화되니 경제 또한 제대로 해 나갈 수 없었던 것이다. 우리는 MB를 통해 부도덕한 권력은 정치는 물론 경제까지 망친다는 것을 배운 셈이다. '도덕에 좀 문제가 있더라도 경제만 살릴 수 있다면' 하고 기대했던 국민들의 외눈박이와 같은 바람도 결국 잘못된 환상이라는 것이 증명되었다. 국민들은 MB를 통해 '고통'이라는 아주 아주 비싼 등록금을 지불한 뒤에야 꿈에서 깨어나고 있는 중이다.

"어떻게 이룬 민주주의라고? 헐~"

:: '명박산성', 물대포로 이어지는 MB식 민주주의

"권력의 사유화. 정당한 공권력의 집행이 아니고 자의적 판단에 의해서, 권력자 입맛에 맞게, 고무줄처럼 법을 집행하고, 거기에 방패와 곤봉과 엄청난 숫자의 경찰력으로 나라를 지탱해 나가는 정권. '독재다' '아니다'를 굳이 이야기해야 할까요? 그냥 느끼고 있지 않나요? 합법적으로 당선된 대통령이 저렇게 국민의 뜻에 반해서 정치를 해나가고 있어요. 투표를 통해 합법적으로 형성된 권력이어서 물러가라 소리를 못하는 겁니다.

그러니까 제가 작년 '촛불' 때 한 이야기가 있어요. 촛불을 들고 나왔던 소년소녀들이 투표권이 생길 때까지 기다려야 한다고요. 그 아이들이 희망이라고. 국민의 가장 소중한 권리인 투표권을 잘 행사하지 않으면 정말 큰일 나는구나. 지금 많은 이들이 뼈아프게 느끼고 있는 것 아닙니까?"

2009년 6월 23일 《오마이뉴스》 인터뷰 중에서

《오마이뉴스》 기자가 "최근 촛불 집회에 나가면 '독재'라는 표현이 튀어나옵니다. 현 정부를 그렇게 규정하는 것이 타당하다고 보십니까?" 묻기에 "독재다 아니다 말하기 전에 우리 자신들이 그냥 느끼고 있는 것 아니냐"고 답했다. 그 물음이 나오는 것 자체가 민주주의가 후퇴하고 독재가 되었다는 뜻일 것이다.

《태백산맥》, 《아리랑》 등의 대하소설을 쓴 작가 조정래 선생은 "인간의 얼굴을 한 권력을 찾기 위해 오랜 세월에 걸쳐 인류가 투쟁해서 만들어낸 것이 민주주의다"라고 한 바 있다. 노무현 전 대통령은 정권이 바뀌어도 민주주의가 그렇게 쉽게 후퇴하지 않을 것이라고 했다. 많은 사람들은 그 생각이 일리가 있다고 여겼다. 그러나 그것이 환상이었다는 것을 MB시대에 들어와 뼈아프게 느끼고 있다.

MB시대는 '잃어버린 10년'을 되찾는 시대가 아니라 도리어 도덕과 법치, 민주주의를 잃어버린 시간이었다. MB가 말하는 '잃어버린 10년'은 맘껏 탈세하고, 수시로 위장전입하고, 되도록 병역기피하고, 말 안 듣는 사람은 국정원, 기무사를 동원해 사찰하고 검찰과 경찰을 시켜 몽둥이질을 하고 잡아 가두는 바로 그 '자유'를 잃어버렸다는 의미인 모양이다.

그래서 형님 먼저, 아우 먼저 하면서 나라를 거덜내고 있다. 거짓말과 오만, 독선과 더불어, 형님과 영포회와 더불어, 동지상고, 고대 동창생과 더불어, 소망교회 교인과 더불어 권력을 사유화하고 부적격자 위주로 고위공직자를 등용해 국정을 파탄시키면서도 반성은커녕 장악한 권력과 언론의 힘을 빌어 국민을 압살하고 있다.

국민들이 MB를 뽑은 이유는 경제 때문이었다고 말했다. 우리나라는 그동안 민주화와 산업화의 두 축을 중심으로 흘러왔다. 박정희 이후 산업화 세력이 주도했다가 1987년 민주화 투쟁 이후에는 민주화의 요구가 높아졌고 1997년 이후로 민주화는 부쩍 성장했다. 이제 산업화와 민주화를 넘어 부의 재분배를 요구하고 있는 수준이다. 민주화가 일정 부분 달성되었다고 본 것이다.

MB가 취임한 지 한 달도 채 안 돼 미국을 방문하고 광우병으로 의심되는 미국 쇠고기를 수입하고자 했을 때 국민의 안전과 건강이 확보되지 않은 이 같은 조치를 국민은 납득할 수 없어 촛불을 들었다. 당시 시위에 나선 국민들은 여러 가지를 요구했다. 재협상을 요구하기도 했고, MB를 비판하기도 했다. 촛불시위에 나선 국민들이 외친 것은 단순하지만 분명하게 집약된다.

"대한민국은 민주공화국이다. 대한민국의 주권은 국민에게 있고, 모든 권력은 국민으로부터 나온다"는 구호였다. 거기에 대한 MB의 대답은 '명박산성'으로 불린 차벽이었다. 해외토픽을 장식한 이 '명박산성'은 우리 국민은 물론 세계인들에게 이명박이 어떤 사람인지 인식하는 데 충분한 것이었다.

국민의 분노에 놀라 '아침이슬'을 듣고 반성한다고 했지만 이내 돌변해 공권력을 동원해 폭력적 진압에 나섰다. 2008년 6월 1일 새벽 2시 30분 시위에 참석했던 여대생 이나래양이 전경의 군홧발에 머리가 밟히는 폭행 장면이 동영상으로 방영되어 큰 파문을 일으켰다. 이 사건으로 궤도에 올랐다고 안심했던 민주주의가 후퇴하고 있다는 걸 알게 되었다. 법원은 시위 진압에 문제가 있었다며 정부가 900만 원을 배상하라는 판결을 내렸다.

2011년 9월 6일에도 법원은 정부가 촛불시위를 과잉 진압했다며 촛불시위 때 부상당한 김모(39) 씨 등 3명에 대해 손해배상 판결을 내렸다. 재판부는 "김씨가 전경들에 의해 맞아 목, 허리 등을 다친 사실을 인정할 수 있으므로 정부는 위법한 직무집행으로 인한 손해를 배상할 의무가 있다"고 판결했다. MB의 공권력 사용이 잘못되었음을 지적한 것이다. 그런데도 불구하고 MB는 한미FTA를 날치기 해놓고 그에 항의하는 국민들을 향해 물대포를 쏘아대고 있다.

프랑스인에게 가장 존경받는 대통령 드골과 세계적 지성 사르트르의 일화다.

드골정부가 이끌던 프랑스 보수당은 노동당과 사회당의 공격과 질책에 크게 곤욕을 치르고 있었다. 설상가상으로 세계적 철학자인 사르트르는 파리 대학생들의 두목이 되어 학생운동을 지휘하며 맹렬히 드골정부를 공격했다. 그러자 파리 경시총감은 드골에게 학생데모로 정부가 위태해진 상황에 대해 보고를 하면서 이렇게 물었다.

"각하! 사르트르가 우리 정부를 가장 극렬하게 공격하며 그 기세가 대단합니다. 만일 그를 잡아 입을 막지 않으면 큰 사태가 벌어지겠습니다. 사르트르를 잡아들일까 합니다."

드골의 대답은 이와 같았다.

"사르트르는 세계의 지성이다. 그러나 나는 다만 프랑스 한 나라의 대통령으로서 프랑스 국민을 잘살게 하고 복되게 하는 정치인일 뿐이다. 만일 그를 잡아 입을 막는다면 당장 프랑스는 조용해지겠지만 아마도 세계의 지성은 역사의 땅에서 마비될 것이다."

프랑스는 치즈 종류만 300가지가 넘는 나라다. 그래서 서로 취향도, 의견도 다른 사람들이 부지기수다. 그렇지만 프랑스는 그렇게 자기와 생각이 다른 사람들과 더불어 공존하며 살고 있다. 관용이라 해석하는 '똘레랑스'라는 정신이 있기 때문이다. 똘레랑스는 자유의 정신이고 민주의 정신이고 나와 다른 남을 인정할 줄 아는 정신이다.

하지만 촛불시위에서 나타난 MB의 태도는 예고편에 지나지 않았다. 용산 철거민들에 대한 무자비한 진압은 그가 국민을 적으로 대한다는 것을 단적으로 보여준 사건이다. 비록 과격한 방법으로 의사를 표현했지만 철거민도 엄연히 이 나라 국민이다. 이전 정권들의 경우 철거민들이 시위에 돌입했을 경우 화염병 등의 물량을 다 소진시킨 후 작전을 시행한다. 그래야 상호간 피해도 적기 때문이다. 이는 경찰의 진압 매뉴얼에도 다 나오는 것이다.

그런데 용산은 경찰특공대와 용역깡패를 동원해 도시게릴라를 진압하는 것 같이 전투적으로 진압해버렸다. 그 때문에 철거민과 경찰 등 무고한 우리 국민 6명이 목숨을 잃었다. 이해와 존중, 대화와 타협이라는 민주주의의 근본정신은 온데 간데 없고 오로지 힘으로 밀어붙인 것이다. 민주주의와 인권의 실종 사건이 아닐 수 없다.

민주주의의 또 하나의 척도는 언론 자유다. 언론을 '제4의 정부'라 부르고 언론의 자유를 금과옥조로 여기는 것은 언론이 권력을 감시하고 견제하는 기능을 갖고 있기 때문이다. 그러한 권력에 대한 감시와 견제가 없다면 언론의 존재 이유가 없어지는 것이다.

그런데 MB정부에 들어와 언론의 자유는 전방위적으로 위축되었다. MB정부 들어 언론 탄압이 48회나 실시됐으며 이 과정에서 언론인 7명이 연행되고 61명이 기소됐으며 249명이 징계를 받았다.

MBC 〈PD수첩〉 광우병 사태와 관련한 내용을 보도한 이춘근, 김보슬 피디가 연행되는 등 7명의 언론인들이 연행됐으며, YTN 낙하산 사장 저지 공정방송 사수 투쟁과 관련해 노종면 PD가 기소되는 등 61명의 언론인이 기소됐다. 〈PD수첩〉 '광우병' 편, '검사와 스폰서' 편 등을 보도한 최승호 PD가 프로그램 제작과 관련 없는 부서로 전직 조치되는 등 249명의 언론인이 해고, 정직, 전직 등의 징계를 받았다.

MB는 자신의 '정치멘토'라 불리던 최시중 방송통신위원회 위원장을 앞세워 YTN, MBC, KBS 사장을 자기 사람으로 앉혔다. YTN은 이명박 대선캠프 방송상임특보를 지낸 구본홍, MBC는 김재철, KBS는 이병순, 김인규 등 측근을 앉혔다. 특히 2008년 8월 6일 KBS 정연주 사장을 강제 해임했다. 임기가 1년 넘게 남은 정연주 사장을 해임하기 위해 군사독재정권이던 1990년 이후 18년 만에 KBS에 경찰을 난입시켰다. 하지만 2009년 11월 법원은 정연주 사장에 대한 해임무효 판결을 내렸다. 그럼에도 정연주 사장을 복직시키지 않고 있다.

초기에는 방송사 상층부에 대한 장악을 위주로 언론의 자유를 억압했고 이것이 달성된 뒤에는 제작진에 대한 손보기에 돌입했던 것이다. 이 과정에서 MBC 〈9시 뉴스〉의 간판 진행자였던 신경민 앵커와 〈100분 토론〉의 손석희 교수를 퇴출시켰다.

MBC는 김재철 사장 임명 이후 〈PD수첩〉 등 정권에 비판적인 프로그램들이 잇따라 무장해제되고 있다. 〈PD수첩〉은 이명박 대통령의 국가조찬기도회 '무릎 기도' 사건을 다루려다 제작을 제지당해 프로듀서를 비롯한 관계자들이 항의 시위를 벌이기도 했다. 소망교회의 문제점을 다루던 최승호 PD는 전출 당했다.

KBS 〈추적60분〉의 '4대강' 관련 방송을 불방시키고 제작진 3명을 징계했다. 또한 '천안함', '용산은 반복된다' 등의 프로그램에 대해서도 제작진에게 결방 압력을 넣었다. 게다가 '정부의 거짓말'이라는 프로그램의 제작을 불허하고 담당 기자를 타 부서로 보냈다.

MBC도 다르지 않았다. '광우병' 제작진을 고소하는가 하면 '4대강' 사업 관련 정부의 잘못을 지적하는 방송에 대해서는 정부가 나서 법원에 방송금지를 요청했다. 하지만 법원은 이를 기각했다. 그러자 방송 당일 MBC 경영진이 개입해 방송을 막았다. YTN의 경우 박원순 현 서울시장의 인터뷰도 못 나가게 막았다.

가히 언론탄압의 수준이 30년 전인 5공화국으로 돌아간 셈이다. 방송국에 출연할 수 없는 블랙리스트도 작성됐다. 김미화, 김제동, 윤도현 등이 대표적이다. 나 역시 블랙리스트에 올랐는데 어처구니없는 것은 천안함 사건으로 희생된 젊은 장병들에 대해 추모하는 인터뷰도 내보내지 못하게 한 것이다.

탄압은 주류 언론에만 미친 것이 아니다. 인터넷에서 MB의 경제 정책에 대해 날카로운 비판을 가한 미네르바를 구속하는 등 전례 없는 언론 자유의 탄압을 가했다. 이는 IT 강국으로 불리는 한국에서 있을 수 없는 일이고 인터넷을 이용하는 국민 대다수에 대한 재갈물리기에 다름 아니었다. 결론적으로 법원이 무죄 판결을 내려 석방됐지만 이미 그러한 글쓰기가 문제된다는 것만으로도 네티즌들을 위축시키기에 충분한 효과를 발휘했다.

1989년 방북 취재를 빌미로 《한겨레신문》을 압수 수색한 이후 20년 만에 내가 발행인을 맡고 있는 월간지 《민족21》 편집국을 압수 수색한 것도 비판언론 탄압에 MB가 얼마나 골몰하고 있는지를 단적으로 보여주는 사례 중 하나다.

대한민국 헌법 21조는 언론 출판의 자유와 집회 결사의 자유 보장을 분명히 명시하고 있지만 MB정부에선 다 허사고 쓸모 없는 조항으로 전락했다.

MB가 좋아하는 미국은 어떤가? 미국 대법원은 2011년 3월 2일 이라크에서 전사한 미 해병대원 장례식에서 '병사의 죽음을 신께 감사 드린다' 는 등 막말을 동원한 피켓시위를 벌이다 소송을 당한 교회 관계자들의 손을 들어줬다. 이들은 캔자스주 웨스트보로 침례교회 창립자인 프레드 펠퍼스 목사와 그의 신도들인데 2006년 3월 메릴랜드주에서 치러진 미 해병 매튜 스나이더 일병의 장례식장 주변에서 "병사의 죽음에 신께 감사 드린다", "신은 당신을 미워하고 있다"고 쓰여진 피켓을 들고 동성애자 반대 시위를 벌였다.

인륜적으로는 마땅히 지탄 받아야 할 행위지만 미국 대법원은 이번 소송에서 '표현의 자유' 범위를 어디까지 인정할 것인지에 대한 중요한 판례를 남긴 셈이다. 전사자에 대한 예우보다 표현의 자유가 우선돼야 한다는 최종 판단인 셈이다.

언론의 자유를 보면 그 나라의 자유 정도, 민주주의의 정착 정도를 알 수 있다. 그 정부의 언론 정책이 모든 공공정책이라고까지 말하는 사람도 있다. 언론 정책을 보면 정부가 갖고 있는 공공적인 감각이나 민주주의에 대한 감각을 알 수 있다는 뜻이기도 하고 그만큼 중요하다는 말이기도 하다.

말의 자유가 없는 나라에게 어떤 자유가 있겠는가? 말이 생각에서 비롯된다는 점에서 말의 자유는 생각의 자유를 포함한다. 또한 말의 자유는 행동의 자유와 함께하는 것이다. 그래서 언행을 얘기하는 것 아닌가. 이런 말할 자유를 점점 없애고 목을 죄는 MB정부가 과연 우리의 숨 쉴 자유마저 통제하겠다고 나서는 건 아닌지 모르겠다.

곡절 많은 현대사를 거쳐오면서 불행한 일도 많았지만 많은 사람들의 희생과 인내로 민주주의와 인권을 발전시켜 왔고 지난 김대중-노무현 정부를 거치면서 한국은 세계적 인권 선진국으로 손꼽혔다. 하지만 MB 집권 후 언론자유가 억압당하고 인권이 축소되자 2010년 5월 프랭크 라뤼 유엔 의사표현의 자유 특별보고관이 법무부, 문화체육관광부, 방송통신위원회, 경찰청, 국가인권위원회 등 16개 정부기관을 방문하고 국내 인권단체와 인권 침해를 당했다는 피해자 등을 만나 실태를 조사했다.

그의 최종보고서는 "지난 수십 년에 걸쳐 이룩한 성과에도 불구하고 한국에서의 표현의 자유는 2008년 촛불시위 이후 약화되고 있다. 주된 이유는 정부의 입장과 일치하지 않는 견해를 표현하는 개인에 대한 사법처리와 박해가 점차 늘어나는 데 있다"고 지적했다. 더불어 그는 명예훼손, 인터넷상 의사표현의 자유, 집회의 자유, 국가안보를 이유로 하는 의사표현의 자유 제한, 공무원 의사표현의 자유, 언론매체의 독립성 등 8개 분야에서 우려를 표하고 제도 개선을 권고했다.

그런데 이 프랭크 라뤼 유엔 의사표현의 자유 특별보고관이 방한했을 때 국가정보원이 뒤를 미행하고 다닌 사실이 발각되어 큰 파문을 일으키기도 했다. 국민들을 사찰하는 것도 모자라 국제기구의 인사가 온 것까지 뒷조사를 하고 다니니 한국의 민주주의와 인권이 얼마나 뒷걸음질쳤는지 우리보다 세계인이 먼저 알 지경이 된 셈이다.

도덕과 양심이 무너지고 법이 무너지는데 민주주의라고 온전하겠는가? 국민들의 삶이라고 안전하겠는가? 그런데 2007년 1월 12일 라디오 연설에서 MB가 하는 말이 "어떻게 이룬 민주주의인데…"였다. 유구무언이다. 갈수록 태산이다.

"제식훈련 한 번 안 받은 사람이 안보라고?"

:: 군면제 집단의 진면목, '밥통국방'

"먼저 청천벽력 같은 일이 서해바다에서 일어났다. 천안함 사고에 관해 아직 생사가 가려지지 않은 46명의 해군 병력 실종자 여러분. 기적이 일어나 다시 살아 가족들의 품으로 돌아가길 진심으로 기도한다.

국가안보회의가 대통령 주재로 열리는 걸 보면서 면제자들, 제식훈련 한 번도 안 받은 사람들이 국가의 안위를 논하는 것을 보면서 분노를 금할 수 없었다. 6·25 때 전쟁터 끌려가는 장병들이 '빽'하고 죽었다는 말이 있다. 빽이 없어서, 빽만 있었다면 살았을 텐데. 있는 집 자식들은 다 빠져나간다.

지금도 역시 마찬가지라고 생각한다. 변변찮은 이유로 군대를 면제받고 계획적으로 징집영장을 기피해서 군대를 안 간 사람들이 국가의 지도층에 앉아 있으면서 어떻게 국가안보를 논하는 것인가. 이런 분노 때문에 피어보지도 못하고 꺾인 젊은 청춘, 자식들을 생각하는 부모 마음도 애간장이 끊어질 것이다. 그 사람들이 알긴 알 것인가?"

2010년 3월 28일 봉은사 일요법회 법문 중에서

외세로부터 900회가 넘는 외침을 받은 나라, 세계 4대 열강의 틈바구니에 끼어 있는 나라, 300만이 넘는 희생자를 낸 6·25전쟁을 치르고 휴전상태로 반세기 넘는 대치 상태에 있는 나라에서 해군초계함이 침몰한 희대의 '천안함 사태'가 일어나고 국가안보회의를 하는 장면이 언론에 나왔다. 그 자리에 앉아 있는 자들 중에 태반이 군대에 안 갔다온 면제자들이었다. 총 한 번 안 쏴본 자들이 청와대 벙커에 쥐새끼들처럼 들락거리는 꼴이 참 가관이었다. 입만 열면 안보가 어떻다느니 국가기강을 바로 잡아야 한다느니 떠드는 MB정부의 국방은 한마디로 '밥통국방'이다.

MB내각과 청와대 참모진은 역대 그 어떤 정부와 비교하더라도 병역 면제자가 많다. 장관 3명 중 1명이 면제를 받았는데 일반 국민의 10배가 넘는 수치다. 김황식, 정운찬 총리, 원세훈 국정원장, 정정길 대통령실장, 이동관 대변인, 강만수 재경부 장관, 윤증현 재경부 장관, 유인촌 문체부 장관, 김경한 법무장관, 안병만 교육부 장관, 정종환 국토부 장관 등등 이름을 다 열거할 수 없다. 병역 면제의 사유도 석연치 않다.

건강만큼은 자신 있다고 큰소리 치는 MB는 '기관지 확장증'으로 병역을 면제받았지만 이후 현대건설 입사 땐 문제가 되지 않았다. 김황식 국무총리는 1972년 징병검사에서 양쪽 눈의 시력차가 심한 '부동시'로 군복무를 면제받았지만 법관 임용 신체검사에서는 역시 무사 통과, 원세훈 국정원장은 1976년 하악관절염으로 면제를 받았지만 2년 전인 1974년 8월의 공무원 채용신체검사에서는 정상이었다. 그들의 아들들도 '꽃보직'을 받는 등 소위 힘 있는 사람들과 그들 가족의 국방에 대한 안일한 태도를 보여줬다.

그런데 기막힌 것은 이 병역 면제자들이 외려 안보와 군 기강을 운운한다는 점이다. 김황식 총리는 2011년 6월 17일 병역 명문가 시상식에 참석해 "당당하고 성실한 병역이행은 공정한 병역문화의 표상이자 공정사회 구현의 훌륭한 롤모델"이라고 말하면서 "국민이 병역의무를 이행하는 것은 국가안보의 기틀이며 나라의 존립을 이루는 근간"이라고 역설했다.

로마제국의 경우 전쟁터에서 목숨을 걸어보지 않은 풋내기 정치인에게는 절대 최고 권력인 집정관 자리를 맡기지 않았다. 또한 정해진 기간만큼 병역 의무에 몸담은 사람이라면 외국인이라도 시민권자로 대우해주는 등 안보에 힘을 쏟는 것이 국가 지도자의 덕목이라고 강조해 왔다. 그리고 이런 전통은 현재까지도 유럽 및 미국 등지에서 이어져 내려오고 있다.

케네디 미 대통령의 경우 육군 장교 후보생 시험, 해군장교 후보생 시험에서 잇따라 떨어졌지만 억만장자 아버지의 정계와 군 인맥을 움직여 군대에 들어갔다. 국민들은 2차 대전에 참전하는데 그 대열에서 낙오하면 장래 나라의 지도자는커녕 어떤 공직에도 갈 수 없는 것이 미국의 도덕률이었기 때문이다. 해군에 들어간 케네디는 남태평양 전투에서 큰 부상을 입어 평생 진통제와 각성제를 먹어야 했다.

안경이 없으면 제대로 볼 수 없는 지독한 근시였던 트루먼 대통령 역시 1차 대전에 포병 대위로 참전했다. 눈이 안 좋았던 그는 시력검사표 전체를 외워서 신체검사를 통과했다.

대통령의 아들들도 마찬가지였다. 루스벨트 대통령의 아들 제임스 루스벨트는 2차 대전 때 해병대에 복무 중 마킨제도의 일본기지를 기습하는 위험한 작전에 제외한다는 통보를 받았다. 현직 대통령의 아들이 일본군의 포로가 되거나 전사하거나 하면 일본군의 선전에 이용당할

MB정부의 병역비리

(2008년 현재)

대통령
이명박
군면제

대통령실장 정정길
군면제

국무총리 정운찬
군면제

국가정보원장 원세훈
군면제

대변인 이동관
군면제

국토부장관 정종환
군면제

지경부장관 이윤호
군면제

재경부장관 윤증현
군면제

감사원장 김황식
군면제

식약청장 윤여표
군면제

(전)재경부장관 강만수
군면제

문광부장관 유인촌
군면제

법무부장관 김경한
군면제

환경부장관 이만의
군면제

교육부장관 안병만
군면제

수 있다는 논리였다. 그는 완강히 거절했다. 니미츠 해군제독까지 나서 설득했지만 실패하자 루스벨트 대통령에게 이를 만류토록 건의하였다. 루스벨트는 해군 참모총장 킹 제독에게 "내 아들은 제2 기습대대의 장교다. 내 아들이 위험한 특공작전에 가지 않는다면 누가 그 작전에 가겠는가?"라며 특공작전에 참가시킬 것을 지시했다. 이들 나라가 선진국으로 불리는 까닭은 이러한 리더층의 모범이 있기 때문이다.

MB가 천안함 사건이 났을 때 초기 대응을 잘했다고 했는데 초기 대응으로 우리 군이 한 건 새떼한테 총 쏜 것밖에 없다. 정부 발표대로 북 잠수정이 쏘고 달아났다면 쏘고 돌아갈 동안 정부는 뭘 했는가? 맥아더는 일찍이 "전투에 실패한 지휘관은 용서할 수 있어도, 경계에 실패한 지휘관은 용서할 수 없다"고 말한 바 있다. 경계도 실패하고 대응도 못했으면서 무슨 할 말이 있는가.

그런데 북 잠수정의 어뢰 공격을 받고 침몰했는데 훈장을 줬다. 이건 죽은 병사들을 위로하는 것과는 다른 차원이다. 전투에 졌는데 훈장을 준다? 그것도 결과가 다 밝혀지기 전에 줬다. 무공훈장은 전투에서 공을 세운 사람에게 주는 것이다. 죽은 병사들이 무공훈장을 받았다면 살아남은 병사들은 더 공이 크니 태극무공훈장 정도는 줘야 옳다. 그런데 살아 돌아온 함장 등은 훈장은 안 주고 왜 재판에 회부했나?

천안함에 대해 의혹만 제기하면 괴담이다 좌파다 야단이다. 국민들은 지금도 천안함에 대해 궁금한 점이 많다. 사건 발생 시간과 장소 같은 기초 정보도 제대로 모른 체 오락가락했고 핵심 자료였던 TOD 동영상은 자의적으로 편집해 내놓은 듯 뭔가 의심쩍은 구석이 많은데 무조건 믿어야 하나? MB정부가 그동안 얼마나 많은 거짓말로 국민을 속여왔는데 그 말을 다 믿으라는 것인가.

MB나 고위 공직자들이야 자기들도 군 면제, 자식들도 면제가 아니면 꽃보직으로 보내니 자식들을 다 군대에 보내는 국민들의 마음을 알겠는가? 우리 역사에서 군 의문사가 얼마나 많았나? 그런데 쉬쉬하면서 다 덮고 넘어갔다. 내 동생이 죽은 1974년 YTL 침몰사건도 아직 원인이 다 밝혀지지 않았다. 정부의 할 일은 국민들에게 한 점 의혹 없이 모든 사실을 공개하는 것이지 의심을 품으면 안 된다고 강박하는 게 아니다.

법정에서도 진술이 달라지면 진실성도 사라지는데 국민 여론이라고 다르겠는가? 처음 한 말 다르고 다음에 한 말 다르면 당연히 어느 것이 진실일까 의심하기 마련이다. 한두 번 한 것도 아니고 입만 열면 거짓말하는 정권인데 대체 어떻게 믿으란 말인가?

신뢰가 없기는 나라 밖에서도 마찬가지다. 사건이 일어난 2010년 3월 26일 직후 외신들의 반응은 대체로 북 배후설을 희박한 것으로 봤다. 미국의 《뉴스위크》는 3월 27일, 부시 때 백악관 국가안보회의 아시아 담당이었던 마이클 J. 그린의 말을 인용해 다음과 같은 입장을 취했다.

"북한이 남한으로부터 식량과 비료를 점차 필요로 하고 있어 남한에 대한 호전적인 톤을 낮추고 있었기 때문에, 남한 해군 함정이 침몰됐다는 소식은 북한에게 놀라운 일일 것이다."

AP통신 역시 미국의 한반도 문제 전문가 칼 베이커의 말을 인용해 이번 사고의 배후에 북한이 있을 것으로 보이지 않는다고 전했다. CNN 역시 미 국무부 대변인의 말을 인용해 이번 사고의 배후에 북한이 있다는 증거를 발견하지 못했다고 했다. 당시 필립 크롤리 국무부 대변인은 "성급한 결론을 내리지 말자"며 "북한이 개입됐다는 어떠한 증거도 알지 못한다"고 말했다.

조사에 참여했던 러시아의 입장은 MB정부의 압력 때문에 제대로 공개되지 않았지만 큰 틀은 외부에 알려졌다. MBC는 2010년 7월 9일 다음과 같은 보도를 내보냈다.

"지난 (2010년) 5월 말 한국에 조사단을 파견해 천안함 사건을 조사했던 러시아는 천안함이 '북한 어뢰 공격으로 침몰했다'고 보기는 힘들다는 결론을 내렸습니다. 또 이 같은 조사 결과를 이번 주 초 우리 정부에도 공식 통보했습니다. '함정 외부 수중 폭발이 침몰 원인의 하나로 보이지만, 어뢰 공격에 의한 것과는 침몰 형태가 다르다'는 게 러시아 측의 통보 내용인 것으로 전해졌습니다. 특히 러시아는 우리 측 합동조사단이 결정적 증거로 제시했던 어뢰 추진체와 관련해 '부식 정도로 볼 때 천안함과 직접 관련됐다고 보기 힘들다'는 견해를 밝힌 것으로 알려졌습니다. 결국 천안함이 북한의 어뢰 공격으로 침몰했다는 우리 정부의 조사 결과를 인정할 수 없다는 뜻입니다."

한반도 문제 전문가 그레그 전 주한대사도 2010년 8월 31일 《뉴욕타임스》 기고에서 러시아가 왜 조사결과를 밝히지 않았는지를 '믿을 수 있는 러시아 친구well-placed russian friend'에게 묻자 그는 "그것(조사결과)이 이명박 대통령에게 큰 정치적 타격이 될 수 있고, 오바마 대통령을 당황스럽게 할 수 있기 때문"이라고 답했다고 밝혔다.

천안함의 진실이 무엇인지 더 밝혀져야 하겠지만 원인을 우리 내부에서 찾자면 군 기강해이와 군 비리를 꼽을 수 있다. 군대도 안 갔다온 자들이 국가 안보를 얘기하는 것 자체가 어불성설인데 군 기강이 서겠는가. 게다가 당시 레이더도 제대로 작동하지 않았다고 한다. 천문학적인 군사비를 쓰고 있지만 군 비리로 인해 제대로 된 장비를 못 갖추고 있는 것이 현실이다.

대표적인 예가 율곡비리 사건이다. 1974년~1993년까지 모두 32조원이라는 천문학적인 돈을 들여 미사일, 함정, 전투기 등을 개발·도입했는데 이종구, 이상훈 등 전 국방장관 등 고위관계자 6명이 뇌물·수수죄로 처벌을 받았고 현역 장성 8명을 포함해 53명이 징계받은 단군 이래 최대의 군 비리사건이다. 이런 비리를 저지른 애국단체총연합회 상임의장이자, 전 국방장관인 이상훈은 G20을 앞두고 봉은사가 좌파 81개 단체의 본부라는 허위 사실을 유포해 고소를 당하기도 했다.

도덕이 올바로 서지 않으면 이 같은 부정비리가 일어나게 되고 그리되면 국가에 변고가 일어나기 마련이다. 이런 자들을 믿고 어떻게 국민들이 발뻗고 잘 수 있겠는가?

이런 와중인 2010년 4월 22일 MB는 4대강 공사 현장에 군대를 투입했다. 낙동강 35공구에 육군 제2작전사령부 소속 공병부대를 투입해 공사를 지원한다는 내용의 협약을 맺은 것이다. 정운찬 총리는 천주교 등의 종교단체를 방문해 4대강을 설득하고 다녔다. 총력안보 운운하면서 나라 지킬 군인들을 빼돌려 4대강 공사에 인부로 쓰면서 무슨 안보가 되겠는가?

이런 해이해진 생각 때문에 해방 이후 본토가 공격당하는 초유의 사태가 벌어진 것이다. 이것만으로도 MB는 탄핵을 받아야 한다. 연평도 포격 사건이 있을 당시 군의 대응포는 가동도 못했다. 비리, 기강 해이 때문에 국방도 무너진 것이다.

더 기가 차는 것은 천안함 사건이 일어나고 연평도 포격이 있은 후인 2011년 8월 10일 오후 서해 연평도 인근 NLL(북방한계선) 해상에 북한의 두 차례에 걸친 해안포 사격이 있었다는 점이다. 이때 정부는 군인 가족들만 대피시키고 연평도 주민들에게 대피 안내방송을 하지 않았다. 마치 6·25 당시 이승만이 라디오 방송을 통해 국민들에게 "끝까지 서울을 사수한다"라고 해놓고는 이틀 뒤인 27일 한강 다리를 폭파해 무수한 국민을 죽음으로 내몬 것과 근본에서는 크게 다르지 않다. 자기는 대전으로 도망간 뒤 말이다.

둘 다 기독교 장로에, 뼛속까지 친미라는 점에서 닮은 이들은 국민의 안전과 생명보다 자신의 안전과 이익을 더 중요하게 생각한다는 점도 닮았다. 조선시대 일본을 다녀온 신숙주가 쓴 《해동제국기》에 이런 말이 있다.

"이적夷狄을 대하는 방법은 밖으로의 징벌에 있지 않고 내치內治에 있으며, 변방의 방어에 있지 않고 조정에 있으며, 전쟁에 있지 않고 기강을 진작하는 데에 있다."

예나 지금이나 도덕이 무너지고 안에서 썩으면 국방도 안 된다는 말이다. 국방의 의무도 이행하지 않고 세금도 제대로 내지 않은 자들이 나라의 위정자로 앉아 있는 나라에서 그 국민들이 편할 수가 없는 노릇이다. 그래서 천안함 사건이 났을 때 "대통령은 하더라도 군통수권은 내놓아야 한다"고 한 것이다. 이런 '밥통국방' 때문에 국민만 고통스럽다.

"뼛속까지 친미라더니 국산쥐는 아닌듯"

:: 미국에 까이고, 일본에 뺨맞은 등신외교

"크레인에 매달린 한국 노동자 팽개쳐두고 미국 노동자 걱정하고 국내 경제위기는 제쳐놓고 남의 나라 그리스 경제 위기에는 총대를 메는 MB, 뼛속까지 친미라더니 연설문도 미제, 확실히 국산은 아닌 듯, 법에 의해 원산지 표시를 '미국산 쥐'로 해야 할 것 같다. 그것도 미국 디트로이트산인 것 같다."

2011년 11월 8일 〈용가리통뼈뉴스〉 인터뷰 중에서

뼛속까지 친미친일이라는 MB는 미국한테 쇠고기뿐만 아니라 한미 FTA로 나라를 통째로 내주고 싶은 모양이다. 일본한테는 독도를 내주려다가 들켜서 지금은 곤란하다, 기다려달라고 했는데 위키리스크에서 형님이 내 동생은 "뼛속까지 친미친일이다"라고 한 게 밝혀지니 정말 곤란하겠다.

대통령 취임도 하기 전에 쇠고기 수입을 '밀약'하고, 수십만의 국민들이 들고일어난 촛불시위에도 끝끝내 미국의 편을 드는 걸 보면 정말 뼛속까지 친미인 모양이다. MB의 뼛속을 미국 사람들에게 알려준 이상 득 역시 뼛속까지 친미친일이다. 그러지 않고서야 어떻게 한 나라의 대

통령이 될 사람이 '뼛속까지 친미친일'이라고 미국 사람들 앞에서 사상 검증을 자청했겠는가.

앞서 얘기했듯 이상득은 2006년 9월 21~25일 당시 야당이던 한나라 당 전여옥, 정형근, 박진 등의 의원들을 데리고 미국을 찾아가 한미 정상이 추진하고 있던 전시작전권 반환 문제를 철회해 달라고 요청했다. 주권국가인 대한민국이 군사작전권을 남의 나라에 맡겨두고 있다는 것 자체가 말이 안 된다. 그것을 돌려받겠다고 팔을 걷어붙여야 할 정치인들이 오히려 군사작전권을 돌려주지 말라고 미국에 가서 빈 것이다. 이런 얼빠진 자들이 지금 나라를 다스리고 있는 것이다.

단장으로 미국에 간 이상득은 "우리가 옛날에 중국에 죽지 않으려고 조공도 바치고 책봉도 받아가면서 살아남았다. (미국측 인사들이) 귀찮다고 해도 국익에 필요하면 귀찮게 할 것"이라고 했다. 이른바 세상을 놀라게 했던 이상득의 '조공외교'라 불린 발언이다.

이 발언이 알려지자 당시 국회 통일외교통상위원장이던 열린우리당 김원웅 의원은 이상득 부의장의 '조공외교' 발언에 대해 "그러면 고구려의 을지문덕, 연개소문 장군은 바보짓을 했단 말이냐"면서 "'살아남기 위해' 일본의 식민지 지배를 환영한 이완용이 지하에서 '나도 그 당시에 같은 생각이었다'고 말하겠다"고 비판하기도 했다.

역시 포항형제파 이상득과 MB는 외교에서도 형님 먼저 아우 먼저 하면서 나라를 거덜내고 있다. 뼛속까지 친미인 동생과 '조공외교'의 형님이 미국에 처음으로 바친 '조공'이 미국산 쇠고기 수입이라고 봐야 할

지도 모르겠다.

위키리크스가 폭로한 외교전문에 따르면 MB가 대통령에 취임도 하기 전인 2008년 1월 18일 'MB의 정치 멘토'라 불리던 최시중, 통일부 장관을 지낸 현인택 등의 인수위 고위 관계자들을 보내 알렉산더 버시바우 당시 주한 미국 대사에게 미국 쇠고기 수입을 전면 개방하겠다고 약속했다고 한다.

국익이나 국민의 건강과 생명은 안중에도 없는 이런 행동은 MB가 한미정상회담 직전 타결된 미 쇠고기 수입협상과는 무관하다는 말이 거짓말이었음을 보여준다. 747이건 세종시이건, 반값등록금이건, 동남권 신공항이건, 남북관계이건, 외교이건 거짓말이 아니면 성립되지 않는 게 MB다.

취임도 전에 미국과 쇠고기 수입을 약속해놓고 취임 두 달도 안 되어서 미국으로 간 MB가 한 일은 '상왕' 부시 미 대통령을 알현하는 것이었다. 원나라, 청나라에 조공을 바치며 세자 책봉을 받으러 가듯 미국에 간 게 아닌가 싶다. 미국의 윤허를 받은 뒤라야 국정을 운영할 수 있다고 생각한 모양이다. 그렇게 미국으로 건너가 MB가 부시에게 전수 받은 것은 골프카트를 운전하는 법이었다. 오죽했으면 미《워싱턴포스트》가 캠프데이비드 목장에 가서 골프카트나 몰고 있는 MB를 영국 블레어 총리를 대체할 만큼 가장 강력한 '부시의 푸들'이라고 놀렸겠는가.

미국을 '상전'으로 여긴 MB였기에 국민들이 106일간 애를 태우며 수입을 반대했지만 이를 모르쇠하고 수입을 강행해 '상전'을 기쁘게 했다. 그렇게 미국을 상전으로 모셨지만 독도 문제가 터지자 미국은 일본 편을 들었다.

독도 문제에 대한 일본의 도발은 집요하다. 오죽하면 호시탐탐 독도를 노리는 일본의 작태에 2006년 노무현 대통령이 특별성명을 발표한 뒤 만일 일본 배가 독도를 침범하기 위해 오면 깨부수라고 했겠는가? 2011년 8월 미국은 해양 명칭을 논의 중인 국제수로기구(IHO)의 해양경계 담당 실무그룹에 제출한 서한에서 '동해'를 '일본해'로 단독 표기해야 한다는 의견을 제시했다.

미국에 쇠고기도 개방하면서 갖은 아양을 떨던 MB로서는 뒤통수를 맞은 것이다. 하지만 미국의 입장은 분명했다. 미 국무부는 2011년 8월 8일 열린 정례 브리핑에서 '일본해'를 단독 표기하는 것은 미 연방 지명위원회의 표기방침에 따르는 것이라는 기존 입장을 재차 확인했다. '미국 만세'를 외치며 간 쓸개 다 내주다가 등신처럼 뺨을 맞은 것이다.

등신짓을 한 것은 미국한테만이 아니다. 일본에게도 했다. 뼛속까지 친일인 MB는 일본 오사카 하리노 태생이다. 이름은 츠키야마 아키히로, 한자로 쓰면 月山明博(월산명박)이다. 이상득이 뼛속까지 친일이라고 한 것은 이를 염두에 두고 한 말이다.

2008년 7월 한일정상회담에서 후쿠다 야스오 총리가 독도를 '다케시마'로 표기하겠다고 하자 이명박 대통령이 '지금은 곤란하니 기다려달라'고 요구했다고 《요미우리신문》이 보도했다. 청와대는 오보라고 주장했고 《요미우리신문》은 맞는 보도라며 맞섰다. 하지만 오보라는 청와대는 공식 항의도 정정보도도 하지 않았다. 국익과 관련한 중차대한 문제에서 툭하면 고소ㆍ고발하기를 즐기는 MB의 청와대가 왜 가만히 있었을까?

자신의 발언으로 시끄러워지자 MB는 2008년 8월 17일 청와대로 헌정회 임원들을 초청해 "일본은 독도 영유권 문제를 제기함으로써 우리의 영토주권을 침해하고 있다. 한반도와 그 부속 도서로 이뤄지는 대한민국의 영토를 수호할 의무가 있는 대통령으로서 영토주권을 지키기 위한 모든 노력을 다할 것"이라고 말했다. 그 말대로 모든 노력을 다하겠다면 지금이라도 요미우리를 상대로 명예훼손과 손해배상청구 소송을 진행해야 한다. 역시 뼛속까지 친미친일이라 일본 사람들에게는 사실을 말하고 국민들은 속였기 때문에 못하는 것이 아니라면 말이다.

일본의 의도는 영유권을 주장하면서 독도를 시끄러운 분쟁지역으로 만들어 국제사법재판소(ICJ)로 끌고 가는 것이다. 외교력으로 보면 동해를 일본해로 표기하는 것에서 보여지듯 일본에게 진다. 게다가 지금 국제사법재판소의 소장이 오와다 히사시小和田恒다. 그것도 일본 왕세자비의 아버지다.

MB가 외교에서 만날 등신처럼 얻어터지는 것은 어리석기 때문이다. 미국의 입장은 1950년대부터 일본의 편이었다. 1951년 8월 10일 딘 러스크 미 국무부 극동담당차관보 명의의 통보문에는 "독도, 다른 이름으로는 다케시마 혹은 리앙쿠르암으로 불리는 그 섬에 대한 우리 정보에 따르면, 통상 사람이 거주하지 않는 이 바윗덩어리는 한국의 일부로 취급된 적이 없으며, 1905년 이래 일본 시마네현 오키도사[隱岐島司] 관할 하에 놓여져 있었다. 한국은 이전에 이 섬에 대해 (권리를) 주장한 적이 없다"라고 되어 있다.

MB가 뼛속까지 친미, 친일하면서 등신짓을 하는 동안 세계 최강대국으로 부상 중인 중국과의 관계도 불편해지고 있다. 삼성경제연구소가 2011년 초 밝힌 보고서에서 "중국이 21세기에도 평균 10%에 육박하는 고속성장을 지속하고 있으며 2010년 세계 2위 경제대국으로 성장했다"고 평한 뒤 중국의 성장에 맞는 "경제정책 전환 및 방향의 재검토가 필요하다"고 지적했다.

마치 광해군이 떠오르는 청나라와 지는 명나라 사이에서 중립외교를 펼치자 조선시대 5·16쿠데타와 같은 '인조반정'으로 권력을 잡은 이들은 역사적 흐름을 읽지 못하고 노골적인 친명정책을 썼던 것과 같다. 이 때문에 조선은 청나라의 분노를 사 침략을 당했다. 그로 인해 인조가 서울 송파 삼전도에서 청태조에게 네 번 절하고 아홉 번 고개를 조아리는 '사배구고두'의 치욕을 당했다. 2008년 리먼브라더스 사태 이후 미국은 지는 나라의 형국이다. 최근의 경제적 몰락으로 미국의 시스템이 붕괴하고 있다.

반면 중국은 미국을 위협하며 떠오르는 나라다. 앞으로는 중국의 시대가 예측되고 있다. 그런데 MB는 이러한 시대적 조류를 읽지 못하고 친미정책으로만 일관하면서 중국의 미움을 받고 있다. 그 화가 후대들에게 어떻게 미칠지는 알 수 없는 노릇이다. 이미 중국은 마늘문제 등으로 우리에게 무역보복을 한 바 있다.

현재 중국은 한국의 제1 교역국이자 투자국이다. 2010년 한국의 총 수출 4,674억 달러 가운데 25%가 중국 수출이었고, 2009년까지 해외투자 누계금액은 미국에 이어 중국이 286억 달러로 2위다. 중국은 우리의 최대 교역국이자 투자국인 셈이다. 그런데 MB의 편향된 외교정책은 중국의 심사를 불편하게 함으로써 우리의 외교적 환경과 경제적 환경에 좋지 못한 분위기를 만들어 놓았다.

외교에 있어 중국과 관련된 대표적 등신짓은 등신밍鄧新明이라는 중국 여자에게 당한 '상하이 스캔들'에서도 잘 드러난다. 등신밍이 상하이 총영사관의 주요 민원을 해결해주고 그걸 바탕으로 친해진 우리 외교관들과 부적절한 관계를 맺은 뒤 정보를 빼내갔다. 외교관 비상연락망, 2007년 MB 후보의 선대본부 연락처 등의 자료가 중국에 넘어간 것이다.

등신밍한테 이렇게 당한 이유는 외교전문가들이 아닌 MB 대선 캠프 등의 측근들을 낙하산으로 내려 보냈기 때문이다. 이른바 '보은인사'라는 미명 하에 낙하산을 타고 내려간 자가 등신밍 사건의 주역 김정기 총영사다.

김정기는 2008년 5월 상하이 총영사 부임 당시부터 MB 보은인사의 대표 사례로 꼽혔던 인물이다. 2004년 17대 총선에서는 서울 노원병에 출마했다가 낙선했고, 2007년 대선 때 한나라당 필승대회 준비위원장을 맡았다가 MB 집권 후 2008년 18대 총선에서 낙천한 뒤 보은인사 차원에서 주 상하이 총영사로 가게 된 것이다. '상하이 스캔들'로 해임된 김정기는 부당하다며 외교부를 상대로 해임처분 취소 소송 중이다. 역시나 후안무치한 MB시대의 인물이다.

외교라인에서 후안무치한 인물이 바로 최장수 장관이라 불렸던 유명환 외교통상부 장관이다. 그는 외교부 FTA(자유무역협정) 통상 전문계약직 특채에서 딸이 총 6명의 응시자 중 단독 합격하게 만들었다. 딸의 합격을 위해 시험위원을 자의적으로 선정하고 응시자격도 딸에 유리한 것만을 채택했다. 2010년 이후 6차례 진행된 특차에서 어학과 관련해 '텝스'와 '토플' 성적 모두를 인정했는데 딸을 뽑기 위해 딸에게 있는 '텝스'만을 적용했던 것이다.

유명환은 MB가 불법선거자금을 쓰고 선거 기획 참모 김유찬을 국외로 빼돌렸다 들통나 국회의원직을 박탈당하게 되자 사퇴하고 미국으로 건너간 1999년, 이명박과 인연을 맺었다. 이때 《한국일보》 워싱턴 특파원으로 와 있던 신재민과 각별한 사이가 된 이명박은 신재민을 고리로 나중에 중수부장이 되어 노무현 대통령을 죽음으로 몰고 간 이인규, 유명환 등과 인연을 맺은 것이다. 이른바 끼리끼리 인사의 정수인 셈이다. 이런 인사의 결과 '총성 없는 전쟁'이라는 외교전에서 문제만 일으키고 뒤통수나 맞는 등신짓만 일삼는 것이다.

이런 부도덕과 도덕 해이는 심각하게 국익을 훼손하고 있다. 한-미, 한-EU FTA 협정문의 표기 실수가 그것이다. 한미FTA의 경우 296개, 한-EU의 경우 207개의 번역 오류가 국회에서 지적됐다. 그런데 2011년 4월 다시 국회에 제출한 협정문에 또다시 18개의 번역 오류가 발생했다.

이로써 한-EU FTA 협정문의 비준을 2010년 10월과 2011년 2월 28일, 4월 6일 세 차례에 걸쳐 해야 했다. 이는 EU와 우리 정부가 서명한 협정문과 다른 것이어서 향후 어떤 문제가 벌어질지 알 수 없는 상황이다.

부도덕한 MB가 입으로 국격을 외친다 해도 외교가 제대로 될 리가 없는 것이다. 보은인사, 인맥인사로 뽑힌 부적격자들이 나라 생각은 하지 않고 사익만 탐하는데 나라꼴이 제대로 되겠는가. 역시 안에서 새는 바가지는 밖에 나가서도 새는 모양이다.

"차라리 '청와교회'라 부르자"

:: 장로대통령의 최악의 종교 편향

"봉은사 땅밟기의 문제의 근원은 현 정권의 노골적인 기독교 색채 때문이다. 이럴 거면 차라리 청와대를 '청와교회'라고 부르자. 한국불교가 우리나라에 들어온 지 1,700년 됐는데 20만 명이 시청 앞에 모여 종교 편향에 대해 항의 집회한 적이 없다. 김영삼 정권과 이승만 정권도 장로정권이었지만 그런 적이 없다. 내가 '이명박 장로'라고 칭하면 다른 사람들은 왜 대통령이라고 안 하냐 말하기도 하는데 MB가 대통령보다 장로라는 종교적 직책을 더 좋아하는 것 같아서다.

현 정권 들어서면서 유감스럽게도 공공의 영역과 종교의 영역이 구분이 안 된다. 공직에 있는 사람이 공적인 자리에서 자신의 종교 색깔을 드러내는 것 자체가 종교 차별이다. 정상적인 행정절차의 결과물을 뒤집을 정도로 특정 종교의 영향력이 노골화된 것은 이명박 정부의 과오다."

2011년 11월 5일 《오마이뉴스》 인터뷰 중에서

2008년 집권 초 연속된 종교 편향으로 불자들이 들끓었다. 오죽하면 웬만해서 움직이지 않는 불자들이 20만 명이나 서울 시청 광장에 모여 이를 꾸짖는 범불교도대회를 열었겠나. 그 무렵 《오마이뉴스》 기자가 찾아왔기에 "MB는 해방 후 불자들에게 최악의 대통령이다"라고 말했다.

소망교회 장로인 MB가 대통령이 된 뒤 종교 편향이 있을 것이라는 우려가 많았다. 서울시장이던 2004년 5월 31일 서울시를 하나님께 봉헌하겠다고 발언해 지탄을 받았고 청계천 복원에 대해 "청계천 복원은 시장, 공직자들의 지혜와 능력을 통해 이뤄졌다고 생각하지 않는다. 보이지 않게 드려진 무릎기도를 하나님께서 받으시고 이루신 것"이라고 해 물의를 일으켰다.

뿐만 아니라 2006년에는 "전국의 사찰이 무너지게 해주시옵소서"라고 노골적으로 불교를 말살하려고 한 부산지역 기독교 청년 집회에 축사를 보냈다. 이날 기독교 청년들은 범어사, 통도사 등의 대표적 사찰이 표기된 부산 지도를 보여주면서 "범어사를 무너지게 해주시옵소서, 통도사가 무너지게 해주시옵소서"라고 외쳤다. 이런 편향된 종교집회 자체가 말이 안 되는데 MB는 버젓이 '소망교회 장로 이명박'이란 이름으로 축사를 보냈다. 서울시장보다 소망교회 장로라는 것을 더 자랑스러워 하는 것 같다.

2007년 대선을 앞두고 당시 조계종 종회의장이던 자승이 이상득을 데리고 봉은사를 방문하려 했다. 종회의장이라면 세속의 국회의장쯤 된다. 자승이 요청했지만 잘 알지도 못하는 사람과 마주 앉아 밥 먹을 일도, 나눌 얘기도 없다 싶어서 두어 차례 거절했는데 거듭 요청을 하기에 허락을 했다. MB의 형님이고 같은 소망교회 장로니까 이상득이 왔을 때 혹여라도 있을지 모를 종교 편향에 대해 얘기했다.

"절집에 오셨으니 한 가지 여쭙겠습니다. 불교의 대표적인 경전인 반야심경이라고 들어보셨죠? 반야심경의 '반야'가 무슨 뜻인지 아십니까?"

"…잘 모릅니다."

"모르실 수 있지요. 그래도 이명박 후보도 그렇고 이상득 의원님도 그렇고 장차 이 나라의 정치지도자가 될 분들이시라면 1,700년 동안 우리 민족과 함께 호흡하며 살아온 불교를 모르고는 훌륭한 정치지도자가 될 수 없습니다. 더욱이 절집을 방문하시면서 그 가르침이 뭔지는 알고 오시는 게 맞지 않습니까? 불교는 단순한 종교가 아니라 우리 민족에게는 하나의 문화요, 정서로 자리 잡은 지 오래입니다. 우리 문화재의 7할이 불교문화재인 것만 봐도 알 수 있는 것 아닙니까? 이명박 후보는 서울시 봉헌 발언으로 종교 편향을 한 적 있는데 대통령이 될 가능성이 가장 높으신 분이니 이 점을 살펴주시기 바랍니다."

한편으로는 우려의 전달이자 경고였고 다른 한편으로는 당부였다.

그때 이상득이 MB의 봉은사 방문을 요청했지만 "잘 아는 사이도 아니고 온다고 해도 서로 일치되는 바도 없으니 할 말도 없을 것 같습니다. 굳이 봉은사에 안 오셔도 당선되는데 뭐 하러 바쁘게 오시겠습니까?"라며 거절했다. 그래서 MB는 능인선원만 방문하고 봉은사에는 오지 못했다.

우려가 현실이 되는 데는 그리 오랜 시간이 걸리지 않았다. 2007년 대선 당시 불교계가 추진한 종교간 화해와 상생을 위한 서약서에 당시 대선 후보 중에 유일하게 MB만 서명을 거부했다. 그리고 당선된 직후인 12월 27일 소망교회에 가서 "섬기는 사람들과 국정을 도모하겠다"는 발언을 했다. 그리고 소망교회 출신인 이경숙을 인수위원장으로 내정하고 같은 교회 교인인 강만수 등을 재정경제부 장관에 앉히는 등 '섬기는 사람들'과의 국정 도모에 시동을 건다. 1기 청와대 내각과 참모진 구성에서 '고소영'이라는 이름을 등장시킬 정도로 소망교회 인맥을 중용한다.

2008년 MB정부를 '청와교회' 라 부르며 종교 편향에 항의하는 의미로 만들어진 그림판이다.

2008년 3월 16일 뉴라이트 김진홍 목사를 청와대로 불러 예배를 본 것을 신호탄으로 4월 30일 청와대 정무직 공무원들을 대상으로 한 전례 없는 종교조사 실시에 이어, 5월 1일 주대준 청와대 경호처장은 아예 대놓고 "모든 정부 부처의 복음화가 나의 꿈"이란 말까지 한다. 주대준은 청와대를 방문하는 사람들을 위해 청와대 주변에 선교비전센터를 만들겠다면서 청와대 기독신우회, 공직자선교연합회, 한국직장인선교연합회와의 선교네트워크를 만들어 청와대 주변에 24시간 기도의 불이 꺼지지 않도록 하겠다는 계획도 밝혔다.

MB는 2008년 5월 9일 순복음교회 50주년 기념식에 축하 동영상을 보내고 5월 15일 열린 국가조찬기도회에는 참석했다. 그런데 5월 12일 조계사에서 열린 봉축법요식에는 참석하지 않았고 5월 19일 부처님오신날 축전도 안 보냈다가 불교계의 지적을 받고 뒤늦게 축전을 보냈다.

게다가 봉은사에 초파일 등값을 '대리 시주'하는 일이 벌어진다. 부처님오신날을 앞두고 전국 대부분 절에서 대통령 이름으로 등을 달기 때문에 청와대 쪽에서 인사차 등값을 보낸다. 큰 절의 경우 청와대측 인사가 직접 찾아와 인사도 하고 등값도 전한다. 그런데 MB는 정부 부처도 아니고 강남구청 문화체육과 직원을 시켜 근무일도 아닌 토요일에 등값을 보내왔다. 그것도 봉황 문양이 찍힌 청와대 공식 봉투가 아닌 백지봉투에 붓펜으로 무성의하게 '대통령 이명박'이라고 써서 보내온 것이다. 하도 기가 차서 돌려보냈다. 그러자 부랴부랴 청와대불자회 회장이던 김병국 외교안보수석과 원세훈 행정안전부 장관이 찾아와 사과하는 일이 벌어진 것이다.

그 뒤에도 MB정부의 종교 편향은 계속된다. 목사로서 청와대 홍보기획비서관을 맡고 있던 추부길이 촛불시위에 참석한 사람들을 '사탄'이라고 발언한 것이다. 국민들의 목소리를 MB정부가 어떻게 생각하는지 잘 보여준 발언이고 주대준 경호처장의 발언처럼 모든 정부 부처의 복음화를 추진하는 흐름에서 보면 반대자들은 모두 '사탄'이 되는 것이다. 국민을 '사탄'이라 부르던 추부길은 박연차 회장 세무조사 무마를 조건으로 뇌물 2억 원을 받고 구속되었다.

2008년 6월 20일 김황식이 MB를 위한 국가조찬기도문을 읽은 후 감사원장에 임명되던 날 국토해양부의 교통정보 프로그램인 '알고가'에 교회와 성당만 표시되고 사찰이 누락되는 일이 발생했다. 봉은사, 조계사 등의 대형 사찰들까지 모조리 빠졌다. 알고가 프로그램은 하루 평균 2만 명, 서비스 개시 후 1,400만 명이 이용한 국민 프로그램이다. 지도에서 사찰을 지운 것은 흡사 호적에서 사람을 지운 것과 같은 짓이다. 당시 MB정부는 단순 실수라고 해명했다.

단순 실수? 그런데 그 해 7월 11일 국토해양부 경관법 경관계획수립 지침에 향교와 정자 등은 포함되는데 전국 930개의 전통사찰은 모두 누락시켰다. 이뿐만이 아니라 8월 7일 교육과학기술부에서 만든 교육지리정보서비스에서도 교회는 아이콘 처리가 되어 있는데 사찰은 뺐다. 27개 정부 부처 전자지도 서비스에서 사찰만 빠진 것을 두고 종교 편향이 아니라면 다른 무엇으로 설명할 수 있나?

이미 MB가 서울시장 시절에 만든 서울시 GIS 검색토털에도 사찰

정보가 누락된 적 있다. 서울시를 하나님께 봉헌하고 보이지 않게 드려진 무릎기도의 화답과 청계천 복원을 성공리에 끝낸 덕분으로 대통령에 당선된 MB가 대한민국을 하나님께 봉헌하려 한 것은 어쩌면 스스로는 너무 당연한 일인지 모르겠다.

이런 MB의 종교 편향 기류가 조계사를 나오는 조계종 총무원장 지관스님의 차를 검문, 검색케 한 것이다. 불교계 수장의 차를 그것도 자기 집이나 마찬가지인 조계사에서 나오는데 범죄자를 다루듯 검문, 검색한 것은 욕보이기로 작정하지 않고는 안 되는 일이다. 당시 경찰 역시 "총무원장 차니까 더욱 검문, 검색을 해야 된다"고 했다.

헌법 20조에는 "국교는 인정되지 아니하며, 정치와 종교는 분리된다"고 명시되어 있다. 그런데 MB정부는 단순히 특정 종교를 폄하하는 차원을 넘어 종교를 자기 발아래 두려 하는 작태를 보인 것이다. 그래서 8월 27일 얌전하기로 유명한 불자들 20만 명이 모여 '헌법파괴 종교차별 이명박 정부 규탄 범불교도대회'를 연 것이다. 불자 20만 명이 모였다는 것은 다른 종교 집회에서 200만 명이 모인 것과 마찬가지다. 같은 장로라도 이승만, 김영삼 대통령도 이렇게는 하지 않았다. 그래서 MB정부를 "해방 후 불자들에게 최악의 정부"라고 비판했던 것이다.

더 나아가 MB정부는 2009년 8월 행정안전부를 통해 전국 지자체에 도로명을 정할 때 '특정 종교시설 이름을 쓰지 말라'는 지침을 시달한다. 이 '특정 종교'란 불교를 의미한다. 불교매체 《불교닷컴》의 보도에 따르면 이름을 공개하지 않은 서울의 한 구청 지적과장 역시 이를 인정했다. 그는 "우리나라에서 종교지명은 불교지명이 전부라고 해도 과언이 아니다"라고 했다. 지도에서 절을 지우고 도로명에서 불교와 관련된 이름을 지우는 것은 호적에서 이름을 지우는 것과 마찬가지다. 그래서 2011년 7월 보광암에서 열린 법회에서 다음과 같이 말했던 것이다.

"청량리와 미아리가 무슨 뜻인 줄 아세요. 청량리는 청량사라는 절에서 유래했고, 미아리는 미륵부처님과 아미타불의 준말입니다. 도선동은 도선 대사와 관련이 있고 진관동은 진관 대사에서 이름을 따온 것입니다. 이런 역사가 담긴 지명들이 기독교정권에 의해 싹 다 없어진다고 하니 잠이 안 옵니다.

일본은 우리 지맥을 끊기 위해 산에 못을 박았습니다. 지명을 바꾸는 것은 정체성인 자기 이름을 바꾸는 것입니다. MB가 오사카 태생이라더니 하는 짓을 보면 대한민국 대통령이 아니라 일본 천황의 명으로 와 있는 조선 총독 같습니다. 월산명박, '츠키야마 아키히로'라는 일본 이름도 있지 않습니까?"

MB의 독선적 종교관이 정부의 정책으로까지 스며들어 노골적으로 '불교 죽이기'를 하고 있는 셈이다. 사찰이 무너지라고 하는 광신적 기독교인들에게 축하 동영상을 보내고 서울시를 봉헌하겠다고 한 것은 결코 허언이 아닌 모양이다. MB는 국회의원 시절 어디선가 간증을 하면서, 자신의 집 뒤에 절이 있는데 거기 중들을 다 내쫓고 법당에서 살았다고 해서 엄청 욕먹었다. 그만치 광신적인 기독교 신자다.

그러한 MB의 종교 편향은 지역갈등, 사상갈등, 계급갈등에 이어 우리 사회의 커다란 우환거리를 던져주고 있다. 내가 오죽했으면 MB를 대통령이라 부르기보다 장로라 부르고 청와대를 차라리 '청와교회'로 바꾸라고까지 했겠는가.

"사상갈등, 지역갈등도 모자라 종교갈등까지"

:: 독선적 믿음으로 출발한 땅밟기와 성시화운동

"정부가 성난 불심을 달래려 한다는 말이 나도는데, 불교를 무시하는 처사다. 잘못된 일을 한 자들이 달래기는 뭘 달래나. 사과를 해야지. 물질적 보상이 아니라 한국 민족문화의 뿌리를 이룬 불교의 전통성과 문화에 대한 가치를 정부가 당연히 인정하고 살려야 한다.

템플스테이는 정부에서 하자고 해서 자리를 잡았는데, 이명박 장로 정권이 들어서면서 느닷없이 일부 기독교인들이 반대한다고 예산을 깎아버렸다. 한국 기독교에 예수님 사상이 있는지 묻고 싶다. 예수님 가르침이 뭔가. 불교가 기독교의 원수도 아니지만, 그렇게 원수로 보인다면 예수님 가르침대로 하라. 어찌된 일인지 한국 기독교는 원수를 사랑하라는 예수님 가르침을 어기고 동네방네 원수를 만들고 다닌다.

불교를 상대로 '사탄 물러가라'하고 '땅밟기' 행사까지 하는 기독교인이 있던데, 그런 일부 기독교인의 잘못된 태도를 이명박 장로가 고스란히 받아들이다보니 역사상 가장 심각한 종교 편향 사태가 생긴 것이다."

2011년 2월 11일 (시사IN) 인터뷰 중에서

MB정부의 종교 편향은 도를 넘었다. 종교의 다양성이 존중되는 사회였던 대한민국이 MB 등장 이후 마치 기독교국가가 된 것 아닌가 하는 걱정이 들 정도다. 나라를 지켜온 독립운동가들과 순국선열들을 추념하는 현충일 기념식에서도 찬송가가 울려 퍼지고 있을 지경이다. 우리 헌법은 정교분리를 명시하고 있다. 제20조 1항은 모든 국민은 종교의 자유를 가진다는 것이고, 2항은 국교는 인정되지 아니하며 종교와 정치는 분리된다고 규정하고 있다.

하지만 대한민국을 마치 자신과 자신 가족의 사유물로 착각하고 있는 MB에게 법은 안중에도 없다. 종교 편향이 너무 심하기에 봉은사에서 두 가지 현수막을 내걸었다. 하나는 '거짓말을 하지 마십시오', 다른 하나는 '헌법을 지키십시오' 였다. 거짓말이야 두말할 필요도 없는 것이고, 헌법에 명시된 정교분리를 무시하고 종교 편향적 행위를 노골적으로 했기 때문이다.

대통령이 앞장을 서고 정부가 대놓고 지도에서 절을 지우는 등의 노골적인 종교 편향 행위를 일삼자 몰지각한 기독교인들이 우후죽순으로 나타났다. MB 당선을 위해 열심히 뛰었던 장경동 목사는 "내가 경동교(장경동교)를 만들면 안 되듯이 석가모니도 불교를 만들면 안 되는 것이었다. 원불교나 통일교도 만들면 안 되는 것이었다. 스님들은 쓸데없는 짓 하지 말고 빨리 예수를 믿어야 한다. 불교가 들어간 나라는 다 못 산다. (내가 이런 말하면) 불교 비하한다고 하는데, 나는 바른 말을 한 것이다"라고 했다.

조용기 목사의 처남이자 강남교회 목사인 김성광도 "강남교회는 얼음 깨는 배다. 공산당도 깨부수고, 부정부패도 깨부수고, 미신우상도 깨부수고, 불교도 깨부수겠다"는 발언을 해 물의를 빚었다. 이 두 목사는 최근 기독교당을 만들겠다고 팔을 걷어붙인 인물들이다.

이런 흐름 속에서 '봉은사 땅밟기'가 진행된 것이다. 기독교인들이 말하는 '땅밟기'는 구약성서 출애굽기에 나오는 용어로 여호수아가 이스라엘 민족을 이끌고 가나안땅에 이르기 위해 여리고성을 지나면서 7일 동안 '성이 무너지라'고 기도한 것이 유래다. 결국 성이 무너지고 성 안의 모든 사람들이 몰살 당했다고 한다.

이들 몰지각한 기독교 청년들은 봉은사 법당에까지 난입해 손을 들고 법당이 무너지라고 기도했던 것이다. 봉은사가 다 무너지고 그 안에 있는 사람들이 모두 죽으라고 한 것은 기도가 아니라 '저주'다. 봉은사뿐만이 아니라 대구 동화사 등의 여러 절들에서 벌어진 일이다.

기독교인들이 남의 종교를 무시하고 법당까지 난입해 이 같은 망동을 한 것에는 기독교에서 불고 있는 성시화운동의 영향이 크다. 성시화운동은 대한민국을 기독교국가로 만들자는 기독교 내의 복음운동이다. 이 성시화운동은 단순히 몇몇 사람들만이 추진하는 운동이 아니라 실제적으로 동사무소, 구청, 시청 등 행정조직과 연계해 기독교를 전파하겠다는 운동이다.

1972년 춘천에서 김준곤 목사, 전영태 전도사 등이 주도해 시작된 성시화운동은 실제 교회와 동사무소가 연합한 '교동위원회', 교회와 구청이 연합한 '교구위원회', 교회와 시가 연합한 '교시위원회' 등을 만들고 있다. 서울 성북구청장이던 서찬교, 인천시장이던 안상수 등의 기독교 인사들이 행정책임자로 앉은 도시 등에서 주로 이뤄졌다.

2004년 1월 제1회 성시화운동세계대회가 포항에서 열렸는데 이 대회 준비위원장을 맡은 정장식 포항시장은 "포항시 예산 1%를 성시화에

'봉은사 땅밟기'를 한 기독교 신자들이 봉은사를 찾아 사과하고 있다.

쓰겠다"고 해 물의를 일으켰다. 또한 그는 그 자리에서 포항을 기독교 도시로 만들겠다는 식의 발언도 쏟아냈다. 이상득계로 분류되는 그는 MB정부에 들어와 중앙공무원연수원장을 맡기도 했다. 그가 연수원장을 맡은 지 얼마 되지 않아 주대준 청와대 경호처장이 "모든 정부 부처의 복음화가 나의 꿈"이란 발언을 한 것이다.

대한민국을 기독교 국가로 만들겠다는 기독교계의 노골적인 움직임이 '기독교당'으로 표면화되고 있다. 그런데 이는 그동안 종교전쟁, 종교분쟁의 무풍지대라고 알려져 온 대한민국을 종교전쟁의 불구덩이로 밀어넣는 위험천만한 일이다. 세계 분쟁의 70% 이상이 종교분쟁으로 일어나고 있다. 지금 중동에서 벌어지고 있는 극단적인 대립의 근저에는 종교간의 대립이 자리하고 있다.

자살폭탄 테러 등에서 보여지듯 종교간의 대결은 극단적인 양상을 보인다. 종교가 이성적인 측면보다 신념적인 측면에 기울어져 있기 때문이다. 그래서 현대 국가들은 헌법에 정교분리, 종교자유를 명시하고 있는 것이다.

그동안 대한민국은 6·25를 겪으면서 발생한 사상갈등에 지역갈등, 그리고 부자와 빈자 사이의 계급갈등으로 홍역을 겪어왔다. MB시대에 들어와서는 '고소영', '강부자'를 통해 이를 더욱 격화시키고 있다. 게다가 전례 없는 종교 편향으로 종교갈등까지 촉발시키고 있다.

대한민국에서 그동안 전혀 종교갈등이 없었던 것은 아니다. 사찰이 불타고 불상의 목이 잘려나간 사건이 부지기수다. 대부분 기독교인들이

미신, 우상이라며 저지른 일이다. 그걸 불교가 참고 지내왔기 때문에 이만큼의 평화가 유지되어 온 것이다. 그러나 2008년 8월, 20만 명이 넘는 불자들이 모여 범불교도대회를 열어야 할 만큼 종교 편향 문제는 MB시대에 들어와 심각한 사회문제로 대두되고 있다.

미신이 뭔가? 어두울 미, 믿을 신을 쓴다. 뭔지도 모르고 무조건 믿는다는 말이다. 불교는 무조건 믿으라고 한 적이 없다. 하나님이 세상을 만들었다면 그 하나님은 누가 만들었느냐고 묻는 것이 불교다. 불교는 끊임없는 물음을 통해 자신을 찾아가는 종교다. 어린 시절 교회에 다닐 때 목사님들은 내가 이런 질문을 던지면 무조건 믿으라고 했다. 인생이 왜 이렇게 힘들고 괴로운가 물을 때도 믿음이 약해서 그렇다고 했다. 무조건 믿는다? 그게 미신이 아닌가?

우상도 마찬가지다. 불상이 우상이면 십자가도 우상이다. 불교에는 이런 말이 있다. "철불은 용광로를 이기지 못하고 목불은 불을 이기지 못하고 진흙으로 만든 불상은 물을 견디지 못하는데 어느 것이 진짜 부처냐?" 우상은 제대로 알지도 못하고 무조건 믿는 그 마음이 우상이지 밖으로 드러난 상징물에 대한 숭배가 아니다. 영화 부시맨에서 부시맨이 하늘에서 날아온 콜라병을 신인 줄 알고 모시는 장면을 보면 얼마나 어리석어 보이는가. 우상 숭배는 바로 그와 같은 것이다.

자기 종교를 믿지 말라는 것이 아니다. 자기 믿음에 대한 충실성이 곧 다른 종교에 대한 차별과 박해를 통해 이루어진다고 생각한다면 잘못이다. 그것은 사회를 분열시키고 파괴시키는 화약고 같은 생각이다.

다른 종교를 인정하지 않고 자기만 옳다는 MB의 독선적 기독교 때문에 다양한 문화와 다양한 종교가 공존하던 우리 사회의 가치가 심각하게 파괴되고 있다. 이는 역대 정권들이 저지른 실정과는 유가 다르다. 그 진원지가 사회를 통합해야 할 대통령인 MB다. 고려대와 동지상고, 영남 등의 망국적 지연 학연으로 나라를 사분오열시키는 것도 모자라 이제는 종교로 나라를 갈가리 찢어놓고 있는 것이다. 이는 단순히 불교가 차별 받고 말고의 문제가 아니라 나라 전체의 조화와 균형, 발전에 대한 문제이기에 더욱 심각하다.

현대 미국의 패권주의를 비판해 큰 화제를 불러일으킨 예일대학교의 법학 교수 에이미 추아Amy Chya가 쓴 《제국의 미래》라는 책이 있다. 이 책은 인류사에 등장했던 거대 제국들의 흥망성쇠를 다루면서 그 초강대국들을 만들어낸 원동력이 무엇인지를 탐구했는데 핵심 키워드가 '관용'이었다.

에이미 추아가 말한 '관용'은 인정스럽거나 관대하다는 등의 정서적 개념이 아니라 다양한 집단의 사람들에게 공평하게 사회, 문화적 대우를 보장한다는 뜻이다. 거대 제국들은 영토를 확장하는 과정에서 인종, 민족, 종교, 언어 등 여러 측면에서 이질적인 집단들을 흡수하며 성장하기 마련인데 그때 포괄된 다양한 집단들에게 비교적 공정한 사회 참여의 기회를 보장해주어 국력을 신장시킨 것이다.

관용은 나와 다른 것에 대한 인정이고 그들과 공존하려는 태도이기도 하다. 그런데 초강대국들이 관용을 포기한 순간 쇠락의 길로 접어든다는 것은 눈여겨볼 대목이다.

칭기즈칸과 그 후예들은 유라시아를 호령한 무서운 전사들이긴 했지만 인적 자원을 활용하는 데는 무척 개방적인 노선을 취했다. 특히 몽골의 황도에서는 세계의 모든 종교를 만날 수 있을 정도였다. 원 세조인 쿠빌라이칸은 불교를 선호했지만 황족들은 자유로이 기독교 미사에도 참여하고, 자기 신념에 따라 이슬람교, 네스토리우스교, 유교, 도교, 힌두교, 유대교 등을 믿었다. 다양한 종교가 차별 없이 공존할 수 있었던 것이다.

그런데 14세기 무렵 몽골 제국이 쇠퇴하기 시작하면서 제국의 영토 내에서는 '불관용 현상'이 두드러지게 나타난다. 그중에서도 특히 종교적 불관용이 전면적으로 나타났다. 다른 종교의 사원을 파괴하거나 성상을 부수고, 개종을 강요하고 학살을 저지르는 등 광신적인 행위가 극성을 부린 것이다. 이것이 지도층의 부패와 무능과 합쳐지면서 세계를 호령하던 몽골제국은 급격히 무너지게 된 것이다.

현대의 민주주의 국가에서 쇠퇴기의 몽골제국 같은 극단적 종교 차별은 존재하지 않을 것이다. 하지만 그 양상이 달라져 매우 교묘하고 집요해진 것만은 분명하다. 정말 문제인 것은 공공정책이 노골적으로 종교적 편향성을 띠어 종교적 차별이 고착화된다는 점이다. 지도에서 사찰을 지우고 이름을 지우는 것은 그래서 묵과할 수 없는 만행인 것이다.

《논어》에는 호신불호학好信不好學 기폐야적其蔽也賊이란 말이 있다. "믿기만 하고 배움을 싫어하면 남을 해치게 된다"는 뜻이다. 제대로 된 배움과 철학이 없이 그저 믿기만 하면 된다는 기독교인들의 위험한 맹신이 오늘날 우리 사회에 큰 재앙이 되고 있다.

최악의 대통령

우리 역사에서 최악의 대통령하면 흔히 총칼로
무고한 국민 2,000명을 넘게 학살하고 권력을 찬탈한 전두환을 꼽는다.
그런데 내가 그런 극악한 잘못을 저지른 전두환보다 MB가 더 나쁜
대통령이라고 하는 까닭은 잘못을 저지르고도 미안해할 줄 모르기 때문이다.
전두환이 저지른 잘못은 크지만 적어도 그는 자신이 잘못한 줄은 알았고 부끄러워할 줄 알았다.
권력을 스스로 내놓고 백담사로 쫓겨 갔으며 감옥에 가서 대가를 치르기도 했다.
게다가 전두환은 광주에서 인간을 살육하는 것으로 그쳤지만
MB는 용산참사, 노무현 전 대통령의 죽음, 쌍용자동차 해고 노동자 18명의 죽음
뿐만 아니라 4대강 사업과 구제역 파동으로
대한민국의 뭇생명들을 살육하지 않았나. 그러니 더 죄가 큰 것이다.

"전두환보다 나쁜 최악의 대통령"

:: 후안무치, 거짓말의 달인 최악의 대통령

"역대 최악의 대통령이거든요. 거짓말을 밥 먹듯 하고, 잘못했으면 정직하게 사과하고 바로잡아야 하는데 아주 뻔뻔스러워요. 경제가 어려우니 국민들이 경제 살리라고 MB를 대통령으로 선택했잖아요. 하지만 저는 처음부터 최소한 박근혜 전 대표가 한나라당 후보가 돼야 한다고 생각했어요. 저는 좌우를 떠나 진정성 있는 사람을 좋아해요. MB는 죄를 많이 저질렀어요.

사람이 살다보면 죄를 지을 수도 있지만, 자기 죄 감추려고 범인을 숨기는 건 아주 나쁘죠. 그런 사람이 대한민국의 리더가 되는 건 국격 차원에서도 막아야 했는데…. 안타깝게도 국민이 너무 경제, 경제 하면서 잘못된 선택을 한 거죠. 그때부터 저는 심각한 도덕적 해이가 문제될 거라 생각했습니다. 대통령은 국민의 다양한 목소리를 조정하고 통합해야 하는데, 종교 갈등에다 빈부 갈등, 지역 갈등까지 부추겨요."

2011년 11월 3일 《한국일보》 100도씨 인터뷰 중에서

2008년 MB의 종교 편향을 겪으면서 "불자들에게 해방 이후 최악의 대통령을 만났다"고 말했다. 그런데 지금 돌이켜보면 거기서 '불자'들에게라는 말만 빼면 될 것 같다. 우리는 MB 등장으로 3대 재앙을 겪고 있다. BBK와 거짓말의 '도덕적 재앙', 대운하에서 4대강으로 비롯된 '환경재앙', 747에서 FTA로 비롯된 '경제재앙' 이 그것이다.

우리 역사에서 최악의 대통령하면 흔히 총칼로 무고한 국민을 2,000

명 넘게 학살하고 권력을 찬탈한 전두환을 꼽는다. 그런데 내가 그런 극악한 잘못을 저지른 전두환보다 MB가 더 나쁜 대통령이라고 하는 까닭은 잘못을 저지르고도 미안해할 줄 모르기 때문이다. 전두환이 저지른 잘못은 크지만 적어도 그는 자신이 잘못한 줄은 알았고 부끄러워할 줄 알았다. 권력을 스스로 내놓고 백담사로 쫓겨갔으며 감옥에 가서 대가를 치르기도 했다.

게다가 전두환은 광주에서 인간을 살육하는 것으로 그쳤으나 MB는 용산참사, 노무현 전 대통령의 죽음, 쌍용자동차 해고 노동자 18명의 죽음 뿐만 아니라 4대강 사업과 구제역 파동으로 대한민국의 뭇생명들을 살육하지 않았나. 그러니 더 죄가 큰 것이다.

그러나 MB는 자기가 잘못을 하고도 도대체 무엇을 잘못한 줄 모른다. 입만 열면 거짓말이면서 "역사상 가장 도덕적인 정권"이라고 하지를 않나. 내곡동에서 땅투기나 한 주제에 "정직한 대통령으로 남고 싶다"는 망발을 스스럼없이 한다.

《중아함경》에는 다음과 같은 말이 있다.

"나라 안에 소행이 청정하여 말과 행동에 거짓이 없고 진실하며 백성들을 복되게 하는 사람이 있거든 자주 찾아가서 어떻게 처신하는 것이 선이며, 어떠한 것을 경계하고 멀리해야 할 것인가를 묻고, 그리하여 당연히 행해야 할 것은 행하고, 버려야 할 것은 마땅히 버려야 하느니라.

또 나라에 외로운 이나 쇠약한 노인이 있거든 물건을 주어 구제하고,

가난하고 곤궁한 자가 와서 구걸하거든 거절하지 말고 보살필 수 있어야 한다. 또한 나라의 옛법을 함부로 고치지 말라. 바른 법으로만 나라를 다스릴 것이며, 법을 집행하는 데 있어 어느 한쪽으로 치우치는 일이 없게 하고, 법을 치우치게 집행하여 억울한 일을 당하는 사람이 없게 하라. 나라 안에 비법非法이 행해지지 못하게 하라."

꼭 MB를 위해 준비해놓은 말씀 같다.

생년월일	1941.12.19 (양력)
본적	경북 포항시 북구 흥해읍 덕성리 537
본관	경주
종교	기독교
혈액형	B형
자녀	1남 3녀
신장/체중/시력	173cm / 70kg / 좌 1.0 우 1.0
존경인물	안창호, 간디, 잭 웰치
좌우명	주어진 일에 최선을 다한다
가훈	정직

취미 테니스, 수영
좋아하는 가수 조용필, 보아, 비
결혼일 1970.12.19
좋아하는 배우 안성기, 장동건

애창곡 사랑이여(유심초), 아침이슬(양희은)
감명깊은영화 오아시스, 집으로, 캐스트 어웨이, 벤허

청와대 홈페이지에 공개된 이명박 프로필. 가훈이 '정직'인 것이 상당히 눈에 띈다.

털어서 먼지 안 나는 사람 없다고 누구나 잘못을 하기 마련이다. 그러나 그것이 잘못인 줄 알고 부끄러워하는 사람과 잘못인 줄 모르는 사람은 천지 차이다. 부끄러워할 줄 알아야 잘못도 고칠 수 있는 것이다. 그런데 MB는 촛불 시위 2주년쯤 "왜 반성하는 사람이 없느냐"고 물으면서 "반성이 있어야 사회발전도 있다"는 말을 했다. 입만 열면 거짓말이고 부끄러워할 줄 모르는 대표적 인물이 본인이면서 남에게 그런 소리를 하는 걸 보면 '정직'이 아니라 '적반하장'이 그의 가훈이 아닐까 싶다.

2008년 촛불시위 당시 MB는 국민들에게 두 번이나 사과를 했다. 뼈저린 반성을 한다고까지 하지 않았던가. 그런데 2년이 지났다고 거꾸로 왜 반성하는 사람이 없느냐고 어떻게 물을 수 있는가? 이렇게 적반하장인 대통령, 정치인이 우리 역사에 있은 적이 있는지 묻고 싶다.

그뿐이 아니다. 세종시를 15번 넘게 약속해놓고 "선거 때 표 좀 얻으려고 한 말"이라고 하는 게 이 나라 대통령의 모습이다. 그것도 공약집에 나오는 것도 아니라는 말로 국민을 천불나게 했다. 입으로 약속한 것은 공약이 아닌가? 그런데 세종시 문제는 자기 공약집에도 나와 있다. 세상은 다 아는데도 뻔뻔스럽게 거짓말을 아무런 양심의 가책을 받지 않고 하는 것이다.

그 거짓말 때문에 우리 사회의 신뢰와 도덕이 붕괴됐다. 정직과 신뢰, 도덕과 양심의 문제는 어느 한 정권의 문제가 아니라 우리 사회 전체의 문제이다. 한 번 무너진 신뢰와 도덕을 세우기 위해서는 오랜 시간이 걸린다. 이것은 MB정부만의 문제가 아니다. 상습적으로 거짓말하는

MB로 인해 정치권 전체가 불신을 받고 있는 것만 봐도 알 수 있다. 시민운동가였던 박원순이 서울시장이 되고 안철수 교수가 대선 후보 지지도 1위가 되는 것은 우리 사회의 정치 불신이 극에 달했다는 것을 보여준다.

BBK 거짓말을 통해 당선된 MB가 우리 사회를 거짓말이 횡행하는 불행한 사회로 만들어버렸기 때문이다. 신뢰가 실종되고 도덕이 사라져버린 사회는 돈이 아무리 많아도 망한 사회다. 죽은 사회와 마찬가지다.

MB가 죽인 것이 도덕과 신뢰만이 아니다. 전직 대통령이 대접받는 사회를 만들겠다고 자기 입으로 말해놓고 비열하고 파렴치한 방법으로 전직 대통령을 욕보이면서 죽음으로 내몰았다. 오죽했으면 한 나라의 대통령을 지낸 이가 자기의 생목숨을 끊었겠는가. 사는 것이 지옥 같았기 때문에 스스로 죽음을 택한 것이다. 그 지옥으로 내몬 자가 MB다. 살아남은 가족, 친구들은 살아도 사는 게 아닌 세월을 살고 있다. 그들 역시 사는 게 지옥일 것이다. 이렇게 많은 사람들을 지옥으로 보내놓고 자기만 호의호식할 수 있는가?

거듭 얘기하지만 인간이 죽음을 통해서도 배우지 못한다면 그것은 인간이 아니라 짐승이 되는 것이다. 2011년 4월 출간한 책 《스님은 사춘기》의 '죽음만한 스승이 없다' 편에서 나는 이렇게 말했다.

"죽음이란 모든 것을 다 내려놓게 만든다. 세상에 영원한 것은 없다. 죽으면 아무것도 아닌 삶인데 뭘 그리 집착하고 살았던가 하고 삶을 되

돌아보게 된다. 죽음이란 창을 통해 우리는 삶의 의미를 다시 묻게 되는 것이다. 이렇게 무상한 삶을 우리는 왜 집착하면서 괴롭게 살아야 하는가 하는 물음이 참다운 삶으로 우리를 이끌어주는 것이다."

죽음 앞에서도 예의를 차리지 못하는 것이 짐승이지 달리 짐승이 있는가? MB는 공권력의 남용으로 인해 빚어진 용산참사로 제 나라 국민이 무려 6명이나 죽었는데도 사과하거나 제대로 된 위로를 하지 않았다. 그러고도 어떻게 이 나라의 대통령이라고 할 수 있는가. 대통령 이전에 한 인간으로서도 자격 미달이다.

뿐만 아니라 포크레인을 동원한 4대강 사업으로 인해 얼마나 많은 생명을 죽이고 그들의 터전을 파괴했는가? 5년짜리 대통령에 불과한 MB가 반만 년 살아온 이 땅을 유린한 것이다. 이는 앞으로 살아가야 할 우리 후손들에게 어떤 재앙으로 다가올지 알 수 없는 짓을 한 것이다.

구제역 파동 때도 뭇 생명을 생매장했다. 자신의 무능과 오판 때문에 제때 제대로 된 대응을 하지 않아 뭇 생명을 죽음으로 내몬 것이다. 그 죽어간 원혼은 어쩔 것이며 또 그때 함부로 파묻은 사체에서 나온 침출수가 어떤 재앙을 불러올지 모르는 것 아닌가.

게다가 자신의 독선적 종교관 때문에 사상, 이념갈등, 지역갈등, 계급갈등으로 힘겨운 나라에 종교갈등이란 불씨까지 당겨놓았다.

그렇다고 '747'을 만들겠다고 그렇게 큰소리치던 경제라도 잘했는가. 부자들은 더 부자되게 하고 서민들은 더 고통스럽게 만들어 놓았다.

안 그래도 전 세계가 양극화 문제로 골머리를 앓고 있는데 대통령이라는 자가 그런 문제는 걱정하지 않고 시장통에 나가 뻥튀기 먹고 어묵 먹으면서 위선적인 '서민놀이'나 하면 다 되는 줄 착각하고 산다. 배추값이 오르면 양배추값도 오른다는 것도 모르면서 어떻게 서민을 살리고 경제를 일으킬 수 있겠는가.

부자들에게는 종부세 세금을 깎아주면서 아이들 무상급식은 나라를 망하게 하는 일이라고 반대하면서 어떻게 서민을 위하는 대통령이 될 수 있는가. 자신이 자식들을 위장취업시켜 세금을 탈루한 탈세범인데 어떻게 나라 재정을 진심으로 걱정할 수 있겠는가. 몇 만 원 안 되는 국민연금도 체납하면서 살아온 것이 MB다. 대통령이 됐다고 지난날 잘못 살아온 것이 모두 사라지고 사기꾼처럼 살아온 인생이 하루아침에 위대해지는 것은 아니다.

MB는 말로 망했다고 해도 과언이 아니다. 당선된 지 얼마 되지 않아 남대문이 불타 현판이 떨어지는 사고가 났는데 이걸 노무현 탓으로 돌리다가 국민들에게 비판을 받자 이번에는 국민성금으로 남대문을 복원하겠다고 했다. 한 신문으로부터 "남대문에는 문지기가 없고 이명박에게는 입지기가 없다"는 꾸지람만 들었다.

2009년 추석 때 물난리가 난 현장을 찾았을 때 집이 물에 잠겨 고통스러워하는 수재민에게 MB는 "기왕 (이렇게) 된 거니까 (마음을) 편안하게 (가지라)"했고, 해병대에서 총기 사고가 나고 가혹행위가 터져 나왔을 때는 "젊은이들의 부적응 탓"이라고 했다. 청년실업 대책을 호소하는 젊은이들에게 "눈높이를 낮추라"고 했고, 교육비 문제로 고통받는 국민들에게도 짐을 덜어주지 못할망정 "등록금이 싸면 좋겠지만 너무 싸면 대학교육 질이 떨어지지 않겠냐"고 하더니 급기야 "등록금이 높아지면 장학금을 받으면 되겠네"라는 기묘한 해법을 내놓았다.

입만 열면 "내가 해봤는데"라는 MB는 2009년 1월 12일 라디오 연설에서 "어떻게 이룬 민주주의인데"라고 말하기도 했다. 촛불시위 당시 '명박산성'으로 국민의 목소리에 귀를 닫고 군홧발로 여대생의 머리를 짓밟으면서 민주주의를 유린했던 장본인의 입에서 그런 말이 나오는 것이다. MBC 〈PD수첩〉에 대한 수사, 미네르바에 대한 수사 등 모두 정치적 반대자들에 대한 탄압적 수사를 진행한 것도 MB다. 그것도 모자라 총리실 공직자윤리지원관실, 기무사 등을 통해 불법적으로 민간인 사찰을 하는 국기문란 사건을 일으킨 것도 MB정부다.

MB의 망언시리즈는 여기서 끝나지 않는다. 대선 전부터 나왔다. 2007년 5월 18일 구로 디지털단지 벤처기업협회 초청 특강에 앞선 기자회견에서 영화 〈마파도 2〉의 흥행 비결과 관련해 "거기 중견배우들이 살짝 한물 좀 가신 분들이 모여 가지고 돈을 적게 들이고 돈을 벌었다"며 "돈은 요즘 젊은 배우 한 사람보다 적게 들였을 것인데 역시 벤처 아이디어"라는 천박한 말을 쏟아냈다.

더 나아가 "젊은 배우 비싸게 들이지 않고 시간이 남아서 누가 안 불러주나 감격해할 사람들 말이지"라며 중견배우들을 비하했다. 경박하고 천박하고 야박한 말이 아닐 수 없다.

인신공격성 막말은 지위 고하를 가리지 않는지 2007년 박근혜 후보를 겨냥해 "나처럼 애를 낳아봐야 보육을 이야기할 자격이 있고, 고3생을 4명은 키워봐야 교육을 이야기할 자격이 있다"라고 했다. 대통령이 되겠다는 사람의 말로서는 참으로 야비하다.

그의 막말이 막장에 이르렀다는 것은 우리 사회의 가장 약자일 수 있는 장애인들에 대해 저주에 가까운 폭언에서 알 수 있다. "기본적으로 낙태에 반대하지만, 아이가 세상에 불구로 태어난다든지 할 경우 용납될 수 있나"라는 말은 말이 아니라 차라리 비수다. 안 그래도 가뜩이나 사회에서 차별 받고 고통받는 이들을 따뜻하게 위로는 못해줄 망정 그들의 가슴에 대못이나 박는 것이 MB의 막말이고 망언이다. 그러니 그가 대통령이 되어 아무리 입에 발린 좋은 말로 친서민을 얘기하고 다녀도 사람들이 믿어주질 않는 것이다.

그런 연고로 MB는 포털사이트 야후에서 2011년 6월 24일 실시한 '역대 정치인 최고의 망언은?' 이라는 설문조사에서 영예의 1위를 차지했다. 이른바 '마사지 걸 발언' 이다. MB는 2007년 8월 28일 중앙일간지 편집국장들과 오찬 자리에서 "현지에서 오래 근무한 선배는 마사지 걸들이 있는 곳을 갈 경우 가장 얼굴이 덜 예쁜 여자를 고르더라. 예쁜 여자는 이미 많은 손님들을 받았겠지만 예쁘지 않은 여자들은 자신을 선택해준 게 고마워 성심성의껏 서비스를 하게 된다"는 취지의 말을 했다고 한다. 그리고 이것은 단순히 말이 아니라 "인생의 지혜"라는 자세한 설명도 덧붙였다.

이런 함량미달 자격미달 대통령 MB가 경제는 파탄, 국방은 밥통, 외교는 등신, 정치는 개판으로 해놓고 하는 짓이 내곡동 가서 땅투기 하는 것이다. 그래서 내가 연설문도 미제를 쓰고 뼛속까지 친미친일이라 하니 땅 넓은 미국에 가서 부동산 투자인지 투기인지 해보라고 한 것이다.

잘못하면서도 잘못을 모르고 부끄러움을 모르기 때문에 끝없이 죄를 짓는 것이다. 그 죄는 곧 국민의 피해로 돌아오고 있다. 내가 오죽했으면 "국가원수가 아니라 국민웬수"라 했겠는가.

"'고소영'으로 이어지는 최악의 국민 편가르기"

:: 사상갈등, 지역갈등, 남북갈등, 종교갈등…

"영남 위주로 인사해서 지역갈등, 빈부격차로 계층갈등, 남북갈등, 심지어 종교갈등까지 '갈등 활성화'에 공로가 많으신 대통령이 단합 운운하니 단어의 참뜻을 모르고 막말하는 게 아닌가 싶다. 고려대–포항–동지상고–영포회 위주로 국민을 편가르기 해놓고 단합된 힘이 국가안보의 최선이라고 말하니 참으로 답답한 노릇이다."

2011년 1월 3일 봉암사 법회 법문 중에서

출신을 묻지 말고 행위를 물으십시오.

어떠한 땔감에서도 불이 생겨나듯,

비천한 가문에서도 지혜로운 성자,

고귀하고 부끄러움을 알아 자제하는 자가 있게 됩니다.

– 《숫타니파타》

부처님의 초기 말씀을 모은 《숫타니파타》에 나오는 말이다. 카스트 제도를 가지고 있는 인도 사회는 철저한 계급사회였다. 불가촉천민이란 말만 봐도 알지 않는가. 접촉도 못할 만큼 천하다는 뜻이다. 그런 인도에서 수행자, 성직자는 가장 높은 '바라문' 계급이었다. 바라문 계급은 타고난다고 생각할 때였는데 부처님께서는 이를 땔감에 비유해 말함으로써 부정했다.

어떤 출신과 계급 등이 아니라 행위에 따라 존엄한 존재가 될 수 있다고 본 것이다. 그런데 어떤가, 오늘날 한국사회는? MB정부 들어와서 소망교회 땅 안 밟아본 사람, 고려대 안 나온 사람, 포항을 중심으로 한 영남, 서울시청 출신이 아닌 사람들 중에 고위 공직자가 된 사람이 몇 사람이나 될까? MB정부에서는 '고소영' 장작이 아니면 불이 붙지 않는다. 그래서 MB정부는 소망교회를 위한, 고대와 동지상고를 위한, 영남을 위한, 서울시 공무원 출신을 위한, 부자들을 위한, 땅투기꾼들을 위한, 위장전입, 탈세, 병역면제 전문 공직자를 위한 정부라 불러도 손색이 없다.

과연 이들이 이 나라의 몇 %나 되겠는가? 이런 사람들을 위주로 인사를 하고 정책을 펴는데 나라가 단합될 까닭이 있겠는가? 정말이지 MB만큼 나라를 사분오열로 분열시키는 대통령은 못 봤다. 화합과 단합의 기수가 되어야 할 대통령이 자신의 지역색과 종교색을 노골적으로 드러내 갈등을 부추기고 이념적 편향성과 계급적 편애로 생각이 다른 사람들과 대립을 일삼고 있다. 국론을 단합시키는 것이 아니라 오히려 쪼개고 있는 것이다.

2008년 2월 25일 MB는 대통령 취임사에서 "저는 이 자리에서 국민 여러분께 약속드립니다. 국민을 섬겨 나라를 편안하게 하겠습니다. 경제를 발전시키고 사회를 통합하겠습니다"라고 약속했다.

하지만 모두 허언이다. 고대, 소망교회, 영남의 줄임말인 '고소영'이란 말이 그걸 잘 대변해주고 있다. 우리 사회의 타파해야 할 대표적 고질병이 학연과 지연이다. 이 학연과 지연 때문에 편가르기가 되고 인재가 고루 등용되지 않아 나라의 역량을 제대로 펼치지 못한다. 세종대왕은 즉위 2년에 이렇게 말했다.

"관직이란 내가 마음에 드는 사람을 데려다 앉히는 것이 아니다. 그임무를 잘 해낼 수 있는 사람을 택해 임명하는 것이다. 설령 정적이거나짐에게 불경한 신하라면 또 어떠리."

실제 세종은 반대파인 정적, 서얼, 무관, 관노 출신 등을 가리지 않고고루 등용했다. 조선의 르네상스 시대라 불리는 영-정조 때 조선이 부흥할 수 있었던 것은 역시 인사 탕평책 때문이었다.

그런데 MB는 처음부터 끝까지 '영남 몰아주기 인사'를 통해 편가르기를 하고 있다. '영남 독식 인사'를 통해 특정 지역 몰아주기를 했음에도 불구하고 거짓말과 국정 파탄으로 자기 텃밭이라고 하는 대구 경북에서도 지지를 못 받자 이상득 의원은 2011년 4월 8일 대구 경북 지역의기자들을 만난 자리에서 이명박의 "피는 대구 경북"이라고까지 말하며지지를 호소하고 다닌다.

형님의 말대로 "피가 대구 경북"이라고 할 만큼 MB는 자신의 정체성을 투철하게 경상도에 두고 있다. 2007년 대선 당시 MB에게 받았다며 이장춘 전 외교부 대사가 이명박이라고 찍힌 'BBK' 명함을 공개하자 전화를 걸어 "친구가 어떻게 그럴 수 있느냐, 경상도 사람끼리 그럴 수 있느냐"고 말했다 한다. MB와 27년 지기였던 이장춘 전 대사는 "나도 이 후보가 BBK 사건에 대해 거짓말하는 게 못마땅해서 '그런 식으로 하려면 대통령하지 말라'고 얘기했지만 그런 답변이 나올 줄은 몰랐다"며 "나도 경상도 사람이지만 최고 지도자가 될 사람이 그런 말을 할 수 있냐"고 개탄했다.

실제 MB의 영남 편중 인사는 놀라울 정도다. 오죽했으면 '영남민국'이라는 소리까지 나왔겠는가. 《한겨레》가 2011년 3월 21일 MB 취임 3년을 맞아 정부 차관급 이상 101명(이북 5도지사 등 제외)과 청와대 비서관(1급) 이상 참모 64명 등 165명을 대상으로 분석한 결과, 대구 경북(37명)과 부산 울산 경남(23명) 등 영남 출신이 36.4%(60명)로 가장 큰 비중을 차지했다고 보도했다.

특히 정부 고위직 인사의 '영남 쏠림'이 강했는데 4대 권력기관의 수장들이 대표적이다. 한상대 검찰총장(서울)을 제외하면 원세훈 국가정보원장(경북), 이현동 국세청장(경북), 조현오 경찰청장(부산)이 모두 영남 출신이다. 권재진 법무부 장관이 경북이니 사실상 4대 사정권력 기관은 모두 영남이 독식했다고 해도 과언이 아니다.

군 역시 예외가 아니다. MB는 2010년 12월 16일 군 수뇌부 인사를 단행하면서 육·해·공군 참모총장을 모두 영남 출신으로 채웠다. 취임 6개월 만에 사실상 경질된 황의돈 육군참모총장 후임에 모교인 동지상고 출신의 김상기 3군사령관을 임명했다. 이중 김상기 육군참모 총장,

이명박 정부는 공직이용 종교편향 즉각 중지하라!!

이명박 정부 종교편향 종식 불교연석회의

자기 종교만이 옳다는 독선적 생각이 종교 편향을 낳았다.

박종헌 공군 참모총장은 포항 출신으로 이른바 '영포라인'이고, 해군 참모총장은 경남 진해 출신이다. 군대 내의 이런 영남 싹쓸이 인사는 영남 출신 군부가 득세한 군사정권에서도 드문 일이었다. 1993년 문민정부 출범 후 영남이든 호남이든 특정 지역 출신이 육해공군 총장을 싹쓸이 한 적은 단 한 번도 없었다.

여러 정부 부서에서 영남 편중 인사가 진행됐지만 경제 쪽은 더욱 심했다. 최중경 지식경제부 장관이 들어선 후 지경부 차관급 인사에선 1, 2차관 모두 영남 출신이 승진 발탁됐다. 이어진 1급 인사에서는 9명 중 8명이 교체되는 등 역대 최대 물갈이가 단행됐다. 국장급 인사안을 엿보면 주요 보직을 TK와 부산 출신이 장악했다. 최중경이 주도한 60여 개에 이르는 공공기관까지 '제 식구 감싸기'와 MB 낙하산부대가 끝도 없이 내려갔다.

공기업이 대표적인데 한국전력 산하 발전 3사 가운데 장도수 남동발전 사장과 이길구 동서발전 사장 등 영남 출신은 연임이 됐고 같은 날 임기가 만료되는 남호기 한국남부발전 사장은 평가점수가 가장 높았지만 영남이 아니어서인지 교체됐다. 그외에도 김화동 국가과학기술위원회 상임위원(차관급), 김종성 보훈복지의료공단 이사장, 최광식 한국도심공항공사 사장, 오경태 국립농산물품질관리원장 등등이 모두 영남 출신이다.

영남인사와 더불어 편향 인사의 대표적인 사례인 학연인사는 영남인사와 수레의 두 바퀴처럼 맞물려 돌아가는데 원세훈 국정원장은 경북-서울대, 목영만 기조실장은 대전-고려대, 민병환 2차장은 서울-고려대. 법무부와 검찰 쪽을 살펴보면 권재진 장관은 대구-서울대, 한상대 총장은 서울-고려대, 길태기 법무부 차관은 서울-고려대, 최재경 중수부장은 경남-서울대, 최교일 서울중앙지검장은 경북-고려대, 정인창 대검기조부장은 부산-서울대, 곽상욱 대검형사부장은 서울-고려대, 김영한 대검강력부장은 경북-연세대 등이다.

경찰의 경우는 조현오 경찰청장은 부산-고려대, 이강덕 서울청장은 경북-경찰대. 국세청의 경우는 이현동 국세청장은 경북-영남대, 김문수 차장은 경남-고려대. 이로써 4대 사정권력기관은 영남+고려대가 완전히 장악했다고 해도 과언이 아니다.

이른바 사정의 4대천왕을 영남-고려대가 독식한 것 역시 전무후무한 일이다. 하자 있는 인물도 오기인사를 통해 임명을 관철시켰다. 그 과정에서 MB가 한나라당의 주요 인물을 각개 격파하면서까지 추진했다고 한다. 집권 말기 'MB 방패막이 인사'를 증명하듯 말이다.

MB는 영남 독식 인사를 통해 망국적 지역주의를 부활시키고 동지상고, 고려대를 중심으로 한 타파되어야 할 학연을 오히려 강화시키고 있다. 그것도 모자라 소망교회를 중심으로 기독교인들을 대거 등용해 종교 편향과 종교갈등까지 부추기고 있는 것이다.

이러한 지연, 학연, 종교연을 중심으로 한 끼리끼리 인사는 특권을 만들고 특권은 공정사회를 파탄 내고 있다. 입으로는 공정사회를 사회 지표로 내세우고 있지만 결국 끼리끼리 모여서 특권을 만들고 국민을 분열시키고 있는 것이다.

MB가 잘하는 게 딱 하나 있다면 자기 식구 챙기기다. 인사청문회나 각종 문제로 연루되어 낙마한 인사들에게도 '꽃보직'이란 선물을 보내는 것이다.

자녀 이중 국적, 부동산 투기, 위장전입 문제 등이 논란이 되면서 첫 내각 후보였다가 낙마한 남주홍, 박은경, 이춘호는 후일 모두 MB정부에서 한 자리를 차지했다. 통일부 장관 후보자였던 남주홍은 2009년 외교통상부 대외직명대사인 국제안보대사로, 환경부 장관 후보자였던 박은경도 2010년 12월 외교통상부 대외직명대사로, 여성부 장관 후보자였던 이춘호는 EBS 이사장이 되었다.

강압적 진압으로 용산참사를 일으켜 물러났던 김석기 전 서울경찰청장은 자유총연맹 부총재로 갔다가 오사카 총영사로 부임시켰고, 촛불시위 당시 여대생을 군화발로 진압하고 종교 편향 논란을 일으켰던 어청수 경찰청장은 국립공원관리공단 이사장을 거쳐 청와대 경호처장으로 컴백했다.

이런 제 식구 챙기기 인사, 끼리끼리의 인사로 인해 화합을 구현하는 인사탕평책은 날아가고 사회통합은 더 멀어졌다. 그로 인한 국민들의 배신감, 박탈감, 허탈감은 말할 수가 없다. 국가를 운영하는 데는 법도 중요하고 정책도 중요하지만 국민 감정도 무시할 수 없다. 그런데 MB는 그런 국민 감정, 국민 여론은 안중에도 없다.

그렇지 않고서야 어떻게 함량미달, 부자격자, 비리연루 인물들이 줄

줄이 고관대작이 되고 대통령 모교의 연줄, 형님의 연줄, 소망교회의 연줄을 탄 사람들만 출세길에 오르겠는가. 업무의 적합성도, 청렴성도 없는 그들이 힘 있는 자리, 돈 나오는 자리는 줄줄이 꿰어차고 있는데 나라가 잘될 리가 있겠는가? 자신의 측근이라 할 수 있는 신재민 차관, 김두우 홍보수석, 은진수 감사위원, 장수만 방위청장, 김해수 비서관 등등이 비리에 연루되어 물의를 일으키는 것도 알고 보면 끼리끼리 제 식구 챙기기 인사가 원인일 것이다.

　내 편이 아니라도 능력이 있으면 일을 맡기는 게 국가 리더가 할 일인데 MB는 능력과 전혀 상관없이 자기에게 충성을 바치는 사람이면 무조건 오케이다. MB는 끝끝내 국민과 소통하고 화합할 생각이 없는 모양이다. 그래서 MB를 '갈등 유발자'라 하는 것이다.

"알고 보니 전과자에 사기꾼"

:: 《월간조선》이 폭로한 MB 성공신화의 허구

"이상득 의원이 내 동생은 뼛속까지 친미라고 했는데 알고 보니 뼛속까지 비리, 뼛속까지 사기꾼이다."

2011년 9월 25일 동국대 야외 법회 법문 중에서

위키리크스가 폭로한 외교 전문이 공개돼 한참 세상이 시끄러웠다. 한국과 관련된 내용 중에는 MB에 대한 것도 적지 않다. 그중 가장 많이 회자된 것이 2008년 5월경 이상득 당시 국회부의장이 미국측 인사들에게 했다는 "이명박 대통령은 '뼛속까지 to the core 친미 친일' 이니, 그의 시각에 대해선 의심할 필요가 없다"는 말일 것이다.

'뼛속까지 친미친일' 일 수도 있겠지만 나는 MB가 '뼛속까지 비리, 뼛속까지 사기꾼' 이라고 본다. MB의 측근들이 줄줄이 부산저축은행 비리 사건 등에 연루된 것도 그렇고 내곡동에 사저를 짓겠다고 땅투기를 하는 것을 보면 더더욱 그렇다.

많은 사람들이 샐러리맨에서 시작해 대기업 회장, 서울시장을 거쳐 대통령까지 된 MB를 입지전적 인물로 본다. 그렇게 국민들에게 포장이 되어 있다. 2008년 2월 25일 대통령 취임식에서 MB 자신도 그렇게 스스로를 묘사했다.

"존경하는 국민 여러분!

끼니조차 잇기 어려웠던 시골 소년이 노점상, 고학생, 일용노동자, 샐러리맨을 두루 거쳐 대기업 회장, 국회의원과 서울특별시장을 지냈습니다. 그리고 대한민국의 대통령이 되었습니다.

이처럼, 대한민국은 꿈을 꿀 수 있는 나라입니다. 그리고 그 꿈을 실현시킬 수 있는 나라입니다. 저는 대한민국 국민 모두가 꿈을 갖게 되길 바랍니다. 그리고 그것을 실현하기 위해 열심히 일하게 되길 바랍니다.

저는 이 소중한 땅에 기회가 넘치게 하고 싶습니다. 가난해도 희망이 있는 나라, 넘어져도 다시 일어설 수 있는 나라, 땀 흘려 노력한 국민이면 누구에게나 성공의 기회가 보장되는 나라, 그런 나라를 만들고자 합니다."

이른바 MB의 성공신화를 자랑스럽게 말한 것이다. 그래서 국민들의 기대가 많았다. 뭔가 해내겠지. 어려운 경제를 살릴 수 있겠지 하는 기대가 많았다. 그가 부도덕한 인물인 줄 몰라서 그를 지지한 것은 아니다.

국민들은 위장전입, 자식들의 위장취업, 그리고 도곡동과 BBK 문제

등으로 인해 MB에게 다소간 부도덕한 면이 있다고 봤다. 그럼에도 불구하고 MB에 대한 기대와 환상이 있었다. 그런데 대통령이 된 후부터 어쩜 그렇게 정치도 못하고 경제도 엉망으로 만들었을까 싶다. 하지만 이는 결코 우연이 아니다. 왜 MB가 오늘날 이 지경이 됐는지 이 한 편의 기사를 보면 웬만한 의문은 풀린다.《월간조선》1997년 1월호 기사다.

"평사원으로 입사해 현대건설(주) 회장에 오르는 등 샐러리맨들의 우상으로 불렸지만 정계에 입문한 후 그의 신화는 물거품이 됐다.

지난 14대 전국구 의원으로 등원하자마자 불성실한 재산공개로 도덕성에 큰 타격을 입었다. 재산공개 6일 전 시가 13억 원짜리 압구정동 현대아파트를 都모씨 명의로 급히 소유권 이전 등기를 했고, 서초동 금싸라기 땅 위에 있는 건물을 지번과 규모도 밝히지 않은 채 5억 9천만 원으로 신고, 비난이 쏟아졌다.

이러한 전력에도 불구하고 15대 총선 당시 정치 1번지 종로에 출마해 이종찬, 노무현 등 야권의 대표주자를 꺾어 기염을 토하며 재기에 성공했으나, 자신의 선거기획담당 참모 김유찬 씨가 6억 8천만 원의 선거비를 썼다고 폭로하자 급격히 곤두박질했고(선거법 위반으로 국회의원직 박탈) 뒤이어 김 씨를 해외 도피시켰다는 의심을 받아 일패도지敗塗地로 끝났다.

또한 14대 의원 당시 자신의 차를 몰고 가다 민자당 장모 의원의 비서관 김종만의 차와 충돌했으나 운전기사가 운전한 것으로 사고를 날조하여 보험 처리했다는 사실이 밝혀지자 막다른 궁지에 몰렸다."

《월간조선》은 MB의 성공신화가 물거품이라며 그의 거짓말과 말바꾸기, 재산은닉, 선거법 위반과 위증교사, 범인도피의 범법 사실까지 적시하고 있다. 게다가 교통사고까지 날조한 치졸한 인간이라는 것도 꼬집었다. 그리고 또 화룡점정 같은 마지막 글이 이어진다.

《월간조선》은 기사 말미에서 "등원 초부터 숱한 물의를 빚어 원내활동은 형식적 활동에 그쳤다. 실물경제 경험을 바탕으로 한 현실적 정책 대안을 제시하리란 기대는 애초부터 무리…"였다고 갈무리했다.

이 기사 하나에 사실 MB신화가 허구라는 모든 증거가 다 담겨져 있다. 대표적인 것이 1996년 4월 11일 총선에서 법정선거 자금을 초과해 사용함으로써 불법적으로 당선된 뒤 MB가 보여준 모습이다.

1996년 9월 10일 MB의 선거 참모였던 김유찬은 MB가 선거과정에서 종로구 법정 선거 비용 9,500만 원을 훨씬 초과한 6억 8,000만 원을 썼다고 폭로했다. 사건이 폭로되자 고려대 후배로서 MB의 '자문 역할'을 했던 홍준표는 "후보 또는 회계 책임자 등이 금품 전달을 지시한 사실이 밝혀지지 않은 한 당선 무효까지 이어지지는 않을 것"이라고 했다. 그런 불법이 없었다는 것이 아니라 사실이 밝혀지지 않는 한 당선 무효까지는 안 된다고 한 것이다.

공소시효가 1996년 10월 10일이었기 때문에 이것만 넘기면 된다는 계산이었다. 그래서 MB는 다른 보좌관들을 내세워 김유찬을 회유해 9

월 15일 홍콩으로 도피시키는 데 성공한다. 이 과정에서 김유찬에게 자필로 된 편지를 쓰게 하는 치밀함을 보였다. 이 편지를 가지고 이틀 뒤 연 기자회견에서 "김씨가 국민회의의 회유와 공작에 넘어가 사실과 다른 폭로를 하게 된 것이다. 국민회의는 한 젊은이를 더 이상 정치공세에 이용하지 말아야 한다"라고 주장했다.

그러면서 김유찬의 자필편지를 내보였다. 하지만 기자들이 이를 미심쩍어 하면서 재차 사실이냐고 묻자 MB는 "양심을 걸고 하나의 종교인으로서도 두 가지를 분명히 약속드릴 수 있다"고 자신 있게 답했다. 그러나 검찰이 범인 도피에 관여한 참모들을 체포하면서 상황이 급반전됐다. 그러자 MB는 9월 24일 국회의원회관 기자회의실에서 "두 사람이 구속된 것은 충정의 심정에서 뜻밖의 일을 했기 때문이다. 이 문제에 대해 사실과 다른 것이 나오면 전적으로 책임지겠다"고 확언했다.

하지만 1,500만 원이 넘는 김유찬의 도피 자금을 보좌관들이 자신의 지갑에서 내줬다는 것은 누가 봐도 설득력이 없었다. 오죽했으면 《동아일보》가 9월 24일 사설에서 "이명박 사건은 한마디로 저질 코미디를 보는 느낌을 준다. 당사자인 이 의원이 법적 책임과는 별개로 도의적 책임을 지는 것이 옳다"고 비난했다.

검찰은 공소시효 만료 하루 전인 10월 9일 MB를 범인 도피 및 공직선거법 위반 혐의로 불구속 기소했다. YS시절의 일이니 정치 수사라고 할 수도 없을 것이다. 1심, 2심 모두 유죄로 나왔다. 1998년 4월 28일 서울고법에서 열린 항소심에서 선거법 위반으로 벌금 400만 원, 김유찬의 범인 해외도피 혐의로 벌금 300만 원을 각각 선고받았으며, 1999년 4월 9일 대법원에서 확정 판결이 내려졌다.

하지만 MB는 이 판결에 대해 "법적 판결이라기보다는 정치적 판결로서 도저히 승복할 수 없다"라고 말하면서 끝내 자기 잘못을 시인하지 않았다. 그리고 2007년 7월 19일 한나라당 대선후보 검증청문회에서 "김유찬의 폭로 후 범인 도피 공범이라는 판결에 승복하느냐"는 질문에 "그 문제에 대해 개인적인 생각은 있다. 개인적으로 불만이 있다. 그러나 법원의 판결을 따라야 한다고 생각한다"라고 답했다. 결국 진심으로 승복하지는 않고 있다는 게 MB의 생각이다.

선거 과정에서 당선되기 위해 선거자금을 초과한 것은 백에 하나 당시 정치권의 관행으로라도 이해될 수 있는 일이다. 그러나 그것을 감추려고 더 큰 범죄와 거짓말을 저지르는 것은 용서할 수 없는 일이다. 그것도 종교인의 양심까지 운운하면서 뻔뻔스럽게 거짓말을 일삼은 것이 MB다. 법원의 판결이 내려졌음에도 불구하고 개인적으로 불만이 있다며 끝끝내 승복하지 않는 것도 MB의 본색이기도 하다.

그 본색은 MB 집권 내내 우리가 목도하고 있다. 이 같은 뼛속까지 사기꾼인 MB의 본색이 잘 드러난 것이 내곡동 땅투기 사건이다. 권력을 동원해 땅투기를 하는 부도덕한 짓을 일삼으면서도 부끄러워하지도 않았고 그것이 처음 드러났을 때도 사과하지 않고 모른 척하고 있다가 서울시장 보궐선거로 불리해지자 되팔겠다는 소리를 한 것이다. 더욱이 이 땅투기를 위해 현장을 방문하고 돌아다니던 MB는 2011년 6월 라디오 주례연설에 나와 저축은행 비리 사건 등을 거론하면서 분노한다고 얘기하는 것만 봐도 그가 얼마나 도덕관념이 없는지 알 수 있다. 그러니 뼛속까지 비리, 뼛속까지 사기꾼이라는 말이 나오는 것이다.

천재 화가 고흐는 평생 12장의 자화상을 그렸다. 그런 고흐는 죽기 전 자화상을 완성하고 나서 "내 자화상은 그 자체로 하나의 거대한 거짓말이다"라고 말했다. 고흐가 아닌 누군가 해야 할 말이 아닐까 싶다.

"한국경제 먹구름, 불명예 퇴진 경고"

:: MB 파산 내다본 외신보도들

"MB 탄생은 국민 선택이다. 우리는 끝없는 선택과 판단 속에서 살고 있다. 오늘 《녹색평론》 20주년 행사에 참석할 것인가 말 것인가 고민하고 선택한다. 바쁜데 꼭 가야 할까 아니 가야지 고민하면서 결국 내가 판단한다. 이러한 개인의 판단, 집단의 판단이 역사를 진보하게도 하고 퇴보하게도 만든다.

'부자되게 해준다' '종부세 깎아준다'는 말에 530만 표 넘게 MB를 지지한 것이다. 더러운 선택을 한 것이다. 대선 직후 영국 《파이낸셜타임스》가 '대한민국은 경제를 위해 부도덕한 인물을 선택했다'라고 했다. 부끄러운 일이다."

2011년 11월 13일 《녹색평론》 20주년 기념식에서

나는 2007년 대선과 관련해 여러 차례 국민들이 '부자되게 해준다'는 감언이설에 속아 MB를 당선시켰다고 지적한 바 있다. 속기도 했지만 국민이 스스로 선택도 했다. 부자되고 싶다는 욕망 때문이다. 그 욕망에 눈이 어두워 도덕적 흠결과 자질미달을 제대로 살피지 않고 덜컥 MB를 찍은 것이다. 그로 인한 과보를 MB 집권 내내 뼈저리게 받고 있다.

그런데 2007년 대선 당시 외신은 우리보다 객관적으로 바라봤다. 대표적인 매체가 영국의 《파이낸셜타임스》다. 2007년 12월 12일 '한국, 낡은 대통령 뽑아 정치시계 되돌릴 준비'라는 제하의 기사에서 "계속된 진

보정권에 싫증이 난 한국 국민들이 경제성장을 절대시하는 성향을 보이고 있어, 걸음마 단계인 한국의 민주주의 역시 퇴보할 가능성이 있다"는 분석을 내놓았다.

또한 연세대 모종린 교수의 말을 인용하면서 "한국 사람들은 더 나은 경제를 위해서라면 민주주의 발전을 희생할 수 있다고 생각한다"고 썼다. 그러면서 "많은 정치분석가들이 '갓난아기'에 불과한 한국의 민주주의가 목욕물과 함께 버려질 수 있을 것이라고 우려하고 있다"고 전했다.

영국 《로이터통신》 역시 2007년 12월 17일(현지시간) MB의 당선 가능성이 높다고 전망하면서 "보수진영에서 개를 후보로 내보내도 당선될 것conservatives could put up a dog and still win"이라는 극단적 평가를 내렸다.

2007년은 경제가 모든 것을 압도한 선거였다. 미국 《월스트리트저널》은 빌 클린턴 전 미국 대통령이 경제를 화두로 삼아 조지 부시 전 대통령을 눌렀을 때 사용했던 '문제는 경제야. 이 바보야'라는 캐치프레이즈의 한 구절인 'It's the Economy'(문제는 경제다)를 개표 직전 올린 글의 제목으로 달 정도였다. 미국 《뉴욕타임스》도 "대선에서 한국 유권자들의 유일한 관심이 경제문제"라고 전제한 뒤 "막판에 불거진 MB의 비윤리적 문제도 경제를 살려야 한다는 국민들의 절박한 기대를 깨뜨리지 못했다"고 전했다.

이런 전망대로 MB는 당선이 되었다. 당선 후 MB의 문제를 지적하는 국내 매체나 전문가는 없었다. 하지만 외신은 MB의 부도덕을 여전히 꼬집었다.

2008년 1월 28일 《뉴스위크》는 '케냐와 한국 유권자들은 왜 부패혐의를 눈감아 주는가'라는 제목의 기사에서 '지난 몇 달 동안에 개발도상국 남아공과 한국 그리고 케냐와 태국에서 대선이 치러졌으며 그들에게서 눈여겨 볼 만한 경향이 있었다. 그것은 끊임없는 부패 혐의자에 대한 것들이었지만 유권자들은 그럼에도 그들을 선택했다'는 통렬한 비판이었다. 그러면서 MB의 부패 문제를 설명하면서 쥐가 나오는 그림까지 싣기도 했다.

심지어 미국의 CNN은 MB가 취임한 후에도 이 문제를 물고 늘어졌다. 2008년 4월 20일 취임 후 첫 미국 방문을 앞두고 CNN 대담 프로인 '토크 아시아'와 인터뷰를 가졌다. CNN의 안잘리 라오 앵커는 "한국에서는 부패가 큰 문제다. 대통령님 스스로도 납세를 피하고자 본인이 소유한 회사에 자녀 두 분을 직원으로 '위장등록' 했다는 점과, 자녀의 교육을 위해 '위장전입'을 했다는 점을 시인했다. 혐의를 완전히 벗기는 했지만 현대 퇴사 후 스캔들에 연루되기도 했다"면서 "한국사회의 여러 모습에 느낀 감정인 소회가 있으시다면?"이라고 물었다.

MB는 "산업화와 민주화를 일구어냈지만, 그 짧은 기간 동안 여러 부작용이 있었던 것도 사실이다. 과거 정치권력이 모두 대기업과 결탁했고, 이곳 한국에서 다수 불법행위와 사회적 스캔들로 이어졌던 것도 사실이다"면서 "그러나 앞으로 우리 사회는 이제 저 자신이 대통령이 되면서 정치문화 기업문화 모든 문화가 바뀌어야 한다고 생각한다. 그래야 우리가 글로벌 스탠더드에 접근할 수 있다"고 답했다. 그러면서 "그 동안 나에 대한 여러 가지 정치적 모함이 있었지만 지금부터 이 다음 대통령 선거에는 내가 경험했던 그러한 네거티브적 정치 행위는 일체 없도록 해서 선거문화를 완전히 바꾸려 하고 있다"라며 자기의 문제점을 '정치적 모함'이라고 대답했다.

외신들은 MB가 확신하며 내놓은 경제문제에 대해서도 그다지 호의적이지 않았다. 2008년 2월 28일 영국의 《이코노미스트》는 MB 취임 직후 "새로운 대통령, 냉담한 환영"South Korea's new president 'Chilly welcome'이라는 제목의 기사를 내보냈다. 《이코노미스트》는 "이명박 대통령의 취임사는 국제적으로 뉴욕 필하모닉의 평양 도착 소식에 묻혔고 충실한 한나라당 지지자들이 대부분이었던 청중들도 그다지 열광적이지 않았다"라며 "5년의 임기를 초라하게 시작했다. 마치 추운 거리로 내몰린 것처럼 보인다"고 우울한 평가를 내놓았다.

《이코노미스트》가 그런 평가를 내린 데는 '국민의 불신'과 '장관 내정자들의 사퇴' 때문이었다. 이 잡지는 "특검에서 무혐의 발표를 했지만 국민들은 여전히 의심을 거두지 못하고 있다"라면서 "장관 내정자 중 세 명이나 부동산 등의 재산 문제로 사퇴했다. 일부는 자녀들의 국적문제도 있었다"고 보도했다. 그 때문에 "한국 국민들 중 대부분은 그들과 같은 생활을 할 수 없다"는 반응을 보이고 있다고 전했다.

《무디스 이코노미닷컴》도 이와 비슷한 평가를 2008년 5월 21일 게재했다. 《무디스 이코노미닷컴》은 '2007년 정점, 한국경제 좋은 시절 끝났다'는 제하의 기사에서 "한국 경제는 2007년을 정점으로 둔화하기 시작했다"며 "좋은 시절은 끝났다"The Good Times Are Over고 진단했다. 이런 전망은 이미 MB 취임 전인 2008년 2월 18일에도 나왔다. 영국 《파이낸셜 타임스》는 한국 전문가 에이단 포스터-카터 리즈대 명예선임연구원의 기고문에서 "지금 한국에 필요한 것은 '불도저'보다는 '뇌수술 전문의'다"라고 꼬집었다.

그는 MB의 대표공약인 '747' 공약에 대해서도 아주 현실적이고 신랄한 비판을 가했다. "이명박의 747 공약은 GDP를 7% 올리고 1인당 소득을 4만 달러로 만들고, 세계 7번째 경제대국이 되겠다는 것이다. 하지만 어떻게 이게 달성 가능하겠는가? 7% 성장은 산업화된 경제대국에서는 최고의 시기라 해도 어마어마한 목표다. 하지만 한국이 모두 수입하는 유가는 고공행진에 미국의 침체가 다가오고 있다. 또 세계 7번째 경제대국에 진입하는 것을 따져보면, 이명박은 한국이 도대체 어느 나라를 제칠 수 있다고 믿는 건가?"

MB에 대한 비판이 비단 서구에서만 있었던 것은 아니다. 우리와 여러 측면에서 경쟁관계에 있는 대만 역시 이 시기에 선거를 치렀다. 2007년 12월 25일 타이완 영자신문 《차이나 포스트》가 이명박 당선자의 도덕성을 문제삼으며 타이완의 두 대선 후보들의 '이명박 벤치마킹'에 일침을 가한 것이 대표적이다. 이 신문은 '서울이 불확실성에 직면했다'Seoul facing uncertainties라는 제목의 기사에서 "이명박은 따를 만한 모범이 아니다"라며 '타이완의 이명박'을 자처하는 자국 대선 후보들을 비판했다.

최악의 예측은 일본 언론에서 나왔다.

2007년 대선이 끝난 직후인 2007년 12월 21일 《아사히신문》과 《마이니치신문》은 1면 하단의 칼럼을 통해 다나카 가쿠에이 전 일본 총리와 MB가 서로 닮은꼴이라고 소개했다. 일본 언론은 두 사람의 애칭이 같다는 점을 거론했는데, 아사히는 "한국의 차기 대통령으로 선출된 이 당선자가 '컴퓨터가 달린 불도저(컴도저)'라는 애칭을 갖고 있다고 한다. 일본인이라면 그 이름에 다나카 전 총리를 연상하는 사람들이 많을 것"이라고 썼다. 마이니치도 "(이 당선자의) 별명인 컴퓨터 달린 불도저는 일본의 다나카 전 총리와 똑같다"고 언급했다.

두 신문은 가난한 집안에서 태어나 건설업에서 돈을 번 뒤, 정계로 진출해 최고의 자리에 오른 입지전적 출세 과정도 서로 흡사하다고 분석했다. 특히 아사히는 "(이 당선자에) 돈에 얽힌 의혹이 따라다니는 것도 다나카와 통한다"며 "(BBK 문제에 얽힌) 의혹으로 이 당선자에 대한 재조사가 실시된다고 하는데 결말까지 다나카와 비슷하지 않기를 기원한다"고 적었다.

초등학교 졸업이 학력의 전부인 다나카 전 총리는 품위는 다소 떨어지지만 에너지 넘치는 서민적 풍모로 인기를 얻었고, 1972년 자민당 총재 선거에 당선돼 총리에 취임했다. 그러나 한반도 대운하사업과 비슷한, 주요 정책으로 내건 '일본 열도개조론'이 땅값 폭등과 엄청난 인플레이션으로 끝나 순식간에 인기가 식어들었다. 이어 금권정치 실상이 폭로돼 불명예 퇴진을 했고, 1976년 7월 록히드사건으로 체포되는 운명을 맞았다.

이렇게 살펴보면 외신은 우려와 경고 일색이었다. 그럼에도 불구하고 잘 살게 해준다는 달콤한 말에 속아 국민은 '최악의 대통령' MB를 뽑았다. MB시대를 고통스럽게 보낸 국민들이 많지만 이 역시 자업자득이다. 스스로가 선택한 과보를 스스로가 받은 것이다. 그러나 중요한 것은 그러한 과오로부터 배울 수 있느냐 없느냐다. 국민은 지금 그 기로에 서 있다.

잘못된 선택을 반성함으로써 새로운 미래를 써나갈 것인가 아니면 또 다시 과오를 반복할 것인가가 지금 국민들 앞에 놓여 있다. 뼈저린 반성이 없으면 희망도 없다. 그 반성이란 단순히 MB를 뽑은 걸 잘못했다는 것이 아니다. 왜 MB를 선택했는가 하는 자기 내면을 돌아보는 것이다. 그런 성찰이 있을 때라야 미래가 있다고 할 수 있다. 어떤 가치도 없이 무조건 잘 살면 된다는 신기루를 쫓아간 그 욕망, 부도덕도 눈감아준 바로 그 욕망을 성찰하지 않고서는 잘못은 반복될 수밖에 없는 것이다.

"투잡뛰는 MB, 부동산 투기로 나서라"

:: '국민원수' MB는 정리해고 대상

"용산, 쌍용차 등에서 많은 사람들을 죽음으로 내몰고 있는 나쁜 MB권력에 눈감고 외면한다면 우리가 사는 이 세상은 대체 어디로 가고 있는지 묻지 않을 수 없다. 정리해고 대상은 열심히 일하는 노동자들이 아니라 국민은 안중에도 없고 괴롭히기만 하는 MB다. 이런 MB는 국민의 이름으로 당장 정리해고돼야 된다."

2011년 10월 30일 쌍용자동차 해고자 가족 치유공간 '와락' 개소식에서

2011년 4월 30일 처음으로 쌍용자동차 해고노동자들을 방문한 뒤 6개월 만에 두 번째로 방문한 자리에서 정말 정리해고 되어야 할 대상은 노동자들이 아니라 국민은 안중에도 없고 땅투기나 하는 MB라는 생각이 들어 그런 말을 했다.

정리해고가 뭔가. 한 회사에서 같이 울고 웃으면서 함께 살아온 식구 같은 노동자에게 '당신 이제 그만 나가시오'라고 통고하는 거다. 흔히 직장을 잃었을 때 '밥줄 끊어졌다'고 한다. 직장이 바로 '밥줄'이고 '목숨줄'이기 때문이다. 그러니 정리해고는 '목숨줄'을 끊는 살인행위인 거다. 정리해고 당한 사람만이 아니라 그 가족 모두를 죽이는 가족살인이다.

2010년 3월 정신과 의사인 정혜신 박사로부터 쌍용자동차 해고노동자들의 사연을 소상히 들을 기회가 있었다. 들으면서 '아! 이건 정말 무서운 일이구나. 사람을 죽이는 일이구나' 하는 생각이 들었다. 정리해고와 관련한 문제가 발생할 때마다 노동자들이 '정리해고는 살인이다' 라고 주장했는데 그게 그냥 구호가 아니라 사실인 것을 알게 되었다.

2009년 사회의 이슈가 됐던 쌍용차의 해고자가 2,500명이 넘는다. 그들 중 지금까지 18명이나 죽었다. 자살과 심근경색으로 돌연사한 경우가 대부분이다. 남편이 죽자 아내도 따라 죽은 경우도 있는데 남겨진 아이들은 또 어찌 살겠는가. 해고를 당해 먹고 살기가 힘들어지자 가정불화가 잦아지고 이혼에 이르는 경우도 있었다. 그중 어느 집은 부모가 없어 아이들만 사는데 그 집에 가보면 쌀독은 이미 텅 비었고 통장엔 잔액이 2만 원밖에 없었다고 한다. 이러고 어떻게 살겠는가. 살아도 산 것이 아니니까 목을 매는 것이다.

정혜신 박사는 죽은 사람도 문제지만, 그대로 두면 해고된 2,500명이 다 죽게 생겼다는 생각이 들어 만사를 제쳐두고 매주 토요일이면 평택으로 내려가 그들의 이야기를 들어주었다. 조사를 해보니 쌍용차 해고노동자 2,500명 중 자살을 생각해보지 않은 사람이 거의 없고 그중 80%는 자살시도를 했거나 자살하는 악몽을 수시로 꾼다고 한다.

다행히 그 치유 과정에서 상태가 호전된 사람들도 있고 그것이 정례화되어 쌍용자동차 해고노동자를 위한 심리치유센터 '와락'이 문을 열게 된 것이다. 대통령은 이런 문제를 고민하면서 밤잠을 못 이루는 사람이어야 한다. 가슴 아파하면서 걱정하고 어떻게 하면 정리해고 문제를 해결할까? 죽어가는 국민들을 어떻게 하면 살아가게 할 수 있을까 밤낮으로 고민해야 하는 것이 위정자들이 할 일인 것이다.

쌍용자동차 해고자가 2,700명이던 것이 그중 200명 정도는 다시 회사로 돌아갔고, 2,500여 명이 직장을 잃고 떠돌고 있다. 여기에 3인 가족만 합쳐도 그게 1만 명이 넘는다. 1만 명이 먹고 살 길이 없는 길바닥으로 나앉게 된 거다.

이것은 조선 말기 정치가 타락해 탐관오리들이 가렴주구를 하자 많은 사람이 생활의 터전을 잃고 산적이 된 것과 똑같은 현상이다. 탐관오리들의 가렴주구를 견디다 못해 산으로 들어가 도적이 되기도 하고 그들이 모여 민란을 일으키기도 한 것인데 지금 사람들이 촛불을 들고 시위를 하는 게 바로 그 민란이다.

MB가 부자만을 위한 정책으로 가난한 사람들을 더욱 가난하게 만들어 국민을 산적으로 만들고 있다. 그러니까 희망버스가 5차례나 가게 된 것이고 서울 시내 한복판에서 촛불시위가 일어나는 것이다. 온 국민이 정권의 실정에 대해 분노를 금치 못하면서 촛불을 들고 나오고 자발적으로 버스를 타고 가서 허공에 매달려 있던 김진숙 씨에 대한 지지를 보내는데 그런 문제는 도통 관심이 없고 대통령이라는 사람이 고작 한다는 게 자기 사저 짓겠다고 민관합작투기나 하니 탄핵 대상이라고 하는 것이다.

이렇게 제 나라 노동자들은 죽어나가고 있는데 한미FTA한다고 미국 디트로이트에 가서 미국 자동차 노동자들에게 박수 받고 있을 때가 아니라는 말이다. 자기 국민, 자기 나라 노동자들은 다 죽게 만들면서 미국 자동차 노동자들을 위해서는 물불을 가리지 않고 일하니까 뼛속까지 친미라는 소리를 듣는 것이다. 거기 가서 한 연설문도 미제인 것만 봐도 알 수 있는 일이다.

그러고도 대통령 자리에 앉아 있는 MB나 그걸 보고 있는 국회의원들도 참 문제다. 노무현 대통령은 잘도 탄핵하던데 해방 후 최악의 대통령인 MB는 왜 두고 보고 있는지 모르겠다.

어떻게 노동자들이 먹고 살겠다고 하는 것이 색깔론이 되고 이념문제로 폄하될 수 있는가. 정권이 아무리 색깔을 칠하지만 자기 직장에서 안 잘리고 가족들 먹여 살리고 싶은 게 이념문제라고 한다면 그거야말로 제대로 된 이념이다. 옛말에 "밥이 하늘"이라고 했는데 밥보다 중한 게 어디 있나? 《금색왕경》에도 이런 말씀이 있다.

"무엇이 고통스러운가? 소위 가난하고 군색한 것이 고통이다. 어떤 고통이 가장 무겁고 심한가? 이른바 가난하고 군색한 고통이 바로 그것이다. 죽는 고통이나 가난의 고통, 이 두 가지는 다를 것이 없으니 차라리 죽음의 고통을 당할지언정 가난하고 군색하게 사는 것을 용납하지 않아야 한다."

밥은 먹고 살 수 있게 해주는 게 국가다. 의식주 걱정 없게 해주는 것이 위정자의 노릇이다. 그러라고 대통령 뽑아준 거다. 요즘에는 의식주에 교육이 추가된다. 자기는 수백억대 재산을 가지고 잘 먹고 잘살면서 국가가 책임지고 아이들에게 밥을 무상으로 주자고 하는 것을 국가지도자인 대통령이 반대하는 나라가 세상 천지에 또 있는가?

본인이 세금이라도 잘 내고 그런 말이라도 한다면 좀 덜 밉겠는데 반듯한 직장 가진 자식들 둘을 자기 명의의 빌딩에 근무하는 것처럼 속여 세금을 탈루한 범법자 주제에 세금으로 아이들에게 공짜밥 줄 수 없다는 것이야말로 후안무치하기 그지없는 행동이다.

국민 900만이 비정규직인 시대다. 20대의 태반이 취업을 못한 백수라고 해서 '이태백'이란 말도 있다. 1년에 천만 원이 넘는 미친 등록금 때문에 부모도 뼛골이 휘어지고 대학생들은 그것 때문에 대출을 받고 아르바이트하느라 제대로 공부도 못한다. 이렇게 국민들은 사는 게 힘들다. 그걸 해결해달라고 대통령을 뽑은 것이고 그것을 잘할 거라고 약속하고 대통령이 된 것이다. 자기 입으로 "돈 없어 공부 못하는 일이 없게 하겠다"고 약속했고 그래서 '반값등록금' 공약이 나온 것이다.

그걸 믿고 찍어줬는데 '반값등록금'은 공약집에 있는 것도 아니라고 한다면 찍어준 것도 도로 철회해야 한다. 747이네, 반값등록금이네, 반값아파트네 하면서 거짓말하고 사기를 쳐서 대통령 됐으니까 그만 물러나라는 거다.

4대강 사업 문제도 보통 심각한 게 아니어서 대구의 한 언론이 낙동강 주변 주민들이 이사를 가는 등 4대강 반대 입장으로 돌아섰다고 보도했다. 4대강 삽질로 온 강을 흙탕물로 만들고 한국사회가 오늘날처럼 도덕관념이 낙제점인 경우가 없었다.

국민들의 삶은 팍팍해지고, 시장에 가보면 정말 못 살겠다고 아우성이다. 지난 대선에서 MB를 지지했던 국밥집 할머니도 전세금 못내 쫓겨나게 생겼고, 인사동에서 붕어빵 장사하는 분도 쫓겨났다. 이렇게 어려울 때마다 서민들이 자주 하는 말이 있다. 언젠가 좋아지겠지, 쥐구멍에 볕들 날이 있다고. 그런데 나는 쥐구멍에 물이나 들어갔으면 좋겠다. 그것도 콸콸콸. 그래서 MB에게 "이러다가 국가 원수가 아니라 국민 웬수가 된다"고 야단을 친 것이다.

그런데 MB는 지금껏 한 잘못도 모자라 옛날에 못된 버릇을 버리지 못하고 땅투기까지 한다. 대통령직하고 땅투기하고 투잡two job을 뛰고 있는 모양인데 그럴 것 같으면 한 가지는 내놔야 된다. 그나마 땅투기에 전문성이 많으니까 지금이라도 대통령직을 내놓고 부동산전문가로 나서는 것이 어떻겠냐고 권하는 것이다.

인사권이라는 것이 꼭 대통령한테만 있는 게 아니다. 대통령을 뽑은 국민이 인사권을 행사할 수도 있다. 국민의 동의가 되고, 국민으로부터 공감이 가는 일을 해야지 국민들 마음속에서 천불나는 일만 하면 국민의 이름으로 정리해고 할 수밖에 더 있는가.

대한민국은 민주공화국이고 모든 권력은 국민에게서 나온다는 게 헌법 제1조의 조항이 아닌가. 그래서 국민이 MB를 정리해고 하자고 하는 것이다. 쥐구멍에 물 들어가기를 빌지만 말고 아예 쥐구멍에다 물을 퍼붓자는 거다. 장마가 되고 폭우가 되어 떠내려갈 때까지 말이다.

"도곡동, 내곡동 찍고 통곡동으로 갈 것"

:: 죄 지으면 지옥 가는 게 당연한 이치

"20~30대와 40대가 박원순 후보를 전폭적으로 지지하는 걸 보면서 우리 사회는 아주 희망적이라고 생각했어요. 이번 선거는 MB정권에 대한 심판의 의미가 크죠. 이제 곧 총선과 대선 정국으로 접어들 텐데, 이대로는 한나라당이 집권하기 힘들지 않겠어요? 박근혜 전 대표가 나와도 어려울 겁니다. 안철수와 문재인, 박원순이 합치면 그 파괴력은 엄청날 거예요. 한나라당이 MB를 탄핵하는 사태가 올지도 몰라요. MB는 퇴임하면 아마 내곡동이 아니라 '통곡동'으로 가야 할 걸요."

2011년 11월 3일 《한국일보》 100도씨 인터뷰 중에서

MB는 2009년 대선 때 도곡동으로 그렇게 세상을 시끄럽게 하더니 2011년 10월 내곡동에 사저를 짓겠다고 야단법석을 떨었다. 하는 일마다 문제를 일으킨다. 그래놓고 별 문제될 것이 없다고 한다. 이런 MB가 "정직한 대통령으로 남고 싶다"고 한다.

열심히 노력하고 선업을 쌓을 생각은 않고 하는 일마다 나쁜 짓이요, 편법과 부정을 저지르면서도 결과가 좋기를 바라는 대표적인 인물이 MB다. BBK 등등의 숱한 거짓말로 대통령이 되었고 재임 시절 수많은 거짓말을 일삼아, 온 나라를 거짓말이 횡행하는 세상으로 만든 장본인이 "도덕적으로 완벽한 정권"이라거나 "정직한 대통령으로 남고 싶다"

고 하니 참 기가 찰 노릇이다.

곡절 많은 현대사를 거쳐오면서 DJ는 최초로 수평적 정권교체를 했다. 선거를 통한 평화적 정권교체라 할 것이다. 이승만, 박정희, 전두환, 노태우, 김영삼까지 반세기 동안 내려온 집권세력은 많은 부패와 함께 정치탄압을 일삼아 왔다. 그 정치탄압을 가장 많이 받은 사람이 DJ일 것이다. 그는 세 번의 죽을 고비를 넘어야 했다. 1997년 대선 당시 DJ는 "집권하면 정치보복을 하지 않겠다"고 선언했다.

하지만 정권이 바뀌자 당시 안기부에서 그동안 가지고 있는 자료들을 파기하는 등 난리가 났다. 뭔가 구린 데가 있거나 새로 들어선 정권에 우호적이지 않은 일들을 한 사람들은 발이 저렸을 것이다.

그러나 DJ는 정치보복을 하지 않았다. 전임자였던 YS가 자신의 집권을 도왔던 전두환, 노태우 등 전직 대통령들에게 한 일이나 전두환의 후광을 입고 집권한 노태우가 전두환을 청문회에 세우고 백담사로 내쫓은 것을 보자면 50년 만의 정권교체를 하고도 정치보복은 하지 않은 셈이다.

노태우가 집권하고 전두환의 동생 전경환이 새마을운동과 관련한 비리가 드러나 공항에서 한 시민에게 뺨을 얻어맞는 장면이 방송에 나온적이 있다. 그는 얼마나 분하고 억울했으면 그 사람 많은 데서 전경환의 뺨을 때렸을까? DJ의 집권 당시 DJ와 함께 민주화운동도 하고 야당 활동을 했던 사람 혹은 그것이 아니라 해도 이전의 집권 세력으로부터 탄압 받았거나 했던 사람은 부지기수다. 얼마나 많은 사람들이 잡혀가고 고문을 받다 죽고 그랬던가? 그런 점을 생각한다면 도리어 DJ가 너무 양반이었다고 비판할 사람들도 있을 것이다.

그러나 그것을 바라지 않았던 국민들도 참 성숙했고 스스로 우리 사회의 정치발전을 위해 정치보복하지 않은 DJ도 훌륭했다. 반면 DJ정권을 계승한 노무현은 집권 초기 대북송금에 대한 조사를 벌이면서 DJ의 측근들을 잡아 가뒀다. 검찰이 주도했다고 하지만 당시 여당의 구주류가 이 철퇴에 맞았다. DJ측에서 보자면 정치보복일 수도 있다. 그러나 사람들은 이것을 정치보복이라고 생각하지 않는 것 같다. 마치 YS가 5·18 학살자 전두환 노태우를 구속시킨 것에 대해 정치보복이라고 생각하지 않듯 말이다. 대북송금 특검으로 몇몇이 구속되자 호남 사람들과 DJ측 인사들은 많이 섭섭했을 것이다. 누구보다 DJ 자신과 그로 인해 구속까지 됐던 박지원 의원 같은 경우는 더욱 그러할 것이다.

그런데 DJ도, 박지원도 섭섭하다는 정도의 차원에서 유감을 표했지 그걸 정치보복이라고 말하진 않았다. 개인적 감정의 앙금이야 어떤지 모르지만 그후로도 서로간에 원만하게 지내고 있다. 심지어 DJ는 노무현의 죽음에 대해 "내 반쪽이 허물어지는 것 같이 비통하다"고 하지 않았던가. 이러한 것들이 정치보복이라고 사람들이 느끼지 않는 이유일지도 모르겠다.

반면 MB의 경우는 어떤가? 외신들이 2007년 대선에 대해 한나라당에서 개가 나와도 당선될 것이라고 할만큼 국민들의 노무현에 대한 반감, 민주당 쪽에 대한 반감이 컸다. 그래서 MB 당선의 일등공신은 노무현이라는 우스갯소리가 나돌지 않았던가. 실제 노무현 대통령에게 실망한 사람들이 대거 MB를 지지했다. 그 고마움 때문이었을까? MB는 당선된 뒤 말로는 "전임 대통령들이 대접받는 사회를 만들겠다"고 했다.

그런데 어떻게 했나? 국세청을 통해 박연차에 대한 수사를 빌미로 사실은 노무현 전 대통령에 대한 뒷조사에 들어가더니 자신의 사냥개 검찰을 앞세워 피의사실을 흘리면서 흠집을 내더니 마침내 죽음으로 몰고 갔다. 얼마나 억울했으면 엄숙한 영결식장에서 민주당 백원우 의원이 '살인마 네가 왜 왔어' 라고 외쳤겠는가? 국민 대다수는 MB가 노무현을 죽음으로 몰고 갔다고 생각하고 있다.

노무현 전 대통령에 대한 '욕보이기 수사' 를 통해 고인을 죽음으로 몰고 간 뒤 나는 49재 기간에 '대한민국 중수부 검사들은 봉은사 출입을 삼가주십시오' 라는 현수막을 내걸었다. 노무현 대통령에 대한 정치보복을 위해 감행된 수사는 그야말로 '듣도 보도 못한 수사' 였고 '피도 눈물도 없는 수사' 였다. 그의 형님과 부인, 아들딸은 물론 지인들, 자주 다녔던 식당까지 훑어내는 수사를 통해 결국은 전직 대통령을 죽음으로 몰고 갔다. 정말 비열한 방법으로 죽음으로 내몬 것이다.

그러나 정치보복으로 인한 그런 비극이 그로써 끝났다고 생각되지 않는다. 앞서 노무현 대통령에 대한 정치보복이 노무현 개인에게만 한 것이 아니라 민의에 대한 정치보복이고 국민에 대한 정치보복이기 때문이다. 보복을 당한 국민들은 끓고 있다.

성경에 이런 말씀이 있다. "남에게 대접을 받고자 하는 대로 남을 대

전직 대통령의 죽음은 국가의 불행이자 온 국민의 불행이었다.

접하라." 치졸하기 그지없는 이러한 정치보복은 MB 스스로 지옥문을 연 것이나 마찬가지다. 어떤 목사들은 설령 죽을 죄를 지었어도 교회에 나와 헌금을 하고 진심으로 회개를 하면 지옥에 안 간다고 하지만 불교는 좀 다르다.

지옥에 가고 안 가고는, 극락에 가고 안 가고는 하나님이나 부처님이 정해주는 것이 아니라 자기가 죄 지으면 지옥 가는 것이고 복 지으면 극락 가는 것이다. 자기가 한 행위에 따라 그 운명을 받는다는 소리다. 자업자득, 자작자수. 자기가 지어서 자기가 받는다는 말이다.

《페초경》에 이런 말씀이 있다.

"고(苦)와 낙(樂)은 그 뿌리가 있는 법이니, 악행을 하면 죄가 따르게 마련이고, 선행을 하면 복이 따르게 마련이다. 재앙이나 복덕은 자기에게 있는 것인데 어리석은 사람들이 저 멀리 하늘에서 떨어지는 것으로 착각하고 있을 뿐이다.

그림자가 형체를 따라다니는 것처럼 사람이 지은 선(善)과 악(惡)은 그 사람을 따라붙는다. 마치 씨앗을 뿌리면 씨앗은 밑에서 썩지만 씨앗에서 나온 뿌리는 줄기와 잎을 내고 꽃에서 열매가 열리는 것과 같이 사람이 죽어 몸은 버리지만 그가 지은 업이 없어지지 않는 것도 그와 같다.

어떤 사람이 밤에 글을 읽다가 불이 꺼져도 글자는 그대로 있는 것과 같이 자기가 지은 업에 죄와 복이 남아 있는 것도 그와 같다."

톨스토이도 비슷한 말을 했다.

"하늘나라에 가면 지은 죄가 사라지리라는 것은 틀린 생각이다. 이

것은 자기 자신 외에는 아무도 할 수 없는 일이다. 성의 없이 대충 음식을 만든 후 신이 맛있게 해주기를 바랄 수는 없다. 삶에서 잘못된 방향을 선택하고서 나중에 신이 상황을 바꿔주거나 갑자기 그 방향을 좋게 만들어주리라 기대해서는 안 된다.”

그래서 만일 잘못을 저지른 자가 와서 돈을 바치고 빈다고 그걸 받아준다면 부처님이든, 하나님이든 부정한 뇌물을 먹은 죄로 구속 수사해야 한다고 말한 것이다.

6
장

내쫓기의 달인과 봉은사 사태

———

MB는 임기가 남아 있는 한국문화예술위원회 김정헌 위원장, 한국예술종합학교 황지우 총장,
국립미술관 김윤수 관장 등을 모두 내쫓았다.
자기와 코드가 안 맞다는 이유였다.
반대하는 사람들, 마음에 안 드는 사람들은 다 내쫓고 뒷조사를 했다.
총리실에 공직자윤리지원관실을 만들어 이상득의 정계 은퇴를 주장한
한나라당 정두언, 남경필, 정태근, 이성헌 의원들도 뒷조사를 했고 김성호 국정원장도 사찰을 했다.
민간인도 마구잡이로 사찰을 했다. 국정원, 기무사, 공직자윤리지원관실 등
동원할 수 있는 모든 권력기관을 총동원했다.
그러니 MB를 비판해온 나에 대해서는 오죽했겠는가.
내가 봉은사 주지로 있을 당시부터 나를 내쫓겠다는 소문은 파다했다.

"말 못할 사정과 청와대 '외압귀신'"

:: MB는 내쫓기의 달인

"봉은사 직영안이 조계종 중앙종회 총무분과위원회에 상정됐다가 부결됐는데 다시 상정한다고 한참 논란을 하다가 상정 전날 자승 원장에게서 전화가 왔습니다. 한번 만나자고. 그래서 서초구에 있는 은정장학회 빌딩으로 갔습니다.

가서 도대체 어떻게 된 거냐? 어떻게 해서 이런 결정을 하게 된 거냐, 원장이 되면서 소통과 화합을 통해 종단을 이끌겠다고 해놓고 누구하고 소통을 한 거냐? 그랬더니 '입이 열 개라도 할 말이 없습니다. 죽을 죄를 졌습니다. 참회합니다' 라고 하더군요.

그래서 나는 '본인이 참회도 하고, 사과도 했으니까 봉은사 직영건을 총무원장이 부결을 시키겠구나' 라고 생각했지요. 그래서 '그럼 부결시키시오. 스님이나 나한테 좋을 게 없으니까 부결시키는 게 좋습니다' 라고 말하고 나왔습니다.

그런데 본인이 직접 독려해 봉은사 직영안을 상정하고 종회 본 회의장에 딱 버티고 앉아 이 안건을 통과시켰습니다. 도대체 왜 이런 무리수를 두는가? 뭐 땜에 이렇게 무리를 했을까요?"

2010년 3월 14일 봉은사 일요법회 법문 중에서

MB는 '거짓말의 달인' 이자 또한 '내쫓기의 달인' 이기도 하다. 그는 권력을 동원해 무차별적으로 자기 눈에 거슬리는 사람들을 내쫓았다. 거기에는 언론인도 있고 문화계 인사도 있고 종교인들도 있었다. 그런 목적을 위해서라면 법도 무시했다.

MB는 임기가 남아 있는 한국문화예술위원회 김정헌 위원장, 한국예술종합학교 황지우 총장, 국립미술관 김윤수 관장 등을 모두 내쫓았다. 자기와 코드가 안 맞다는 이유였다. 명분은 업무상 문제를 트집 잡았지만 구실에 불과했다. 법으로 임기가 남은 사람들을 강제로 내쫓은 것이다. 임기가 1년 넘게 남은 정연주 KBS 사장도 배임죄로 내쫓았지만 재판에서 이것의 부당함이 밝혀졌다. 정권에 비판적이던 MBC 뉴스데스크의 신경민 앵커, YTN 기자 등의 언론인들도 밀어냈다. 전직 대통령의 경우는 국세청과 검찰을 동원해 샅샅이 뒷조사를 하고 심지어는 자주 다니던 삼계탕집까지 세무조사를 당했다.

반대하는 사람들, 마음에 안 드는 사람들은 다 내쫓고 뒷조사를 했다. 총리실에 공직자윤리지원관실을 만들어 이상득의 정계 은퇴를 주장한 한나라당 정두언, 남경필, 정태근, 이성헌 의원들도 뒷조사를 했고 김성호 국정원장도 사찰을 했다. 민간인도 마구잡이로 사찰을 했다. 국정원, 기무사, 공직자윤리지원관실 등 동원할 수 있는 모든 권력기관을 총동원했다.

그러니 MB를 비판해온 나에 대해서는 오죽했겠는가. 내가 봉은사 주지로 있을 당시부터 내쫓겠다는 소문은 파다했다. 불교계에서는 내가 1순위, 다음이 수경스님이라는 얘기가 파다했다. 최문순 강원도지사나 여러 언론사 기자들도 내게 그런 얘기를 전해왔다. 종단의 스님들도 직간접적으로 내게 그런 분위기니 조심하라는 얘기를 해왔다. 그러나 나야 뭐 숨겨놓은 것도 없고 비리 저지른 것도 없는 처지라 거리낄 것도 없고 해서 그냥 무심히 넘겼다.

그런 와중인 2010년 3월 3일 아침 조계종 총무부장이던 영담스님으로부터 한 통의 전화가 걸려왔다. "봉은사를 직영사찰로 하기로 총무원 종무회의에서 통과했다"는 통보였다. 봉은사는 1,300년이 넘는 유구한 역사를 가진 사찰이다. 20만의 신도에다 재정적으로도 조계종에서 가장 넉넉한 곳이다. 이런 봉은사를 탐내는 사람들은 많았지만 감히 조계종의 직영사찰로 하겠다는 건 아무도 말 못하는 상태였다. 종단 내에서 보면 직영사찰은 총무원장이 당연직 주지가 되기 때문에 봉은사를 직영화하는 순간 봉은사는 '총무원장의 사금고'로 전락하기 때문에 견제와 균형의 차원에서 안 된다는 것이 오랜 묵계 중 하나였다.

이미 총무원장은 한 해 수십 억의 돈이 들어오는 조계사, 갓바위로 잘 알려진 팔공산 선본사, 강화 보문사 등의 초우량 사찰을 직영사찰로 거느리고 있었기 때문에 더욱 그러했다. 대개 직영사찰로 지정되는 이유가 사찰 운영이 잘 안 되거나 분규 등으로 사고사찰이 될 경우 총무원이 직접 운영함으로써 정상화할 때나 있음직한 일이다. 마치 문제가 있는 사학재단에 관선이사를 파견하는 것과 같은 이치다.

허나 봉은사는 내가 주지로 있을 때 신도수도 늘고 재정도 늘고 종단에서 중요하게 생각하는 어린이 포교나 대학생 포교 등 모든 방면에서 우수한 성과를 거두고 있었다. 자승은 개인적 인연으로 봐도 나와 등질 이유가 없는 사람이었다. 자승과는 내가 종단에서는 가장 가깝다는 게 정설로 통용될 정도였다.

특히 자승이 총무원장으로 출마해서 선거운동을 하는 동안 바로 내

거짓말과 위선, 야합으로 뭉친 MB와 자승은 일란성 쌍둥이와 같다.

진실을 선택한 김영국 거사. "아빠 떳떳한 길을 가세요"라는 두 딸의 응원이 가장 큰 힘이었다고 한다.

옆방에서 기거했을 정도니 두 말이 필요 없을 것이다. 게다가 1994년 종단 개혁 당시 자승은 쫓겨난 서의현 편이었다. 종단개혁이 성공하고 개혁회의가 구성되었을 때 나는 개혁회의 상임위원이었다. 총무원장 격인 개혁회의 의장이 은사 스님이셨던 탄성스님이셨으니 나는 개혁회의의 핵심 중의 핵심이었다.

당시 구악 척결 과정에서 자승의 징계 건이 올라왔다. 자승은 1994년 2월 5일 관악산 연주암을 차지하기 위해 조직 폭력배와 신도들을 동원했고, 이 과정에서 자신도 방탄복을 입고 싸움에 동참해 절을 빼앗았다. 폭력으로 절을 빼앗은 것이다. 그것도 조폭을 동원해서 말이다. 이것이 문제가 되어 징계 절차에 들어간 것이다. 그때 내가 선방에서 같이 산 인연도 있고 해서 승적을 박탈당할 자승을 문서 견책으로 낮춰주도록 징계위원회 스님들께 부탁을 했다. 젊은 사람 한 번 살리자고. 자승과 나는 종단 내에서 때로 뜻을 같이할 때도 있었고 반대편에 설 때도 있었지만 인연은 자별했다.

봉은사에 방을 두고 총무원장에 출마해 당선된 자승이 봉은사를 직영사찰로 지정한다? 도무지 이유를 알 수 없었다. 종단적으로도 엄청난 무리수였기 때문이다. 그러던 와중 2010년 3월 9일 자승에게 연락이 왔다. 총무원 종무회의에서 봉은사를 직영사찰로 하자는 안을 통과시킨 후 중앙종회 총무분과위원회에서 4대 5로 안건 상정이 부결된 뒤의 일이다.

자승이 호텔에서 만나자고 하는 것을 원장을 기다리게 할 수 없다고 자승의 사무실로 이용되고 있는 은정장학회에서 보자고 했다. 은정장학회는 자승의 은사였던 전 총무원장 정대스님이 만든 곳이었다. 정대스님을 총무원장으로 옹립한 핵심 주체 중의 한 사람이 나였을 만큼 자승과는 거기서도 인연이 얽힌다.

그때 은정장학회에서 만나 "왜 그러냐?"고 물었더니 "죄송하다. 입이 열 개라도 할 말이 없다"고 했다. "누구 작품이요? 영담스님이 한 거요, 원담스님이 한 거요, 아니면 같이 한 거요?"하니까 "참회합니다"라고 했다. "기가 막힌다. 참회할 짓을 왜 해요? 압력 받은 거 아니요? 강남 한복판에서 이명박 정권 비판하니까 정리하라는 것 아니냐?"하니까 "그런 일 없다"고 했다. "직영 귀신 씌었나"라고 하니까 "그런가 보다"라고 답했다. 그래서 "스님, 이건 누가 봐도 아니요. 그러니 종회에 상정시키지 말고 없던 일로 하세요. 그게 좋습니다. 종회에 상정되더라도 통과시키지 말고 잘 처리하세요. 그게 종단도 살고 봉은사도 사는 길입니다"라고 한 뒤 봉은사로 돌아왔던 것이다.

그런데 3월 11일 종회가 열리고 봉은사 직영안이 통과되었다. 대개 중앙종회는 개회되고 회기 마지막 날까지 운영되는 법이 없다. 게다가 봉은사 안건은 맨 아래 놓여 있어서 앞의 안건을 처리하다 보면 시간이 지나 자동적으로 안건이 부결되게 되어 있었다.

그리고 그 날은 법정스님께서 입적하신 날이었다. 그 순간 모든 안건을 미루고 봉은사 직영안만 올려서 통과시켰다. 같이 올라간 도선사는 뺀 채 말이다. 자승이 직접 종회 본회의장에 앉아 투표를 독려했다. 마치 대통령이 국회에 나와 투표를 독려한 것과 마찬가지였다.

외압이 아니고서는 납득 안 되는 일이었다. 자승이 당선된 뒤인 2009년 11월 말 김영국 거사가 나를 찾아와 한나라당 안상수 원내대표가 총무원장을 만난 자리에서 "스님 같은 좌파를 놔둘 수 있느냐"고 말했다며 조심하라는 충고를 했다. 당시에는 안상수에 대해 뭐 그런 싱거운 사람이 있는가 생각하고 말았다.

그런데 직영안이 통과된 후 곰곰이 되짚어보니 안상수와 자승이 만났을 때 자승은 "임기가 있는 주지를 어떻게 할 수 없다"고 했다. 임기가 끝나면 어떻게 할 수 있다는 말로 해석할 수도 있다. 종단이 봉은사를 직영으로 지정하면서 맨 처음 얘기했던 교육발전기금 확충도 사실은 이유가 아니었고 강남 포교 활성화도 아니었다. 그리고 안건을 낸 사람도 종단 내에서는 찾아볼 수가 없었다.

그래서 외압설을 제기한 것이다. 드러난 것은 안상수였지만 그것은 깃털, 빙산의 일각에 지나지 않는다. 나는 봉은사 외압의 몸통이 안상수가 아니라 MB와 이상득 형제라고 얘기했다. 종단의 어느 스님도 이상득이 자승의 총무원장 당선을 돕는 조건으로 나를 봉은사에서 내쫓겠다는 확답을 받았다는 얘기를 전해줬다. 그 말이 아니더라도 나를 쫓아낼 이유는 그들에게 많다.

특히 자신들의 텃밭인 강남에서 MB의 실정을 거침없이 비판했으니 눈엣가시였을 것이다. 야당도, 언론도, 시민단체도 MB의 감시와 뒷조사 때문에 마음대로 입을 열지 못할 때 나는 겁도 없이 MB에 대한 비판을 쏟아내지 않았던가. 전직 대통령도 먼지 털듯 수사를 해 죽음으로 내몰고 한명숙 총리에 대해서도 인연 있었던 기업인들에게 비리 몇 가지만 불어봐라는 식으로 조사해 괴롭히는 게 MB정부다.

광우병 보도를 내보냈다고 언론인들인 MBC 〈PD수첩〉 관계자들을 조사하고 기소하는 게 MB정부다. 맘에 안 든다고 김제동, 김미화, 윤도현 등도 블랙리스트에 올려놓고 출연 못하게 했을 정도니 MB를 비판해온 나를 내쫓겠다고 마음먹은 건 당연한 일인지도 모르겠다.

"아이들에게 물려줄 건 억만금 아닌 진실"

:: 진실 응원한 딸들과 아빠 김영국의 선택

"김영국 거사는 대단한 사람입니다. 이 시대의 의인입니다. 고흥길 한나라당 의원과도 친합니다. 작년 11월 내게 찾아와 안상수 원내대표의 '좌파스님' 발언을 알려준 것은 여러 한나라당 의원에게 봉은사 주지에 대한 비토를 들었기 때문입니다. 더구나 총무원장에게 이 정도로 이야기를 할 정도면 수위를 낮춰야 하지 않겠나 하는 바람에서 내게 해준 말이었습니다. 당시엔 나도 무심히 흘려들었습니다.

그 뒤 자승 총무원장이 취임한 지 열흘 지나서 함께 밥을 먹었습니다. 그 자리에서 그 이야기가 또 나왔습니다. 그때 내가 총무원장에게 '낮짝에 물이라도 끼얹지 그냥 놔뒀냐'고 뭐라고 했습니다. 그때까지도 별 생각을 안 했는데, 3월에 봉은사 직영화 안이 떡 하니 나왔습니다. 아무리 생각을 해봐도 직영화 이유가 없었습니다. 생각을 해보니 '좌파' 발언이 연결됐습니다.

2010년 5월 19일 〈프레시안〉 인터뷰 중에서

봉은사 직영안이 조계종 중앙종회에서 통과되던 날이 법정스님이 입적하신 날이다. 그날 길상사로 조문을 갔을 때 법정스님은 그 흔한 수의도 없이 거적때기에 누워 계셨다. 평소에 말씀하신 것처럼 무소유 그 자체였다. 그 모습을 보니 과연 출가 수행자가 어떻게 살아야 하는가라는 물음이 더욱 절실하게 다가왔다.

그날 밤 봉은사로 돌아와 잠을 이루지 못했다. 왜 봉은사 직영을 이토록 무리하면서 강행했을까? 종단에서 얘기하는 그 어떤 이유를 짚어 봐도 알 수 없었다. 봉은사를 통해 한국불교를 바로 세워보겠다는 원력으로 하루 세 번 법당에 가서 천일기도를 하고 재정을 투명하게 공개했다.

남들이 큰 절 주지를 맡으라고 권할 때도 다 마다하다가 봉은사 주지를 맡은 것은 한국불교를 바꿔보고 싶었기 때문이다. 봉은사 주지를 맡기 1년 전인 2005년 강원도에서 차 사고가 나 죽을 뻔했다. 차가 3~4m 절벽 아래로 거꾸로 떨어졌는데 정말이지 상처 하나 입지 않았다. 지금도 내 핸드폰 바탕 화면은 그때 전복돼 찌그러진 차의 사진이 실려 있다.

그 순간 죽었어야 할 내가 산 것은 불교식으로 말하자면 부처님의 가피가 아니면 설명하기 어렵다. 그후 '내가 왜 출가했는가?' '시주밥 먹고 지금까지 잘 살아왔는데 부처님 전에 뭔가 의미 있게 회향해야 하지 않겠는가' 하는 고민을 깊게 하기 시작했다. 그러던 중 봉은사 주지 제안이 들어와 세 번인가 거절했다가 수락했다.

'죽었다 생각하고 한국불교를 바꿔보자'는 결심으로 시작한 것이 천일기도였던 것이다. 당시 관행으로 보자면 대개 큰 절의 불전함은 주지들의 쌈짓돈과 마찬가지로 쓰였다. 봉은사 정도면 1년에 10억은 넘는 돈을 주지가 마음대로 쓸 수 있었을 것이다. 그러나 바로 그 돈 문제 때문에 불교가 망가지고 수행자의 위의가 땅에 떨어진 것이다. 이 문제를 풀지 않고 불교를 바로 세울 수 없다는 생각에 전격적으로 재정 공개를 단행한 것이다.

4년 임기 중 그렇게 살아온 봉은사에서의 3년이었다. 그런데 왜 갑자기 의논도 없이 봉은사를 '총무원장의 사금고'로 전락시키는 직영안을 통과시켰을까. 만일 봉은사 직영안이 단순히 종단 내의 문제였다면 걸 망 지고 훌훌 떠났을 것이다. 직영안이 논란이 될 때부터 종단 주변에서 는 내가 그럴 거라고 내다봤다고 한다. 그동안 내가 그렇게 살아왔기 때 문이다.

그러나 봉은사 직영 문제는 단순히 종단 내의 문제가 아니라는 게 결 론이었다. 불의한 권력의 외압을 그냥 두고 볼 수는 없었다. 그것은 불 의에 동조하는 것이고 무릎 꿇는 일이었기 때문이었다. 게다가 정교분 리가 엄연히 헌법에도 규정되어 있는데 장로 대통령이 불교를 자기 발 아래 두려는 것도 용납할 수 없었다.

2010년 3월 14일 봉은사 일요법회에서 봉은사 직영안을 공식 거부하 고 직영의 진짜 이유를 밝히라고 총무원에 요구했다. 만일 일주일 내로 제대로 된 답을 하지 않을 때는 3월 21일 일요법회에서 중대 발표를 하 겠다고도 했다. 그 일주일간 총무원은 묵묵부답이었다. 그래서 3월 21일 법회에서 안상수의 좌파 발언과 외압 사실을 밝힌 것이다.

내가 법회에서 안상수의 외압을 밝히자 난리가 났다. 당일 MBC 9시 뉴스 등의 언론 첫머리 기사가 될 만큼 파장은 컸다. 개연성 없는 일방 적 주장이라 판단했다면 언론들도 그렇게 집중 조명하지는 않았을 것이 다. 그러나 안상수는 이를 부인했다. 진실공방이 시작된 것이다.

MB정부가 좌파척결을 내세우며 많은 사람들을 내쫓은 흐름 속에서 나왔기 때문에 그 좌파척결 문제가 드디어 종교까지 뻗쳤는가 아닌가는

거짓말을 하지 말아야 하는 것은 국민의 상식이다. 그러나 MB 상식은 입만 열면 거짓말을 하자는 것이다.

우리 사회의 중차대한 문제였다. 외압설의 사실 여부가 핵심 쟁점으로 떠올랐다. 봉은사 직영문제는 이른바 진실과 거짓의 싸움이 되었다. 초점은 안상수의 발언을 전해준 김영국 거사의 입에 모아졌다.

안상수의 외압 사실을 폭로하겠다고 하자 내 주변에서 다들 말렸다. 법률자문을 하는 분들은 잘못하면 명예훼손에 걸리니까 당사자를 불러 그 사실을 녹음해두라고 했다. 구체적으로는 불러다 탁자 밑에 녹음기를 놓더라도 꼭 증언을 확보해야 한다고 했다. 그것도 아니라면 전화를 걸어 확답을 받아두던지 해야 한다고 조언했다.

그러나 나는 그런 것을 일체 하지 않았다. 만일 내가 한 말을 김영국 거사가 아니라고 부정하면 그 길로 걸망을 싸들고 봉은사를 떠나려 했다. 내가 법회에서도 얘기한 적 있다.

"나는 지금, 다 놔버리고 가는 것이다. 봉은사 주지에 대한 욕심을 내는 것이 아니다. 언제든지 걸망 지고 떠날 자세가 되어 있다. 나는 혼자 거대한 세력에 맞서고 있다. 종교까지도 손아귀에 넣으려는 정치권의 부당한 외압과 거짓말에 맞서 내가 추구하는 것은 진리와 올바른 정의다. 자전거도 못 만들던 조선이라는 나라에 태어난 윤봉길 의사가 자동차와, 탱크, 군함까지 가지고 있는 일본을 향해 폭탄을 던지면서 '이러면 반드시 독립이 될 것'이라고 생각한 것은 아니었을 것이다. 그게 옳은 길이니까 죽을 각오를 하고 폭탄을 던진 것이다."

정말 그 심정이었다. 거대한 정치권력과 그에 못잖은 종단 권력에 맞서 혼자 싸우는데 무엇으로 과연 그것들을 감당할 수 있겠는가. 이긴다는 생각도 아니었다. 그러나 외압이 진실이고 그것을 알리는 것이 옳은 일이기 때문에 해야겠다고 생각한 것이다. 그래서 《시사IN》과의 인터뷰에서 "진실만이 나의 유일한 도반"이라고 말한 것이다.

사람을 믿지 못하고 살아가는 이 불신의 세상, 거짓이 판치고 신뢰가 무너지고 도덕이 파괴된 이 세상을 염려하면서 살아온 내가 처지가 다급하다고 사람을 못 믿고 그래서는 안 된다는 생각이었다. 그리고 지금도 그렇게 한 것은 잘했다고 믿는다. 설혹 김영국 거사가 내 말을 사실이라고 증언하지 않아서 내가 거짓말쟁이가 되고 그 당시 봉은사를 떠나게 됐다고 해도 말이다.

혹은 김영국 거사가 사실을 부정해서 내가 명예훼손으로 감옥을 간다 해도 진실은 변하지 않는다. 불이익을 당하더라도 그 진실을 향해 뚜벅뚜벅 가는 것이 수행자의 길이라고 생각했다. 그래서 봉은사 외압 문제에 40년 중노릇을 걸겠다고 한 것이다. 만일 진다고 하더라도 옳은 길을 가면 내가 옳은 길을 갔다는 자긍심은 남는다. 아무리 성공을 한다 해도 틀린 길을 가서 이룬 성공이라면 그것은 스스로 자랑스러울 수 없는 것이다. 실패하면 두말할 것 없이 비참한 것이고.

2010년 3월 23일 드디어 김영국 거사가 기자회견을 했다. 그리고 나의 말이 100% 사실이라고 증언해주었다. 이 증언 하나로 봉은사 외압 문제는 다 끝난 것이나 다름이 없다. 진실이 밝혀졌기 때문이다.

김영국 거사는 2009년 11월 13일 조찬 자리를 만든 장본인이었다. 그리고 그 자리에 처음부터 끝까지 함께 했다. 11월 13일은 국회가 개원

하는 날이었다. 그런 바쁜 날 여당의 원내대표와 국회 문광위원장이 서울 프라자호텔에서 조계종 총무원장을 만난 것은 예산 문제 때문이었다. 11월 5일 총무원장으로 취임한 자승으로서는 단 한푼의 예산이라도 더 따야 하는 자리였던 것이다. 이 자리에서 여당의 원내대표가 나를 봉은사에서 내보내라고 외압을 가한 것이다.

김영국 거사는 한나라당에 오래 몸을 담았다. 고흥길 의원의 보좌관을 지내기도 했다. 그런 그의 이력이나 종단과의 관계를 살펴봤을 때 김영국 거사가 내 말을 증언해줄 가능성은 거의 없었다. 김영국 거사도 그의 부인도 모두 종단에서 일하고 있다는 점에서도 그렇다. 특히 김영국 거사의 경우 조계종 문화사업단 대외협력위원으로 일하고 있었기 때문에 나를 편들어줄 입장이 못 됐다.

게다가 나와 특별히 인연이 있는 것도 아니었다. 그 전에 밥 한 끼 같이 먹은 적도 없었다. 그런 그로서는 꼭 증언할 필요가 없었다. 가타부타 말하지 않고 그냥 조용히 지내기만 했어도 되는 것이었다. 당시 홍보수석을 하던 이동관이 제안한 것도 그것이었다. 그 제안을 김영국 거사가 거부하자 욕설을 퍼부은 것이다. 하지만 그는 자신이 불이익을 당할 것이 뻔히 보이는데도 불구하고 기자회견장에 나와 자신이 알고 있는 사실을 담담히 밝혔다.

한국 사회에서 조직의 비리나 잘못을 바깥에 알린 사람 중에 소위 성공한 사람이 없다. 조직과 사회에서 모두 왕따를 당해 피폐해진다. 불의한 세상은 그러한 불의한 카르텔을 가지고 올바른 사람을 왕따시킴으로써 도덕과 양심을 압살하려 한다. 그래서 더더욱 진실을 알고 있더라도 나서서 말하지 못하는 것이다. 그런데도 김영국 거사는 그 불이익을 감수하고 진실을 밝혔다.

김영국 거사는 작게는 나로 인해, 더 넓히자면 불교와 사회적인 일로 인해 개인적 고초를 겪고 있다. 나는 김영국 거사가 참 고맙기도 하고 미안하기도 하다. 하지만 내가 김영국 거사에게 고맙다고 하는 것은 단순히 내 편을 들어줬기 때문만이 아니다. 그가 절체절명의 위기 상황에서 자기가 편해질 수 있는 길을 버리고 옳은 길, 진실한 길, 양심적인 길을 선택해서 아직은 우리 사회에 진실이, 양심이 살아있다는 것을 보여주었기 때문이다.

이 불의한 시대에 그래도 희망의 빛이 되는 사람들이 있다는 걸 보여줬기 때문이고 더욱이 불자 중에 그런 사람이 있다는 게 고마웠다. 나는 이런 사람이 앞으로 한국 사회에서 역할을 해야 한다고 믿는다. 꼭 정치인이 되어 성공하는 것보다 이런 양심을 바탕으로 우리 사회가 좋은 방향으로 나아가는데 역할을 해주길 바라는 것이다.

김영국 거사가 기자회견을 통해 진실을 밝히기까지 많은 방해가 있었다. 기자회견을 앞두고 종단 쪽에서도 김영국 거사를 만류하려고 여러 방면으로 선을 댔다. 그의 부인을 통해서도 압박이 들어왔다. 한나라당과 국정원, 심지어 청와대에서까지 압박이 들어온 것이다. 김영국 거사의 절친한 후배인 청와대 직속 기구의 모 인사는 기자회견 전날 김영국 거사를 설득하기 위해 지인 몇 사람과 자리를 가졌다.

그 후배는 기자회견을 하면 자기도 다친다며 마음 약한 김영국 거사를 흔들었다. 자기만이 아니라 아끼는 후배까지 다칠 수 있다는 말에 김 거사는 잠시 흔들렸던 모양이다. 그때 그 후배가 이동관 청와대 홍보수석에게 전화를 걸어 간접대화를 통해 기자회견을 만류한 것이다.

이동관이 "VIP에게 보고해야 되니 기자회견을 안 하겠다는 답을 달라"고 했다고 한다. 김 거사가 거절하자 협박도 하고 회유도 했다고 한다. 사면도 해주고 해달라는 것 다 해주겠다, 앞으로 모든 걸 보장해주겠다고 회유했던 것이다. MB가 국회의원 시절 불법 선거자금이 문제가 되자 핵심으로 지목된 김유찬을 회유해서 이를 모면하려 했던 상황과 너무나도 닮았다.

이런 와중에 김영국 거사에게 결정적 역할을 한 사람들이 있다. 바로 그의 두 딸이다. 딸들이 "아빠 힘내세요. 아빠를 믿어요. 떳떳한 길을 가세요"라고 하자 김 거사는 천군만마를 얻었다. 아무리 힘들어도 딸들을 봐서라도 떳떳한 길을 가야겠다고 결심했다고 한다. 내가 거짓말을 하는 것이 나쁘다고 말하는 이유 중의 가장 큰 부분이 우리 후대들에게 거짓이 판치는 세상을 물려줄 수 없기 때문이다. 돈을 억만금 물려주는 것보다 진실하고 양심적으로 사는 것이 더 나은 길이라는 사회적 유산을 우리 아이들에게 물려줘야 한다. 그런 점에서 김영국 거사의 선택은 더 빛나는 일이다.

"밥 못하면 '좌파 마누라'라 할 건가"

:: 거짓말, 좌파 타령으로 패가망신한 안상수

"원내총무라는 작자가, 군대도 안 갔다온 사람이 거짓말을 했다. 머릿속에 아는 단어가 딱 '좌파', 아는 글자가 '좌파' 밖에 없다. 그렇게 싫으면 왼쪽 눈과 왼쪽 팔, 다리 쓰지 말고 깽깽이 걸음으로 다녀라. 감히 어따 대고 좌파 우파를 운운하는가.

지금이라도 안 늦었으니 군대 갔다 오라. 군대 갔다 와서 나를 좌파라고 하든지 빨갱이라고 하든지 한다면 내가 다 수용하겠다. 그리고 왜 거짓말하는가. 이 정권 들어 거짓말이 횡행하는 사회가 됐다."

2010년 3월 28일 봉은사 일요법회 법문 중에서

봉은사 직영 문제 때 김영국 거사가 불이익을 감수하면서도 진실의 편에 섰다면 안상수는 거짓의 장막 뒤에 숨었다. 외압이 아니었다면 봉은사 주지라는 분이 정권 비판을 너무 심하게 하니 좀 말려달라고 한 말이었다고 했으면 싱겁게 일이 끝날 수도 있었다.

그러나 안상수는 거짓말을 했다. 외압이 사실이었기 때문에 거짓말을 한 것이다. 미국 닉슨 대통령이 워터게이트로 사임한 것도 거짓말 때문이었다. 감추기 위해 거짓말을 하다 보니 그 거짓말을 감추기 위해 더 큰 거짓말을 하고 그 거짓말이 눈덩이처럼 커지는 것이다. 봉은사 사태가 꼭 그랬다.

안상수는 그런 말한 적 없다고 거짓말을 하고 그 자리를 마련한 김영국 거사도 동석을 안 했다고 했다. 그리고 나를 알지도 못한다고 거짓말을 했다. 그런데 《법보신문》에 1998년 3월 26일 과천종합사회복지관 개관식 장면을 찍은 사진이 실렸다. 거기에는 당시 연주암 주지이자 과천종합사회복지관 관장이었던 자승과 연주암 선원장이었던 나, 당시 조계종 총무원장 월주스님, 용주사 주지 정락스님, 과천사암연합회 종운스님, 진관스님 등이 참석한 것으로 나와 있다. 안상수도 이성환 과천 시장 등과 함께 참석했다. 이렇게 거짓말을 밥먹듯이 하고 시정잡배처럼 남의 종교 인사 문제까지 개입했기 때문에 "정계를 떠나라"고 비판한 것이다.

입만 열면 '좌파 타령'을 하던 안상수는 2010년 3월 16일 서울 명동 은행회관에서 열린 '바른교육국민연합' 창립대회 축사를 하면서 "10년간의 좌파정권 기간 동안 편향된 교육이 이루어졌다"며 "이제는 그 잘못된 편향된 교육을 정상화된 교육으로 바꾸어 나가야 한다"고 했다. 그는 "이런 잘못된 교육에 의해 대한민국 정체성 자체를 부정하는 많은 세력들이 생겨나고 있고, 그야말로 극악무도한 흉악 범죄들, 아동 성폭력 범죄들까지 생겨나고 있는 것"이라며 김길태 같은 아동 성폭력범이 나온 것도 좌파교육의 산물이라고 주장한 것이다.

그런데 김길태는 전두환, 노태우 시대를 거쳐 YS 때 학교를 다녔다. 갖다 붙인다고 다 말이 되는 것이 아니다. 게다가 안상수는 군대도 두 번이나 기피하면서 면제받아 놓고 월남에 갔다 온 나에게 좌파라는 황당한 말을 하기도 했다. 아무 때나 좌파 딱지를 붙이고 다니는 것이다.

자기들과 생각이 다르면 '괴담'이고, 자기들 편이 아니면 모조리 '좌파'라고 몰아붙이는 것이다. 안상수가 군의 징집을 기피해 두 번씩 도망을 다닐 때 나는 월남전에 참전하고 있었다.

그렇게 도망을 다니면서 군입대를 기피했으니 일등병, 이등병 계급도 몰랐던지 안상수는 국제적 망신을 당했다. 병역면제자가 MB정부에 득실거리자 만만하게 보고 북한에서 연평도를 포격한 뒤 연평도에 간 안상수는 불에 그을린 보온병을 들고 포탄이라고 해 망신을 당했다. 보온병을 들고 76mm포탄이니 122mm포탄이니 하면서 등신짓을 한 것이다. 오죽했으면 영국 《텔레그라프》, 독일의 《디프레스》와 《포커스》 등에서 사진과 함께 대문짝만하게 실었겠는가. 국격이 아니라 국가 망신을 다 시키고 다닌 것이다.

이런 어처구니없는 행동으로 인해 당시 인터넷에는 '상수야, 군대가자'가 유행어가 되었다. 망신을 여러 번 당하던 안상수는 본래 천주교 신자였는데 그 뒤로는 입을 닫고 묵언수행을 해서 불교로 개종한 것이 아닌가 하는 얘기도 나왔다. 하지만 병역은 어떻게 기피할 수 있을지 모르지만 부처님 법에 의지한 진실은 기피할 수 없다고 내가 여러 차례 경고했다.

그 말이 무서웠던지 한나라당 대표에 출마할 때쯤 봉은사를 지역구로 한 한나라당 이종구 의원을 통해 사과를 하고 싶다는 의사를 전달해 왔다. 이종구 의원은 평소 사람도 좋고 나와도 잘 통해서 일언지하에 거절하지 않고 내게 사과하지 말고 공개적으로 봉은사와 우리 신도들에게 사과하라고 했다. 그랬더니 출마 기자회견을 하면서 "기억은 나지 않지만 사실이라면 유감"이라는 식으로 사과를 했다. 그래서 내가 "'사과' 인지 '배' 인지 '수박' 인지 모르지만 그래도 그 정도면 MB정권의 떨어진 도덕적 수준을 감안할 때 대단히 도덕적이라고 생각해 더 이상 언급하지 않겠다"고 말했다.

안상수가 처음엔 거짓말을 하다가 결국은 사과를 했지만 끝끝내 자신이 한 말을 부인하는 사람이 있다. 이동관 전 청와대 홍보수석이다. 그는 김영국 거사의 기자회견 전날 갖은 회유와 협박을 일삼았으면서 그런 부당한 압력을 2011년 4월 11일 법회를 통해 내가 공개하자 이틀 뒤인 4월 13일 명예훼손으로 나를 고발했다.

5월 4일에 있은 일요법회에서 내가 "청와대 이동관 홍보수석이 '명진 스님이 사과하면 고소를 취하해준다'고 했는데 나는 절대로 사과하지 않겠다"며 "법정에서 만나자"고 말한 바 있다. 그리고 빨리 수사를 하라고 했는데 밍기적거릴 뿐 수사를 진행하지 않았다. 대개 명예훼손 사건은 2~3달이면 처리하는데 100일이 되도록 하지 않기에 7월 4일 일요법회에서 "이 수석은 잘못했다고 생각하면 봉은사 법당에 와 108배 참회를 하고, 봉은사 신도회에 정중히 사과를 해야 한다"며 "이를 받아들이지 않으면 잘못을 엄히 다스려 다시는 잘못을 저지르지 않도록 하겠다"고 경고했다.

김영국 거사에게 전화를 할 때 그 곁에 자기편을 들어줄 청와대 직속 기구 인사 한 명을 제외하고 세 명의 증인이 더 있었기 때문에 수사를 해봐야 본인에게 불리한 상황이었다. 이들의 증언을 기록해 증거보존 신청까지 해두었던 터라 수사는 차일피일 미뤄진 것이고 이동관은 청와대 홍보수석을 퇴임하는 시점에서 나를 고발한 것을 취소했다. 그때 "연민의 정으로 고소를 취하한다"고 했다. 이동관의 고소 취하 소식을 들은 《프레시안》 기자에게 전화가 왔기에 내가 어처구니가 없어 젊은 사람들 표현으로 하자면 '헐'이라고 답해준 적 있다.

나는 그때나 지금이나 거짓말 탐지기라도 동원해서 진실을 가리자는 입장이다. 거짓말 탐지기를 쓰면 90% 이상의 거짓을 밝혀낼 수 있다고 하니 공개적인 자리에서 같이 해봤으면 한다. 이런 나의 요구에는 응하지 않고 최근까지 언론을 통해 공직자로 일하면서 자기가 가장 힘들었던 때가 나와 진실다툼을 할 때였다고 자꾸 헛소리를 하고 있다. 내가 그 힘듦, 괴로움을 덜어주겠다. 정말 거짓말 탐지기 한번 해보자. 국민들 앞에서 생중계 해도 좋다.

거짓말만 일삼고 국민을 분열시키는 정치인들은 이 땅에서 사라져야 한다. 더욱이 분단국가인 우리의 처지에서 보면 말이다. 통일문제가 얼마나 절실한 문제이면 절집의 축원문마다 첫머리에 '남북통일 속성취'라는 말이 꼭 들어가겠는가.

갈라진 남북이 통일을 하자면 헤어진 부부가 재결합하는 것처럼 해야 한다. 서로 못난 것을 찾아내 헤집고 상처내면서 아프게 할 것이 아니라 어떻게 하면 좋은 점을, 예쁜 점을 찾아낼까 연구하고 칭찬해줘야 대화도 되고 정도 생겨 다시 합칠 수 있는 것이다. 남북문제에 그런 자세로 역할을 하는 정치인이 나와야 이 반세기의 분단을 끝낼 수 있다. 헌데 지구상의 유일한 분단국가의 정치인이라는 자들이 책임지지도 못하면서 입만 열면 험담이고 나쁜 말만 늘어놓으면서 갈등과 분쟁을 부추기니 걱정스럽기 짝이 없다.

봉은사에 있을 때 한나라당 이종구 의원이 찾아왔기에 "북한이 망하면 우리가 책임질 수 있나. 한나라당 말대로 북한이 망해서 수십 수백만이 우리한테 밀려 내려오면 그 사람들 다 먹여 살릴 수 있느냐. 우리도 먹고 살기 빠듯한데 그들을 어떻게 다 책임지겠나. 보수세력들이 맨날 북한 망하라고 노래하는 건 어리석고 무책임한 짓이다. 북한 정권이 무너진다고 북한 땅이 우리 것이 되겠는가. 천만의 말씀이다. 중국이 밀고 내려온다. 그럼 우리와 중국이 국경을 맞대고 살아야 한다. 그게 우리한테 좋은 일이겠나"라고 말해준 적 있다.

헌법에도 평화통일을 해야 한다고 하지 않는가. 지금의 한나라당, 보수세력의 논리라면 박정희가 이후락을 평양에 보내 7·4공동성명을 만들어냈고, 박근혜 의원도 평양에 가서 김정일 위원장을 만났으니 좌파인 셈이다. 정주영 회장이 소떼를 몰고 평양을 방문했으니 그도 좌파고 현정은 회장이 금강산사업을 하고 있으니 현정은도 좌파인가?

이제 이 지긋지긋한 좌파 논쟁은 그만두어야 할 때다. 나는 종교인의 입장에서 남북이 전쟁 없이 평화통일을 이루기를 바라는 마음에서 교류하기 위해 조계종 대표로 북한에 여러 차례 다녀왔다. 성질 나쁜 동생 못된 짓 못하게 말리듯이 북한하고 공존하고 민족적 비극을 막아야 하는 것이다. 안 그러고 북한 사람들을 다 절단 내고 굶겨 죽여야 하나? 그 건 아니다. 이런 것이 좌파인가?

아무데나 좌파 딱지를 붙이는 안상수는 자기 부인이 밥을 못해도 좌 파 부인이라 하고 자식이 공부를 못해도 좌파 자식이라 부를 것 같다. 그러다 혹여 개가 짖는 걸 보면 그 개에게도 '좌파'라는 딱지를 붙여주 지 않을까 싶다.

"장로대통령과 밀통해 불교 깨부수나"

:: MB 하수인 자인한 자승원장

"이명박 장로 정권의 하수인이 되었다고 저는 분명히 말하고 싶다. 이상득 장로를 2007년 10월 13일 봉은사에 데리고 왔다. 두 번 거절했다가 만났다. 조계종 입법기구의 책임자인 종회의장이 선거 막바지에 당선 유력한 이명박 후보를, 그의 형을 데리고 봉은사에 데리고 오는 게 안 맞다고 생각했다.

조계종의 수장이 과연 한나라당 이명박 장로와 어떤 면에서 종교적, 사상적 신념이 같은 것인지, 이해관계가 맞아떨어졌는지 어떤 야합이 있었던 것인지, 이명박 장로의 선거운동을 어떻게 도왔는지 명명백백하게 밝히시길 바란다."

2010년 3월 28일 봉은사 일요법회 법문 중에서

《열반경》에 "거짓말을 하지 말며, 심지어 꿈속에서라도 거짓말 할 생각을 아니하는 것이 수행자의 도리니라"라는 말이 있다. 수행자는 거짓말을 말아야 한다. 설사 꿈속에서라도 거짓말을 하지 말아야 한다. 말과 뜻이 진실하지 않은데 수행자의 삶이 과연 진실할 수 있겠는가? 수행자란 명예도 권세도 아닌 오로지 참됨을 구하는 존재이기 때문이다.

　MB 입장에서야 자신에게 비판적인 나를 어떻게든 손보고 싶은 욕심이 꿀떡 같았을 것이다. 그런데 자신과 종교가 다른 나를 함부로 건드렸다가는 또다시 종교 편향, 불교 탄압이란 소리를 들을 것이고 그렇다고 참고 있자니 영 마음이 불편했을 것이다. 정보기관을 시켜 뒷조사를 했지만 나오는 것은 없어 이러지도 저러지도 못하던 차에 자기에게 우호적인 자승이 조계종 총무원장으로 당선되었으니 기대가 컸을 것이다.

자승이 이상득을 데리고 이 절 저 절로 다니면서 선거운동을 해줬듯 드러나지는 않았지만 MB정부가 자승의 당선을 위해 품앗이를 한다는 소문은 종단에 파다했다. 그런 과정에 이미 이심전심 통하는 것이 있었을 것이다.

2009년 11월 5일 취임한 자승은 취임 8일 만에 의욕적으로 템플스테이 등 불교계 예산을 확보하기 위해 고흥길 국회 문광위원장을 만나기로 했다. 2009년 11월 13일 아침의 일이다. 그런데 그 자리에 나온 안상수 한나라당 원내대표가 "강남 부자절에 좌파 주지를 놔둘 거냐"라고 얘기를 꺼냈던 것이다. 자승은 "임기가 있는 주지를 내 맘대로 할 수 없다" "봉은사는 재정이 공개되어 있어 주지가 함부로 돈을 쓸 수 없다. 신도들이 가져다 준 돈을 쓰는 것은 나도 어쩔 수 없다"라고 했다. 그럼에도 안상수가 계속 그런 얘기를 하자 "취임식 때 대통령과 20분간 통화했으니 그 문제는 더 이상 신경을 안 써도 된다"는 투로 답했다. 동석했던 김영국 거사가 전해준 말이다. 그 순간 김영국 거사는 자승원장이 이미 MB쪽으로 넘어갔다고 판단했다고 한다.

자승은 취임식 때 "소통과 화합으로 종단을 이끌겠다"고 했다. 그런데 봉은사 직영을 결정하면서 봉은사 주지는 물론 신도들에게 단 한 번도 의견을 구한 적 없다. 종단 내 누구와 이 문제를 상의한 적도 없다고 한다. 그럼 과연 누구와 소통해서 그 같은 대형사고를 친 것인가? 내가 2010년 11월 7일 봉은사 일요법회 때 "자승원장이 하겠다는 소통과 화합은 대체 누구와 했다는 것인가. 그리고 MB와 20분간 통화했는데 과연 장로 대통령 MB와 무엇이 통해서 소통을 했는가? 종교적 신념이 같은가 사상적 이념이 같은가?"라고 되물었다. 그런데 아직도 묵묵부답 대답이 없다.

아마도 자승은 최소한 2006년부터 MB와 소통을 해왔다. 그리고 2007년에는 아예 팔을 걷어붙이고 MB 선거운동을 했다. 그런 과정을 통해 총무원장이 된 자승이 당선 넉 달 만에 추진한 일이 봉은사 직영화다. 바로 '소통과 화합'이 아닌 '밀통과 야합'으로 봉은사를 직영화하면서 나를 내쫓는 기막힌 안을 내놓은 것이다. MB가 바라던 그 일을 자승이 해낸 것이다.

자승은 선거운동을 하면서 장로 정치인에 불과한 MB와 종교적 신념이 같아지지 않았다면 어떻게 장로 대통령의 명을 받고 나를 봉은사에서 내쫓고 봉은사를 직영화 할 수 있었는지 답해야 한다. 강남교회의 김성광 목사 같은 일부 광신적 기독교인들이 "얼음을 깨는 쇄빙선처럼 봉은사를 깨부수겠다"고 했는데 그들과 한패가 되어 봉은사를 깨부순 것인지 답해야 하는 것이다. 적어도 자승이 불자고 머리 깎은 수행자라면 말이다.

사건의 핵심 당사자 중 한 명이면서 비겁하게 회피하고 사실에 대해 침묵하는 것 자체가 진실을 감추는 거짓된 행동이다. 수행자의 행동은 아닌 것이다. 하기야 자승이 젊은 나이에 원장이 되기까지 선방에 다니면서 남다르게 공부한 것도 아니고, 경전을 열심히 읽은 바도 없는 걸로 알고 있다. 그렇다고 불사를 잘하기를 했나, 포교에서 혁혁한 공을 세웠나. 이 역시 한 바가 별로 없다. 그저 돈과 이권으로 이리저리 표를 모으는 재주는 있어서 총무원장이 되기는 했다.

수행보다 포교보다 더 중요한 것이 이권이고 보면 종교적 신념을 내팽개치고 장로 대통령과 밀통과 야합을 할 수도 있었을 것이다. 그랬으니 2010년 3월 9일 은정장학회에서 만났을 때 "참회합니다"라고 한 모양이다. '귀신이 시켜서 한 일'이라며 참회한다고 하면서도 끝내 그 귀신이 누군지 밝히지 않고 있다. 아마도 '청와대 귀신'이었을 것이다.

자승은 이미 2006년 12월 20일 롯데호텔에서 용주사 주지 정호스님과 함께 MB의 당선을 위해 축배를 들었다. 그는 이날 건배사에서 "이명박 후보의 대통령 당선을 위해 최선을 다해 뛰자"고 '충성 맹세'를 했다. 용주사 주지 정호스님은 고려대 법대 출신이라 MB에게 우호적이었고 자승도 용주사 출신이라 서로 한패가 되기엔 안성맞춤이었을 것이다.

그래서인지 자승은 전국의 절집을 돌면서 MB 선거운동을 했다. 그 일환으로 2007년 10월 13일 이상득과 함께 봉은사를 찾아온 것이다. 자승이 종회 의장이던 때였는데 그 전에 식사 자리를 만든다는 걸 두 번이나 거절했는데 또 청하기에 허락했던 것이다.

그러나 그들이 요청한 MB의 봉은사 방문은 정중히 거절했다. 그때 자승은 조계종 입법기구인 중앙종회의 의장이었다. 조계종 입법기구의 수장이 한나라당 이명박 장로의 선거원이 된 것이다. 어떻게 한 종단을 대표하는 인사 중 한 명이 장로 정치인의 뒤나 졸졸 따라다니면서 선거 운동을 할 수 있는 것인지 지금 생각해도 낯이 후끈해진다.

부처님께서는 물론 그 옛날 스님들 중에는 왕위도 버리고 출가한 분들이 많다. 불교에서는 권력과 명예란 것이 풀잎 끝의 이슬같이 허무한 것이라고 가르치고 있다. 그런데 어떻게 세속의 정치를 졸졸 따라 다니게 됐는지 모를 일이다.

노무현 정부 시절 나에게도 장관급인 군의문사위원장을 맡아 달라는 제안이 들어왔다. 그러나 나는 단호히 거절했다. 세속의 모든 권세를 버리고 출가한 수행자가 그런 자리를 맡는다는 게 출가 정신에 어긋나기 때문이다.

그러나 압권 중의 압권은 역시 불교계 언론 《불교닷컴》이 보도한 대로 자승이 MB 대선 캠프에 상임고문으로 참여한 것이다. 종교인이 되어 가지고 속인들의 공식 대선 조직인 캠프에 이름을 올리는 것은 치욕이다. 그렇게 이름을 올린 불교계 인사가 380명이라고 하는 것은 충격적인 일이다. 불교가 얼마나 세속화되고 타락했는지 보여주는 단적인 사건이다.

이들 대선 캠프에 참여한 스님들은 MB 당선 후 감사장도 받았고 일부는 그에 대한 보답으로 국고보조금 지원 등의 특혜를 얻기도 했다. 그 캠프의 이름도 '747불교지원단'이다. 세상이 그저 잘살겠다는 욕망으로 들끓어 MB를 선택했고 MB가 국민을 현혹하기 위해 내건 것이 747 공약이다. 그 이름을 딴 '747불교지원단' 이라니 종교의 타락이 이 정도면 말세라 할 것이다.

이 380명의 명단에는 자승말고도 불교계의 이름난 스님들이 많이 들어가 있다. 조계종 원로의원 7명, 중앙종회의원 16명, 중앙종무기관 또는 종정기관 주요 보직자 10명, 교구본사 주지 및 소임자 19명, 불교시민사회단체, 전국비구니회 임원, 동국대 교수 등 154명이 이명박 대선 후보 캠프에 참여했다.

이들 명단은 무작위로 올려진 것이 아니라 직접 본인의 의사를 물어 수락을 받은 뒤 만들어졌는데 명단 끝에는 추천자 이름도 나와 있다. 여기에 기초해서 당사자들에게 MB가 당선된 뒤 감사장을 보냈고 이를 기준으로 국고보조금을 보냈다는 것이다. 영향력 있는 스님들을 얼마나 추천해서 수락을 받을 수 있느냐는 선거가 끝날 때 논공행상의 자료가 되기 때문이다.

그래서 내가 자승을 '영포회 불교지부장', 'MB 불교특위위원장' 이라고 비판했던 것이다. 자승을 'MB 하수인' 이라고 부르는 것은 나만이 아니다. 나와 더불어 불교계 블랙리스트에 올랐다는 설이 있는 전 화계사 주지 수경스님 역시 문수스님 소신공양 뒤에도 정권의 눈치나 살살 보며 사건 축소에 급급한 자승과 총무원에 대해 직격탄을 날렸다.

수경스님은 2010년 5월 조계사에서 열린 문수스님 추모제에서 호소문을 통해 "조계종단 수뇌부에 호소한다. 이명박 정권의 하수인 노릇을 그만 하라"며 "온갖 교활한 방법으로 문수스님의 소신공양 의미를 축소시키려 한 지난 며칠 간의 행위는 마구니들이나 할 짓"이라고 강도 높게 비판했던 것이다. 그러면서 "수행자이기 전에 인간으로서 그래서는 안 된다"라고 호소하기도 했다.

하도 'MB 하수인'이라는 소리를 듣다 보니 자승도 그 하수인 소리가 듣기 싫었던지 2011년 2월 말 종단의 중진 스님들이 마련한 자리에서 "언제 나를 원장 대접한 적 있느냐. 개새끼 취급했지"라고 하기에 내가 "내가 언제 개새끼 취급했느냐. 하·수·인이라고 했지. 사람 인 자 꼭 넣어줬다"고 답해준 적이 있다.

그러나 그도 2010년 8월 17일 독실한 기독교 신자인 박선규 문화체육관광부 제2차관이 신임 인사차 들러 "대통령이 원장스님을 워낙 좋아하신다"라고 하자 "MB 하수인이라는 얘기만 들었지 제대로 도움받은 것이 없다. 꼭 가서 전달해 달라"고 했다. 스스로 'MB 하수인'이라는 것을 자인한 셈이다.

'MB 하수인' 노릇하는 자승으로 인해 조계종이 MB 권력의 가랑이 밑으로 기어 들어간 것이다. 1994년 종단 개혁은 권력으로부터 불교가 독립하겠다는 의지도 포함되어 있었다. 그나마 희미하게 남아 있던 종단 개혁의 흐름은 총무원장이 권력의 하수인 노릇을 톡톡히 하는 탓에 멸절의 위기에 놓이게 된 것이다.

말법시대가 따로 있는 게 아니다. 도덕과 진실과 정의는 외면하면서 돈과 권력만을 쫓는 시대가 바로 말법시대다. 세상이 그렇게 미쳐 돌아가더라도 정신을 차리고 진실과 정의, 인간됨을 지켜야 하는 것이 종교의 역할이다. 그래서 종교를 물질주의가 횡행하는 이 메마른 세상에서 오아시스 같은 역할을 하는 곳이라고 말하는 것이다.

그런데 세속 사람들의 오아시스가 될 생각은 않고 오히려 더 오염되고 세속화되고 정치화되는 이 시대가 바로 말법시대인 셈이다. 일찍이 서산대사께서는 말법시대가 되면 부처님을 팔아 살아가는 가사 입은 도둑이 생길 것이라며 《선가귀감》에서 이렇게 경고하셨다.

"중도 아닌 체 속인도 아닌 체하는 이를 박쥐중, 혀를 가지고도 설법하지 못하는 이를 염소중, 중의 모양에 속인의 마음을 쓰는 자를 머리 깎은 거사, 지은 죄가 하도 무거워 꼼짝할 수 없는 이를 지옥 찌꺼기, 가사 입은 도둑… 이러한 여러 이름의 비구가 생기는 것은 슬프지만 행실이 그와 같기 때문이다."

"변소간 단청한다고 냄새 없어지나?"

:: 조계종 5대 결사는 대국민 사기극

"지금 조계종이 '5대 결사 운동'을 한다고 말한다. 한국불교도 새로운 불교의 모습이 나오려면 스님들이 지금까지 살아온 세월에 대해 양심고백하고, 갖고 있는 돈 다 내놓고, 선거 과정에 수십 억씩 들어간 것 다 얘기하고… 그러고 난 다음에 5대 결사 운동을 한다면 불자들도 뜻을 받아들일 것이다.

그러지 않는다면 단순하게 템플스테이 비용(예산) 깎았다고 해서, 그것도 명진 봉은사 주지를 내쫓으라고 하는 안상수의 압력을 받고 내쫓았는데도 돈을, 템플스테이 비용을 안 주니 그게 분해서 5대 결사 운동이라는 이름 하에 포장을 해서 정부에 압박을 가한다.

아마 정부가 무릎을 꿇을지도 모른다. 선거 때문에. 그러나 국민들은 그걸 전혀 안 믿는다. 한국불교가 새로 살아나기 위해서는 각성된 불자들의 힘으로 스님들 정신 차리게 해야 한다."

2011년 3월 5일 〈아프리카TV〉 인터뷰 중에서

MB정부의 사주를 받아 나를 내쫓은 조계종 총무원이 2011년 예산안 처리 과정에서 템플스테이 예산이 줄어들자 뿔이 났다. 템플스테이 예산이 60억 원 가량 축소된 것이다. 그러자 정부와 관계를 단절한다며 난리를 피웠다. MB정부가 종교 편향을 그렇게 일삼을 때도 말 한마디 않더니 60억 원 덜 주었다고 사생결단하듯 야단법석을 떤 것이다.

돈 60억 원이 적은 액수는 아니지만 불교를 대표하는 조계종 총무원이 정부에서 그 예산 안 줬다고 그렇게 야단법석을 떨 필요는 없었던 것이다. 그 꼴이 우스웠던지 고흥길 문광위원장이 MBC 라디오 손석희의 시선집중에 나와 "고매하신 스님들이 돈 얼마 가지고 그런다"며 비판했다.

약속되었던 예산이 누락된 것은 불교계를 우습게 생각했기 때문이다. 총무원장이 'MB 하수인'인데 그 종단이 왜 우습지 않게 보이겠는가? 종단 요직에 앉은 사람 중에 다수가 자기의 선거 캠프에 이름을 올린 선거운동원들이기도 하고.

총무원이 화는 나도 발끈할 일은 아니었다. 평소 자승이 하던 대로라면 종단의 대변인인 기획실장을 통해 비판 성명서 한 장 내면 될 일이었다. 실제로 그렇게 하자는 종단 내부의 의견도 있었다. 그게 상식적인 대응이었기 때문이다. 그러나 그런 상식적인 대응을 하자는 일부의 주장에 대해 자승은 "그럴 거면 사표를 쓰고 나가라"고 대노했다.

총무원은 즉각 정부와 한나라당과의 관계를 단절하고 일체의 출입을 금지시키라고 각 사찰에 지시를 내렸다. 왜 그렇게 자승이 화를 냈을까? 나를 내쫓고도 돈을 못 받아서다. MB와 친하다는 건 다 아는데 토사구팽 당했다는 기분도 들고 주변에서도 그런 수군거림이 있었다. 'MB 하수인' 소리나 들어가면서 어떻게 한 일인데 더 도와주지는 못할망정 부탁했던 예산도 누락시키니 본인으로서는 기가 막혔을 것이다.

자승은 이미 박선규 문광부 2차관이 신임 인사차 총무원을 방문했을 때 이미 "MB 하수인 소리나 듣지 덕본 것 없다고 전해달라"고 했다. 덕

보려고 한 일임을 인정한 셈이다. 그런데 그런 소리까지 들으면서 덕 보려고 했는데 덕은 고사하고 팽 당했으니 아무리 'MB 하수인' 짓이나 하는 자승이지만 분했을 것이다.

자승이 이성을 잃었음이 단적으로 드러난 것이 4대강을 반대한다는 종단 차원의 입장을 밝힌 것이다. 종단 내에서 정부와의 관계를 단절하는 것이야 종단 내의 일에 그치는 것이지만 4대강 문제는 전 국민적 사안이다. 그걸 템플스테이 예산 60억 안 준다고 반대하니 얼마나 우스꽝스럽고 천박한 집단이 되어버렸는가. 그렇게 부끄러운 짓을 부끄러운 줄 모르고 하는 게 조계종 총무원과 자승이다.

하기야 자기 종단의 스님이 4대강을 반대해 소신공양을 할 때도 반대하지 않았던 종단이 아니던가. 우리 역사에서 사회정치적 문제를 가지고 소신공양을 한 것은 처음 있는 일이었다. 오죽했으면 수경스님이 MB 하수인 노릇, 마구니(악마) 노릇 그만하라고 자승에게 일갈했겠는가. 당시 종단은 4대강을 비판하는 벽보도 못 붙이게 할 때였다. MB 선거운동원이 종단 수장으로 앉아 있는데 MB가 가장 역점적으로 하는 사업을 반대키 어려웠을 것이다. 하수인이 감히 상전이 하는 일에 가타부타 할 수 없었던 것이다.

그때는 꿈쩍도 않고 오히려 축소하기에 급급했던 종단이 돈 60억에 4대강을 반대하니 기가 막힐 노릇이었다. 그래도 이번 기회를 반성 삼아서 잘 해보겠다고 하니 반신반의하는 마음으로 지켜봤다. 그리고 정말 자성을 통해 종단이 거듭나기를 바랐다. 종단에서도 "100년이 걸리더라도 불사는 우리 힘으로 우리 손으로 하겠다"는 비장한 선언도 나왔다.

불교 종단이 권력의 눈치를 보게 되는 것은 예산 때문이다. 국가문화재의 70% 가까이가 절집에 있다 보니 이것들을 관리하고 유지 보수하는데 돈이 든다. 당연히 받아야 할 돈이지만 어떻게 된 것이 주지나 총무원장, 종회의원 등 소위 종단 내 힘 있는 사람이 로비를 잘하면 돈을 끌어오고 로비를 못하면 돈을 못 받는 구조가 되어 있다. 그러다 보니 자연 권력 앞에 가면 머리를 조아리고 비굴해지는 것이다.

그런데 얼마 되지 않아 이것이 위선적 언사였음이 드러났다. 말로만 자성과 쇄신을 할뿐 과거의 잘못에 대한 참회와, 참회를 통한 발심이라는 진정성은 없었다. 그런데 한 걸음 더 나아가 5대 결사를 하겠다고 했다. 결사란 혼탁한 시대를 정화하려는 서원에서 출발한다. 봉암사 결사는 조선 시대의 억불정책과 일제시대를 거치며 세속화한 한국 불교를 정화하기 위한 원력이었다. 해방 이후 뜻 있는 스님들에 의하여 정화결사운동으로 나타난 것이다. '부처님 법대로 살자'는 기치 아래 성철, 청담, 자운스님 등 20여 명이 1947년 봉암사를 중심으로 한국 불교의 새로운 초석을 놓은 것이다.

원력과 대의, 참회와 발심없이 이익을 위한 결사는 누구도 결사라고 하지 않는다. 자리와 이권을 위한 결사는 사기이고 협잡이다. 불교가 탈바꿈하고 한 단계 높은 단계로 나아가기 위한 치열한 집단적 수행으로서의 운동이 결사인데 이걸 MB정부와 싸우는 것에 이용하겠다는 발상이었다.

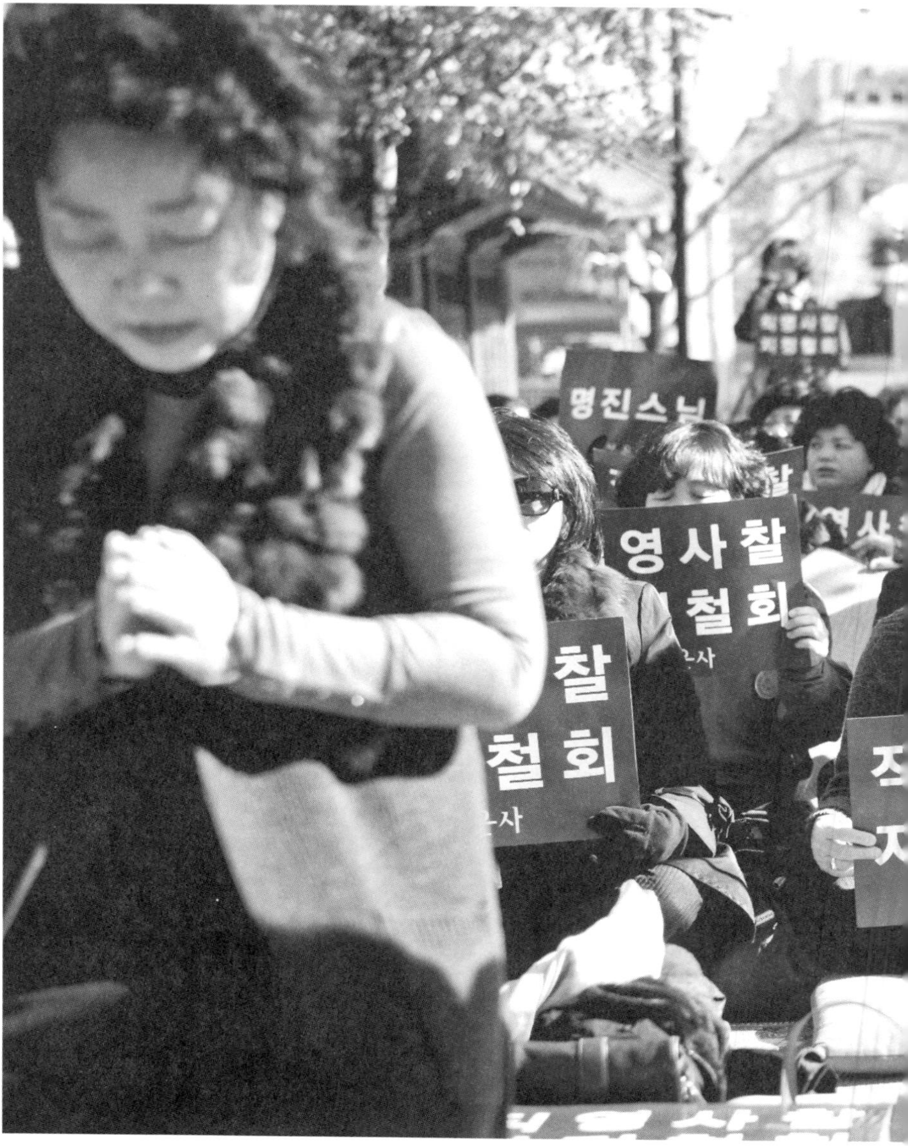
영사찰
철회
찰
철회

사찰
철회

직
지

사찰
철회
사

MB와 자승의 밀통과 야합으로 이뤄진 봉은사 직영에 대해 신도들이 반대하고 있다.

자승은 허물이 많아 제대로 정부와 싸울 수 없다는 걸 종단에 있는 사람들은 다 알고 있다. MB정부도 잘 알고 있는데 압박이 되겠는가? 자신의 허물이야 자승 자신이 가장 잘 알고 있는 것인데 그건 생각지도 않고 겉모양만 화려한 5대 결사의 말로가 어떨지 뻔하게 보였다.

얼마 되지 않아 템플스테이 예산을 받으면서 모든 것이 흐지부지됐다. 그것도 총무원장 비서팀장 격인 사서팀장을 청와대 행정관으로 밀어 넣고 정부와의 관계를 회복했다. 요란하게 떠들던 자성과 쇄신, 5대 결사는 그렇게 힘 한번 써보지 못하고 막을 내린 것이다. 국민들과 불자들에게 100년이 걸리더라도 제대로 해보겠다고 야심차게 선언했던 5대 결사는 대국민 사기극이 되고 만 것이다.

이로써 MB는 예산 얼마 준다 안 준다는 것으로 불교를 들었다 놨다 하면서 주무르고 망신을 줬다. 한심스러움의 방점을 찍은 것이 2011년 9월 조계종 중앙종회에서 도로명 삭제와 관련한 결의문 채택을 총무원에서 막은 사건이다. 완전히 꼬리를 내리고 "앞으로 대들지 않겠습니다"라고 선언한 것과 마찬가지다. 환경부 장관으로 소망교회 출신의 유영숙을 내정했을 때도, 현충일 행사 때 기독교 찬송가를 불러도 말 한마디 못한 종단이니 새삼스러운 일도 아니다.

이런 종단의 들러리를 서주던 조계종 화쟁위원회도 템플스테이 예산 60억을 못 받게 되자 4대강 반대 선언을 했다. 그렇다면 이제 돈을 받았으니 찬성을 할 것인가? 망신도 이런 망신이 없고 머저리짓도 이런 머저리짓이 없다. 도법스님이 위원장으로 있는 화쟁위가 'MB의 하수인' 자승의 들러리나 서면서 벌어진 코미디 같은 일이다. 화쟁위원회가 아니라 종단의 치부나 가려주는 '화장위원회'로 전락해버린 것이다. 그러나 변소간을 단청한다고 냄새가 없어질까?

봉은사 사태도 마찬가지다. 화쟁이 뭔가. 서로 충돌하는 의견을 옳고 그름을 따져 올바른 방향으로 모아간다는 것이다. 옳은 것이 있고 그른 것이 있다. 다툼이 있더라도 더 많이 잘못한 측과 덜 잘못한 측이 있다. 이걸 저울같이 정확히 판결해서 양측이 다 수긍할 수 있도록 해야 하고 그러한 방향을 잡는 게 화쟁위의 할 일이다. 사심을 가지고 어느 한편을 들어 정치적 거래나 타협을 하면서 속세의 거간꾼이나 협잡꾼 같은 짓을 하는 게 화쟁위의 할 일은 아닌 것이다.

화쟁위원장 도법스님에게 "종단에서 왜 봉은사를 직영으로 정하는지 아무도 아는 사람이 없는데 물어보았느냐?"고 질문한 적이 있다. 도법스님은 "한 번도 안 물어봤다"고 답했다. 그래서 "어떻게 일이 왜 일어났는지도 모르고 화쟁을 하십니까?"라고 했더니 "기왕 이렇게 된 것 직영이 잘 운영될 수 있도록 해보자. 직영을 되돌릴 수 없다는 것은 스님도 잘 알지 않느냐"라고 하는 것이었다.

현실적으로 직영을 수용하고 안 하고의 문제도 중요하다. 그러나 역사 속에서 옳고 그름이 있어야 한다. 그래야 문제가 생기더라도 바른 방향으로 나아갈 수 있는 것이다. 그런 말을 듣고 내가 화를 많이 냈다.

"그런 식이면 일제가 우리를 침략해 와 식민지를 만들었는데 기왕 된 식민지니까 그 안에서 잘 살아보자. 뭐 이런 식입니까? 그런 식이면 일본이 자동차 만들고, 기차 만들고, 비행기 만들 때 자전거도 못 만들던 조선민족이 독립해보겠다고 윤봉길 의사가 목숨을 걸고 폭탄을 던지고, 안중근 의사가 이토 히로부미를 저격한 건 미친 짓이겠네요"라고 한 뒤 나와 버렸다.

화쟁을 한다면서 직영을 왜 하는지, 하는 것이 과연 옳은 길인지 묻지도 않고, 됐으니 하자고 하는 그런 수준이기 때문에 정부가 템플스테이 예산 60억 원을 안 준다고 하니까 그동안 조사다 뭐다 하면서 밍기적거리다가 갑자기 반대로 돌아서는 것이다. 뭔가 찬성을 하고 반대를 하더라도 논거가 있고 이유가 있어야 사람들이 납득을 하는 것이다.

게다가 지금까지 화쟁위원회에서 만든 직영법이 종회에서 논의도 제대로 되지 않고 흐지부지되어 있다. 이런 것에 대해서는 한마디 말을 못하고 있는 것이다. 무슨 이유로 그렇게 벙어리가 됐는지는 모르지만 말이다.

무엇보다 양심적이어야 하고 진실을 이야기하는 사람이 수행자다. 돈과 권력에 굴복해서도 안 되고 인연에 끄달려 옳음을 포기해서도 안 된다. 종단의 자성과 쇄신, 그리고 '5대 결사'가 실패한 까닭도 바로 진실성이 없는 공허한 말잔치였기 때문이다. 아무리 잘 치장을 하고 화장을 한다 해도 역시나 위선일 뿐이고 사기에 지나지 않는다. 정말 조계종이 자성과 쇄신을 하고 5대 결사를 하겠다면 1907년 기독교의 평양대부흥성회처럼 자기 잘못을 고백함을 통해서 새롭게 태어날 때 가능하다.

1907년 1월 평양대부흥성회를 주도한 길선주는 14일 저녁 교인들 앞에서 1년 전 세상을 떠난 친구로부터 재산을 관리하도록 부탁 받았으나 그 일부를 사취했다고 자신의 죄를 고백했다. 그 고백과 참회가 있자 청일전쟁 당시 자기 아이를 죽였던 한 여인이 살인의 죄를 고백했고 이어 많은 사람들이 눈물로 자신의 죄를 고백하고 참회했다. 이것이 기독교가 평양을 기점으로 성장해나갈 수 있었던 동인이 된 것이다.

만일 조계종이 정말로 '자성과 쇄신' 5대 결사'를 하겠다면 지금껏 저질러온 잘못을 고백하고 참회해야 한다. 대표적인 것이 독신 비구를 자처하는 승려로서 처를 숨겨놓은 '은처 문제'와 수십, 수백억대의 재산을 가진 문제, 그리고 종단 내 계파를 형성해 주지직과 이권을 사고 파는 문제에 대한 고백과 참회가 있어야 하는 것이다.

화쟁위원회가 제대로 역할을 하려 한다면 이런 문제부터 제기해야 하는 것이다. 그래야 불자들과 국민들이 조계종의 '자성과 쇄신', 5대 결사운동'이 거짓이 아니라고 믿어줄 것이다.

"호텔털이범 국정원이 《민족21》에 간첩이라니"

:: 《민족21》 사건은 MB가 나에게 던지는 견제구

"MB정권에서는 정부, 여당, 국정원, 검찰 등과 전방위적으로 싸우는 내가 제일 미울 것이다. 이런 나에게 흠집을 내고 싶었을 것이다. 나를 지지하는 많은 신도들 중에는 중산층이 많다. 이들 가운데는 《조선일보》를 보는 분들이 많다. 《조선일보》의 '《민족21》, 천안함 폭침 주도한 北정찰총국 지령 받아' 제하 기사를 보고 우리 신도들이 얼마나 놀랐겠나. 우리 스님이 북의 지령을 받는다며 무서워하지 않겠냐 말이다."

2011년 8월 18일 《충청리뷰》 인터뷰 중에서

내가 어디 혼자 다니면 사람들이 "스님, 혼자 오셨어요? 무슨 일 있으면 어쩌시려고 혼자 다니십니까?"라고 걱정을 한다. MB가 무슨 짓을 할지도 모른다고 생각하는 것이다. 자기를 비판한다고 봉은사에서 쫓아낸 걸로도 모자라 내가 발행인으로 있는 잡지 《민족21》을 간첩으로 몰아 나에게 흠집을 내려 했다. 이른바 2011년 여름 세상을 떠들썩하게 했던 '왕재산 사건'이 그것이다.

봉은사에 있을 때부터 내 뒷조사를 한다고 야단이었다. 국정원 등의 정보기관에 연일 나와 관련된 동향 보고가 올라가기도 했다고 한다. 그래서 나를 만난 공직자 중에는 드러나지 않게 피해를 입은 분들도 있을 정도였다. 블랙리스트에 올랐는지, 천안함 사건이 난 뒤 KBS에서 해군 장병들의 무사귀환을 바라는 각계 인사들의 메시지를 인터뷰하면서 나도 취재해 갔는데 방송에는 나오지 못했다.

있는 것 없는 것 다 뒷조사를 해도 나오는 것이 없자 결국 꺼낸 것이 조자룡의 헌칼 같은 공안몰이였다. 결국 《민족21》에게 간첩 혐의를 들씌우려 했던 것이다. 2009년 무렵부터 도청, 감청 등의 내사를 진행했던 모양인데 이런 사실이 통신업체가 보내온 자료에서 드러났다.

옛날부터 독재정권들이 자신들에게 비판적인 종교인들에게 족쇄를 채우던 방식은 대체로 두 가지였다. 돈과 여자 문제를 파헤쳐 도덕성에 흠집을 내거나 공안 혐의를 들씌우는 것이 대표적이다. 1975년 4월 서울 시경은 한국기독교교회협의회(KNCC) 총무 김관석 목사, 수도권특수지역선교위원회 위원장 박형규 목사와 실무자 권호경 목사, 한국교회사회선교협의체 사무총장 조승혁 목사 등 개신교의 민주화운동 핵심 인사들을 구속했다.

유신정권은 반독재운동에 나선 대학생들을 좌경용공으로 몰았지만 종교인들마저 빨갱이로 모는 것은 곤란했다. 그래서 이들 유신반대운동에 나선 종교인들에게 횡령죄를 적용하여 파렴치범이라는 낙인을 찍으려 한 것이다. 수도권특수지역선교위원회는 독일의 세계급식선교회(BFW)로부터 빈민지역 선교자금으로 2,700만 원을 지원 받았는데, 검찰은 "피고인들이 BFW로부터 받은 원조자금 중 400여만 원을 순수한 선교 목적을 떠나 긴급조치 위반으로 구속된 사람들의 가족생계비로 지출

한 것은 배임행위"라며 기소했다.

이 사건은 변호인들 주장처럼 "검사의 공소장에도 피해자가 나타나 있지 않아 횡령과 배임죄는 성립될 수 없으므로 공소 기각을 해야 마땅"한 사건이었다. 세계교회협의회(WCC) 진상조사단의 폰 바이제커 목사도 "어린애라도 30분이면 판결을 내릴 수 있는 사건"이라고 일갈했다.

2011년 7월 6일 국가정보원은 "2006년부터 《민족21》에서 활동하며 조총련 관계자와 접촉해 수시로 지령을 수수하고, 이에 따라 활동하면서 조직원을 인입해 왔다"며 《민족21》 안영민 편집주간의 자택을 압수 수색하더니 같은 달 24일 같은 혐의로 정용일 편집국장의 자택과 《민족21》 사무실에 대한 압수 수색도 진행했다.

이와 관련해 7월 31일 《조선일보》 기자가 물어왔을 때 "그 사람들이 무슨 지령 받고 이럴 만큼 수준이 낮지 않다. MB 정권을 가장 신랄하게 비판해온 나에게 던지는 '위협구'로밖에 볼 수 없다"고 했다.

《민족21》이 북한한테 지령을 받지 않았다는 것은 국정원 등의 공안기관이 더 잘 안다. 《민족21》이 북측 관계자들이나 재일 총련 인사들을 만나거나 취재를 할 때는 미리 정부의 사전접촉 신청을 내고 허가가 있을 때만 만났다. 그리고 만난 후에는 결과 보고도 다했다. 그 자료가 정부에 산더미처럼 쌓여 있다.

그리고 국정원 등의 공안기관이 공작원이라고 지목한 재일 총련의 간부는 정부의 허가를 얻어 남쪽에 일곱 차례나 다녀간 사람이다. 그가 정말 공작원이었다면 정부는 그를 못 만나게 했어야 했고 만일 만나더

'호텔털이범' 국정원이 감히 통일 언론지 《민족21》을….

라도 조심하라고 사전에 알려줬어야 했다. 단 한 번도 그러지 않고서 나중에 그가 공작원이었다며 그를 만난 사실을 트집잡아 간첩활동을 했다고 하는 건 생떼를 쓰는 것이다.

만일 《민족21》 기자들이 만난 재일 총련 간부가 공작원이고 그것을 문제삼겠다면 그가 일곱 차례 방한했을 때 만난 모든 사람들을 조사해야 할 것이다. 그는 국회도 방문했고 국회의원들도 여럿 만났다. 남북공동행사 때는 해외동포측을 대표해 실무자로 활동하기도 했다. 뿐만 아니라 일본에 가서 민족학교나 총련측 인사를 만날 경우 그 사람을 통하지 않고는 안 되게 되어 있다. 그는 재일 총련측의 대외 창구 같은 사람이다.

6·15공동선언 이후 남북관계가 활성화되면서 재일 총련을 방문한 모든 사람들도 같은 혐의로 조사해야 하는 것이다. 이는 공안당국 스스로도 말이 안 되는 일이라는 것을 알 것이다. 그럼에도 불구하고 무리하게 간첩 혐의를 조작해내려 했던 것은 결국 MB에게 비판적인 나를 흠집내고 내 활동을 위축시키기 위한 속셈이 아니라면 설명이 안 된다.

그동안 《민족21》은 합법적 틀 내에서 활동해왔고 MB정부에게 사진자료 등의 컨텐츠를 제공하는 등 협력관계를 지속적으로 형성해왔다. 남북관계를 다루는 매체로서 양측 정부의 우호적인 관계를 형성하지 않고는 취재가 불가능하기 때문이다.

남쪽 정부의 허가 없이는 방북 취재를 할 수 없기 때문에 창간 초기였던 2001년~2002년 무렵 《민족21》 기자들이 평양 등을 방문할 때는 북쪽으로부터 상당한 경계의 대상이 되기도 했다. 북쪽 인사들은 남쪽 정부가 《민족21》을 북으로 보냈을 때는 모종의 계략이 있는 것 아니냐는 의심이었다. 그것이 분단 반세기 동안 단절되었던 남북관계의 현실이었다. 서로 끊임 없이 의심하고 경계하는 그 상태가 바로 분단이기 때문에 《민족21》은 인내심을 가지고 남북교류의 현장을 누비며 취재활동을 계속해 왔다.

이런 와중에 북쪽에서 보내온 기사를 문제삼아 정부가 게재 불가함을 알려온 바가 있다. 그때 《민족21》 편집국에서는 격론이 벌어졌다. 정부가 언론의 자유를 침해했다며 이를 묵과하면 안 된다는 것이 주를 이루었다. 그러나 격론 끝에 정부의 입장을 이해하고 수용하기로 했다.

《민족21》의 활동은 남북관계를 이롭게 하자는 것이지 남쪽 정부만을 이롭게 하거나 북쪽 정부만을 이롭게 하는 것이 아니기 때문이었다. 《민족21》의 존재 이유가 거기에 있었고 그 존재의 이유는 모든 활동의 기준이 되었다. 독일의 통일도 결국은 보수파인 브란트가 이뤄냈고 통일문제는 보수 진보를 떠난 문제이기 때문이다. 그래서 MB정부와 협력 관계를 유지해온 것이다.

《민족21》에 대한 공안몰이가 근거 없는 모략이라는 것은 두 차례의 강도 높은 압수수색과 여러 차례의 조사에도 불구하고 혐의 사실을 내놓지 못한 것만 봐도 알 수 있다. 그렇게 되자 공안당국은 비열한 수법을 썼다. 피의 사실을 언론에 슬쩍 흘려 명예를 훼손하고 상처를 입히는 행동을 한 것이다.

《조선일보》가 《민족21》이 북 정찰총국의 지령을 받았다는 보도를 내보낸 것이 그것이다. 이 거짓된 보도를 접하고 도저히 묵과할 수 없어 월악산 보광암에서 급히 서울로 올라와 기자회견을 연 것이다. 그 기자회견을 통해 부당한 수사를 주도한 국가정보원과 허위 보도를 내보낸 《조선일보》에 대해 명예훼손으로 고발하겠다는 입장을 천명했다.

"만일 공안당국이 주장하는 것처럼 《민족21》이 북 공작기관의 지령을 받아 대한민국을 부정하고 국가변란을 획책했다면 《민족21》은 즉각 폐간하고 발행인인 본인은 모든 법적 책임을 다 질 것입니다. 그러나 이것이 그동안 이명박 정부의 실정을 비판해온 것에 대한 보복수사라면 이를 주도한 국정원은 즉각 폐원하고 책임자인 원세훈 원장은 즉각 사퇴해야 합니다. 또한 법적 책임도 모두 져야 할 것입니다."

국정원은 원세훈이 맡은 후 나라 안에서는 인도네시아 대통령 특사단 숙소에 침입해 노트북을 훔치다 덜미가 잡히는 망신을 샀고, 나라 밖 리비아와 중국에서는 정보활동을 잘못해 수개월 구금되는 국제적 망신을 샀다. 국정원이 '호텔털이범'으로 전락한 것이다. 그래서 내가 국가정보원의 이름을 차라리 '국가망신원'으로 바꾸라고 충고해준 것이다.

공안당국의 근거 없는 정보 흘리기에 부화뇌동해 《민족21》의 명예를 훼손한 혐의로 《조선일보》를 고소했다. 붓은 곧아야 붓이지 곧지 않으면 이미 붓이 아니다. 《조선일보》는 최소한의 기초적인 사실관계도 확인하지 않고 공안기관의 브리핑을 앵무새처럼 받아 적음으로써 스스로 붓의 역할을 저버렸다. 부끄러운 보수언론의 자화상을 보여준 것이다.

지금 내가 사회적으로 맡고 있는 직책은 《민족21》 발행인과 진실의 힘 재단 이사장 단 두 가지다. 진실의 힘은 1960년대부터 1980년대까지 정부로부터 고문 등을 통해 간첩으로 몰린 사람들을 위로하는 단체다. 이들 진실의 힘 회원들은 과거 정권에 의해 간첩으로 조작되어 수십 년씩 억울한 옥살이를 했다. 하지만 법원에 헌법소원을 내고 재심청구를 꾸준히 전개해 대부분 무죄를 받았다.

《민족21》 사건도 불의한 권력이 저지르는 만행이다. 과거 간첩으로 몰려 고난을 당한 사람들이 지금은 진실이 밝혀졌지만, 그래서 당했던 고통, 가족의 억울함, 혹은 그 과정에서 목숨을 잃은 그들에게 그것이 아니었다고 말하고, 배상금을 지급한다고 한들 상처가 다 아물겠는가? 법은 단 한 사람도 억울한 사람을 만들지 말아야 한다. 페르시아의 시인 하페즈가 "7천 년의 기쁨도 7일간의 억압을 정당화할 수 없다"고 한 말을 기억할 필요가 있다.

7
장

다시 희망을 위하여

다시 우리가 희망을 꿈꾸려면 MB시대에 대한 뼈저린 반성과 성찰이 있어야 한다.
그저 부자되고 싶다는 욕심에 눈멀어 옳고 그름을 살피지 않았던
선택을 돌아보아야 한다는 것이다. 부자가 되고 싶다는 것,
잘 살고 싶다는 욕망이 잘못됐다는 것이 아니다.
어떤 것이 진짜 부자고, 어떻게 해야 잘사는 것인지에 대한 물음 없이
거짓말을 하건 사기를 치건 위장전입을 하건 논문 표절을 하건 부동산 투기를 하건 탈세를 하건
무조건 부자되기만 하면 된다는 생각은 잘못됐다는 것이다.
부자가 되기 위해 도덕과 양심쯤은 두 눈 질끈 감을 수 있다고 생각해서는 안 된다는 말이다.

"MB 뽑은 국민들 뼈저린 반성해야"

:: '욕망'의 시대 넘어 '성찰'의 시대로

"오죽하면 학문에 열중하던 안철수 교수 같은 분이 정치를 할 마음을 내고 박원순 시장 같은 분이 정치를 하겠다고 나섰겠습니까? 지난번에 서울시장 선거 때 신지호 의원 같은 분은 국민을 얼마나 우습게 보면 국민들이 다 보는 〈100분 토론〉에 술을 먹고 나옵니까? 음주운전 말은 들어봤어도 '음주정치'라는 말은 처음 듣습니다.

저는 이런 부분에 대해서는 꼭 정치인들뿐만 아니라 국민들이 더 통렬한 반성을 해야 한다고 생각합니다. 부자되게 해주겠다, 잘 살게 해주겠다는 말에 속아 도덕성과 청렴성과 원칙성이 하나도 없는 사람들을 국회의원으로 뽑고 대통령으로 뽑은 것이 국민들한테 그대로 인과응보가 되어 돌아오는 겁니다.

다음 선거는 정말 국민들이 투명성과 도덕성을 갖춘 정치 지도자를 뽑아야 합니다. 무엇보다 우선 도덕적으로 부끄러움이 없어야 됩니다."

2011년 11월 3일 〈평화방송〉 이석우입니다 대담 중에서

"저는 요즘 다시 한국에 돌아와서 금년 1월에 BBK라는 투자자문회사를 설립하고, 이제 그 투자자문회사가 필요한 업무를 위해 사이버금융회사를 설립하고 있습니다. 6개월 전에 정부에 (인터넷 증권회사를 위한) 설립허가신청서를 제출했고, 며칠 전에 예비허가가 났습니다.… 저는 설립 첫해부터 회사가 수익을 내는 계획을 가지고 있습니다. 조선업이나 중공업에서는 이런 것들이 불가능하지만 증권업에서는 가능합니다. 지난달, 그러니까 9월 말까지 28.8%의 수익을 냈습니다."

MB가 2000년 10월 17일 광운대 경영대학원 특강에서 BBK가 자신이 설립한 것이라고 말한 동영상에 있는 실제 발언이다.

이 동영상은 대선 직전인 2007년 12월 16일 공개됐다. 지난 대선 때 BBK 문제는 가장 큰 논란 중 하나였다. MB는 자신이 사용한 BBK 명함이 나오고 MBC, 《중앙일보》 등의 언론 인터뷰가 있었음에도 자신과는 무관하다고 주장했다. 이런 주장을 받아들였는지 검찰 BBK특별수사팀은 2007년 12월 5일 BBK가 MB와 상관없는 김경준의 1인 회사라는 수사 결과를 발표했다. 하지만 열흘 뒤, MB가 직접 출연해 BBK를 자기가 설립했다고 말하는 동영상이 공개된 것이다.

하지만 우리 국민들은 5차례의 '위장전입'과 두 자녀들의 '위장취업'에 의한 탈세, 국회의원 선거 과정에서 빚어진 선거법 위반과 범인도피 등의 전과가 있는 MB를 선택했다. 가장 큰 논란거리가 된 BBK 동영상이 공개되었음에도 불구하고 부도덕한 MB를 무려 530만 표의 차이로 당선시켰던 것이다.

MB가 그렇게 자신하던 747도 거짓말, 반값등록금도 거짓말, 세종시도 거짓말, 동남권신공항도 거짓말, 반값아파트도 거짓말이었다. 나라 경제도 빚더미에 올랐고 서민경제도 파탄이 났다. 민주주의는 퇴보했고 남북관계는 최악의 대결 상황에 직면했다. 국방은 밥통처럼 멍청했고 외교는 이리저리 등신처럼 얻어터졌다. 그로 인해 온 국민이 고통에 빠져 신음하고 있다. 용산참사, 쌍용자동차 해고노동자 등이 줄줄이 사지로 내몰렸고 4대강과 구제역 사태로 뭇생명이 죽어나갔다.

모두가 '부자되게 해준다'는 거짓말에 속고 부자되고 싶다는 자기 욕망에 눈 멀어 선택한 부도덕하고 파렴치한 MB시대의 일이다. 옳은가 그른가에 대한 판단도 버리고 잘산다는 것은 어떤 것인가라는 물음도 내팽개치고 불나방처럼 욕망을 향해 나아가다 피눈물을 흘리며 후회하고 있는 것이다.

MB로 인해 많은 국민이 고통을 받았고 또 남은 기간 받을 것이다. 국민들이 선택한 그 과보를 받지 않을 수가 없다. 국민의 업보다. 하지만 그런 고통 속에서 잃은 것만 있는 것은 아니다. 배운 것도 많다. 도덕이 무너지면 나라가 무너진다는 것도 배웠다. 부도덕한 정치인은 경제를 제대로 살릴 수도 없고 나라를 옳게 지키지도 못한다는 사실도 깨달았다. 그래서 MB를 '나쁜 행동을 통해 우리를 깨우치게 한다'는 의미로 '역행보살'이라 부르기도 한다. '반면교사'인 셈이다.

다시 우리가 희망을 꿈꾸려면 MB시대에 대한 뼈저린 반성과 성찰이 있어야 한다. 그저 부자되고 싶다는 욕심에 눈멀어 옳고 그름을 살피지 않았던 우리 국민의 선택을 돌아보아야 한다. 부자가 되고 싶다는 것, 잘 살고 싶다는 욕망이 잘못됐다는 것이 아니다. 어떤 것이 진짜 부자고, 어떻게 해야 잘사는 것인지에 대한 물음 없이, 거짓말을 하건, 사기를 치건, 위장전입을 하건, 논문 표절을 하건, 부동산 투기를 하건, 탈세를 하건 무조건 부자되기만 하면 된다는 생각은 잘못됐다는 것이다. 부자가 되기 위해 도덕과 양심쯤은 두 눈 질끈 감을 수 있다고 생각해서는 안 된다는 말이다.

지금 우리는 1인당 국민소득 2만 달러 시대에 살고 있다. 웬만큼 살만하다. 아니 세계적 수준으로 볼 때 굉장히 잘사는 편이다. 놀라운 경제성장을 통해 세계 1~2위를 다투는 중국 사람들이 연휴가 되면 다 우리나라로 놀러온다. 이만하면 물질적인 측면에서 세계적으로 앞선 나라 중 하나다. 어느 집이나 차 한 대씩은 있고 웬만한 전자제품은 다 갖추고 산다.

과거 시대에 비하면 정말로 물질적으로 풍요로워져 있다. 그런데 내가 25평 사는데 친구가 33평 산다면 왠지 내가 불행해지는 것 같다. 중형차로도 충분한데 더 좋은 고급차를 타고 싶어 안달이다. 꼭 필요해서 사는 것이 아니라 욕망 때문에 뭔가를 산다. 욕망을 채워야 행복하다고 여기기도 한다. 그런데 과연 욕망을 다 채워야 행복할까?

《중아함경》에는 "하늘에서 황금비가 쏟아져도 인간의 욕망을 다 채울 수는 없다"고 했다. 25평 사는 사람은 33평 아파트가 있어야 하고, 33평 사는 사람은 41평에 살고 싶어한다. 아반떼도 좋은 차인데 소나타, 그랜저, 외제차로 욕망은 끝없이 뻗어나간다. 그걸 다 채우려 허덕허덕 달려가고 있다. 그렇게 30대, 40대를 보내고 50대쯤 되면 내가 대체 뭘 하려고 이렇게 달려온 건가 싶은 생각이 든다고 한다.

좀 덜 가지고 좀 덜 먹고 대신 더 여유롭게 사는 것이 낫지 않을까? 욕망을 쫓아 허위허위 달려가던 길을 멈추고 한번쯤 돌아보자. 과연 나는 왜 이러고 있는가? 과연 이렇게 사는 것이 잘사는 것인가? 내가 이럴

려고 태어났는가? 이렇게 살다 어떻게 되는 거지? 우리가 사춘기에 가졌던 그 순수한 물음으로 돌아가보자.

물론 세계적 경쟁이 치열한 상황에서 아차 방심하면 물살에 떠내려 갈 수도 있다고 경고하는 이들도 있다. 그럼에도 불구하고 물질만능주의로 치닫는 지금의 우리 모습은 성찰이 필요하다. 과연 무엇이 우리를 행복하게 하는지 되물어야 한다. 물질이 필요하지만 물질만으로 인간이 행복해지는 것은 아니다. 누구나 많은 것을 가지고 누리고자 하지만 그 가짐이라는 것이 필요에 의한 가짐이어야지 욕망을 채우는 가짐이어서는 안 된다.

경제력으로만 따지자면 부탄과 말레이시아 같은 나라는 우리와 비교도 안 된다. 하지만 그들은 왜 우리보다 행복지수가 높을까? 그들의 행복지수가 우리보다 훨씬 높은 것으로 나타나는 연유는 스스로 자신들의 삶에 만족하고 행복감을 느끼기 때문이다. 행복은 누구와의 비교에 의해서가 아니라 자기 스스로 만족하는 감정이기 때문이다.

미국의 사업가가 멕시코의 한 어촌마을을 찾았다가 작은 배에 고기 몇 마리를 잡아서 오는 어부에게 묻는다.

"하루에 얼마나 일합니까?"

"아침에 잠깐 바다에 나가 고기를 잡습니다"

"왜 아침에만 고기를 잡습니까? 좀 더 늦게까지 고기잡이를 하면 물고기를 많이 잡을텐데요."

"그렇게 많이 잡으면 어떻게 됩니까?"

"물고기를 내다 팔아 더 큰 배를 살 수 있지요. 큰 배를 사면 더 많은 고기를 잡을 수 있고 그러면 더 많은 돈을 벌어서 큰 선박회사도 운영할 수 있지요."

"그러려면 어느 정도의 시간이 걸릴까요?"

"한 20~30년 걸리지 않을까요?"

"그런 다음에는 어떻게 하죠?"

"어떻게 하긴요. 한가한 시골 마을로 휴양도 다니면서 놀면 되죠. 맥주도 마시고 낮잠도 자면서 말이죠."

"그래요? 그런데 나는 지금 그걸 다 하고 있는 걸요."

"행복은 자전거를 타고 온다"는 말이 있다. 20세기 최고의 사상가 중 한 명으로 꼽히는 이반 일리치의 말이다. 그는 1926년 오스트리아 빈에서 출생해 로마에서 신학과 철학을 공부한 뒤 미국으로 건너가 신부가 되었다. 하지만 신부로 봉직 중 평신도들이 교회를 구원해 줄 것이라고 믿으며 사제 확대정책 반대 등 당시 교회정책을 반대하다 1969년에 사제직을 버린다. 이후 성찰을 통해 근대문명을 비판하는 사상가로서 많은 이들의 존경을 받았다.

우리에겐 '행복은 자전거를 타고 온다'는 제목으로 알려졌는데 본래 책 제목은 《에너지와 공평함》이었다. 그가 꿈꾼 사회는 자율적 공생사회다. 욕망을 따라 가는 삶이 아닌 자기가 필요한 것만큼 가지되 그것을 누리는 삶이 자율적 공생사회의 핵심이다. 걷거나 자전거를 타는 등 한 인간이 할 수 있는 신진대사 안에서 누리고 사는 삶은 세상을 파괴하지 않는 삶이다. 더불어 사는 삶이 된다. 속도와 욕망의 질주는 다른 것과의 경쟁을 야기한다. 지나친 욕망에 따른 과소비는 결코 인간을 행복하게 하지 않는다. 기계의 힘을 빌린 자동차의 질주보다 스스로 페달을 밟으며 나아가는 자전거의 여유가 인간을 더 행복하게 한다는 것이다.

물질로는 행복해질 수 없지만 성찰과 철학으로는 얼마든지 행복해질 수 있다. 마케도니아의 알렉산드로스 대왕이 철학자 디오니게스를 찾아가 "도와줄 것이 없느냐?"고 묻자 "해를 가리지 말고 비켜달라"고 한 얘기는 그러한 상징의 정수다. 철학하는 삶, 성찰하는 삶에 행복이 있다. 개인만 그러한 것이 아니다. 사회도, 국가도 마찬가지다. 그래서 반성 없이는 희망도 없고 성찰 없이는 미래도 없다고 말하는 것이다.

"국민고통 없애려 잠 못드는 위정자 필요"

:: 국민이 정치를 걱정하는 거꾸로 선 세상

"거대한 권력이 힘없는 사람에게 압박을 가하고, 착취하고 소외시키고, 이런 것을 보고 개입하면 정치적이라 하는데… 이는 깊이 고민해야 할 문제다. 돈이 없어 병원에 못 가고, 집이 없어 전세방을 쫓겨다니는 중에도 끝없이 올라가는 전세금, 그게 안 되니까 결국 도둑질이라도 해야지 하는 세상…. 물가는 오르는데 월급은 쥐꼬리만해 도저히 살 수 없는 세상, 애 낳으면 대학 가르치기 힘들어 애 안 낳는 세상, 등록금이 천정부지로 올라 300~400만 원 월급으로는 애들 대학에 보낼 수 없는 세상, 이런 세상을 불교적 관점으로 극락이니 지옥이니 따지기 이전에 끝없는 자기 고민을 해야 하는 것이 정치다.

내가 바라는 삶은 일상적 삶 속에서 철학적 물음이 전제된 인생을 사는 것인데 이를 위해서는 우선 의식주 등의 기본적인 문제는 국가가 해결해주고 책임져야 한다.

내가 만약 정치적 발언을 좀 했다면 이런 차원에서 정치적 발언이고, MB에 대한 비판을 했다면 이런 차원의 비판이었다고 여러분들이 깊은 마음으로 이해해 달라."

2011년 4월 27일 《스님은 사춘기》 출판기념회에서

국민의 걱정을 해결해주는 게 정치인데 오히려 국민이 정치를 걱정하고 있다. 정치는 본래 국민을 편안하게 해주는 것이어야 한다. 그러자면 최소한 국가가 의식주 문제는 해결해주어야 한다. 비정규직이 900만 명인 시대라면 그것을 해결하기 위해 위정자는 밤잠을 못 이루며 고민해야 하는 것이다. 국가가 바다면 국민은 그 바닷물 한 방울 한 방울이고, 기업이 강물이면 노동자는 그 강물의 물방울과 같은 것이다.

미국의 대표적 자동차기업인 크라이슬러의 CEO였던 아이어코카는 회사를 살리자면서 자신의 연봉을 1달러로 책정하고 회사를 다시 일으키려 했다. 한진중공업 조남호 회장의 경우 김진숙 씨가 300일 넘게 크레인 위에 올라가 비정규직 문제를 해결해달라고 절규하는 동안 숨어 지냈다. 그리고 '부자당'이라는 한나라당에서조차 비판하자 겨우 국회에 나와 이 문제를 해결하겠다고 했다.

쌍용자동차 해고자들이 자고 나면 한 명 두 명 죽는다. 더 이상 안타까운 일이 일어나기 전에 정리해고라는 문제를 위해 온 나라가 함께 고민하고 해결책을 찾아나가야 한다. 문제가 있는 곳에 해법은 늘 있다. 우리가 욕심을 조금만 줄인다면 얼마든지 해법은 찾을 수 있다. 우리나라의 유한킴벌리 같은 기업이나 독일 함부르크처럼 해고 대신 교육을 통해 고용을 유지하는 방식도 있지 않은가.

우리나라가 정말 좋은 나라, 살 만한 나라, 선진국이 되려 한다면 이러한 어려운 이웃들의 문제를 우리 사회가 힘과 지혜를 모아 풀어나갈 수 있어야 그때 비로소 선진국이 되는 것이지, 돈 좀 많이 번다고 선진국이 되는 것은 아니다. 좋은 나라, 선진국은 거창한 체제의 얘기가 아니기 때문이다. 서로를 믿고 도우며 어려운 이웃을 외면하지 않는 따뜻함이 흐르는 사회, 공정하게 적용되는 룰과 원칙이 있는 사회와 같이 지극히 기초적이고 상식적인 사회가 바로 선진국이다.

거룩하고 아름다운 것은 결코 멀리 있지 않다. 물은 항상 낮은 곳으로 흐르며 움푹 패인 곳을 다 채워준 뒤라야 다시 제 길을 가듯 어렵고 힘든 사람들에게 손을 내미는 일이야말로 거룩한 일의 시작이며 아름다움은 거기서 피어나는 것이다. 함께 나누고 돕는 마음인 자비심은 누군가에게 선심 쓰듯 베푸는 시혜심이 아니라 너와 나를 둘로 보지 않는 평등심이다. 내가 아플 때 남도 아플 수 있구나, 남의 아픔이 내 아픔이구나 하는 자타불이自他不二며 동체대비同體大悲의 마음이다. 더불어 살려고 하는 그 마음이 바로 자비심이라는 말이다.

힘들 때일수록 혼자인 것보다는 둘이 있는 것이 낫다는 말이 있다. 백짓장도 맞들면 낫다고 하지 않는가. 콩 한쪽도 나누어 먹을 때 세상이 살 만해지는 것이다. 자기 혼자 먹고 살겠다고 해서 행복해지지 않는다.

이는 비단 인간에게만 해당되는 말이 아니다. 1964년 일본 도쿄올림픽 때의 일이다.

올림픽을 준비하던 일본인들은 스타디움을 확장하기 위해 지은 지 3년이 된 집을 헐게 되었다. 인부들이 지붕을 걷어 내려가다 한 마리 도마뱀을 발견한다. 그 도마뱀은 꼬리 쪽에 못이 박혀 제대로 움직이지 못하고 있었다. 이를 이상하게 생각한 인부들은 집 주인에게 그 못이 언제 박은 것이냐고 묻자 주인은 3년 전 집을 지을 때 박은 것이라고 대답한다. 도마뱀이 꼬리에 못이 찔려 그렇게 산 것이 3년이 되는 것이었다.

어떻게 그런 일이 있을 수 있는가 싶었던 인부들은 잠시 공사를 중단하고 도마뱀을 지켜보기로 한다. 한참이 지난 뒤 다른 도마뱀 한 마리가 먹이를 물어다 그 도마뱀에게 주는 것을 발견했다. 친구 도마뱀은 하루에도 몇 번씩 못에 박힌 도마뱀에게 먹이를 날라다주는 것이었다. 못에 박힌 도마뱀이 3년 동안이나 살아온 비결이었다.

어려운 조건에서도 인간은 어떤 모습으로 아름다움을 꽃피울 수 있는지 보여주는 신영복 교수의 글이 있다. 신 교수는 《감옥으로부터의 사색》이라는 책에서 모질고 힘든 감옥 생활에서 가장 좋은 때가 겨울이라고 했다. 난방도 안 되는 냉골의 감옥소에서 겨울이 여름보다 낫다는 건 선뜻 이해가 안 되지만 그의 설명을 들어보면 무릎을 치게 된다. 좁은 방에서 열 명이 넘게 지내는 우리나라 감옥의 특성상 따뜻한 여름에는 옆 사람이 밉지만 겨울에는 서로의 몸과 몸을 맞대고 서로의 체온으로 춥고 긴 밤을 이겨갈 수 있기 때문이라고 했다.

더불어 산다는 것은 나누는 것이다. 기쁨도 슬픔도 함께 나누는 것이다. 더욱이 어려울 때 함께 나눌 때 더욱 더불어 산다는 것의 의미를 느끼게 된다. 세상의 가장 밑바닥이라 할 수 있는 감옥에서 서로의 체온을 나눔으로써 더불어 살아간다는 것의 의미를 극적으로 발견하는 것은 원초적인 나눔이 거기에 깔려 있기 때문이다.

인간은 36.5도의 체온을 유지해야 살 수 있는 항온동물이다. 여기서 몇 도만 내려가도 죽고 몇 도만 올라가도 죽는다. 인간은 36.5도의 체온을 유지하기 위해 자기 몸 에너지의 70%를 쓴다. 생명에 절대적이기 때문이다. 그래서 체온을 나눈다는 것은 목숨을 나누는 일이 되기도 한다.

체온의 나눔을 통해 목숨을 살린 아름다운 이야기가 있다. 《삼국유사》 '감통' 편에 실린 정수스님의 이야기다. 신라 40대 애장왕 때 황룡

놀것이 부족했던 제천 덕산면 아이들을 위해 축구용품을 지원했다.
이웃을 위해 작은 것이라도 나누는 세상, 아이들의 얼굴에 작은 웃음꽃이 필 때 세상은 아름답다.

사에서 살던 정수스님은 어느 눈 내린 겨울 저녁, 길을 가다 문밖에 한 여자 거지가 아이를 낳고 언 채 누워서 거의 죽어가고 있는 걸 발견한다. 스님은 여자 거지를 끌어 앉아 자신의 체온으로 몸을 녹여준다. 한참을 그러고 있었더니 기진맥진하던 여자 거지의 숨이 돌아왔다. 스님은 얼른 자신의 옷을 벗어 덮어준 뒤 돌아와 거적때기를 덮고 긴 밤을 지샌다.

체온을 나누는 아름다운 이야기가 또 있다. '인도 성자'라 불리는 썬다 싱은 히말라야를 넘어가다 눈길에 쓰러진 사람을 만났다. 가까이 다가가 코에 손을 대보니 숨이 남아 있었다. 아직 죽지 않은지라 싱은 이 사람을 업고 가려 했다. 하지만 동행한 친구는 말렸다. 혼자 가기도 벅찬데 다 죽어가는 사람을 데리고 갈 수 없다는 논리였다. 그러나 싱은 이 사람을 등에 업었다. 화가 난 친구는 횡하니 먼저 가버렸다.

싱은 힘겹게 힘겹게 산길을 오른다. 눈보라 치는 히말라야의 바람은 매서웠지만 온몸에선 땀이 쏟아졌다. 싱의 몸이 더워지자 쓰러졌던 사람도 그 온기에 힘입어 조금씩 살아나기 시작했다. 그렇게 두 사람은 서로의 체온을 나누며 눈 덮인 히말라야를 무사히 넘어갈 수 있었다. 그런데 마을 입구에 도착했을 때 한 사람이 길 위에 죽어 있었다. 다름 아닌 혼자서 가버린 친구였다.

오늘 우리는 혼자 가는 친구가 될 것인가 쓰러진 사람을 데리고 힘들지만 함께 산을 넘는 사람이 될 것인가. 나 한 사람 한 사람의 올바른 선택이 세상을 바꾸는 힘이다.

"내딛는 그 발밑을 조심하라"

:: 뭇생명이 우리의 이웃

"점심을 먹고 산보를 나섰습니다. 호젓한 숲길을 휘적휘적 올라오던 중, 몇 발짝 앞에 작은 돌멩이 같은 것이 하나 톡 튀는 것을 보았습니다. 돌멩이가 자꾸 움직이기에 가까이 가서 살펴보니 아주 작은 새였습니다. 솜털을 막 벗고 제대로 된 깃털이 이제 갓 난, 밤톨만한 어린 새가 길 한가운데서 어쩔 줄 모르고 이리저리 뛰고 있었습니다.

무심한 사람 발에 밟히거나 산짐승의 먹이가 될 것 같아 염려가 되었습니다. 일단 좀 덜 위험한 곳에라도 놓아줄 요량으로 손수건으로 새를 덮어 손에 들고는 흙이 부드럽고 어미 새한테 좀 가까운 곳에 옮겨놓았습니다. 그런데 요놈이 잔뜩 겁에 질려 더욱 우왕좌왕하더니 결국 계곡 쪽으로 톡 뛰어내리는 것이 아니겠습니까.

저도 어쩔 수 없겠다 싶어 그냥 가려다가도, 못내 자꾸만 신경이 쓰였습니다. 저 여리고 작은 녀석이 그 돌무더기 틈새에서 다치지나 않을까 마음이 쓰여 결국 조심스럽게 계곡으로 내려갔습니다. 그런데 한참을 조심조심 수풀과 돌 틈을 살펴보아도 도저히 찾을 수 없었습니다.

공연히 내가 쫓아와서 더욱 겁에 질려 숨었을까. 여기에 있다가는 필시 다른 짐승의 밥이 될 수밖에 없겠구나… 생명이 생명을 먹고 살아가는 것이 당연한 이치지만 썩 마음이 좋지 않았습니다. 한참을 그리다가 포기하고 경사가 완만한 곳을 골라 길로 올라서려 발걸음을 옮겼습니다.

그러자 또 발 밑에서 무언가 톡 튀며 움직여대는 것이 보였습니다. 작은 개구리 두 마리가 제 발을 피해 도망가는 것을 하마터면 밟을 뻔했던 겁니다. 작은 목숨을 구하려 내려온 길에 무심히 다른 작은 목숨을 죽일 뻔한 것이었지요. 개구리들이 제 발에서 멀리 이동한 후에야 바닥에 다른 개구리가 없는지 살펴보며 다시 길로 올라와 토굴로 돌아왔습니다.

방에 돌아와 앉아 있으니, 자꾸만 그 새끼 새와 도망치던 개구리의 모습이 눈에 어렸습니다. 무언가가 목에 걸린 듯 불편스러웠습니다. 지금은 하안거 기간입니다. 본래 안거란 석가모니 당시 수행자들이, 우기에 땅 속에서 기어나오는 작은 동물들을 밟지 않으려 유행遊行을 잠시 중단하고 일정 장소에 머물며 수행정진한 것이 그 기원입니다. 오늘 일로 안거의 본뜻을 다시 생각해보게 되었습니다. 그럴싸하게 모양 갖추고 생활하자고 매일 다짐을 되새겨도, 무심히 옮기는 발길에 작고 여린 목숨들이 다칠 수도 있음을 주의하였던가 돌아보게 되었습니다.

또 생명을 살린다는 것도 말입니다. 어린 새를 도와주려고 내려간 길에 어린 개구리를 두 마리나 밟아 죽일 뻔했으니 살리려는 것이 도리어 더 많이 죽이는 일이 될 뻔하였습니다. 인간의 몸 크기, 무게, 발의 힘. 이 모든 것이 대부분의 자연 속 중생들에게는 크고 위협적인 것일 수 있는데 조심하지 않고 함부로 움직여서는 아니 움직임만 못하겠구나 생각이 들었습니다. 어쩌면 살리고 죽이는 일은 자연에 그대로 맡겨야 하는 것인지…. 부처님께서 우기에 수행자들을 한곳에 묶어두신 바를 이해할 듯 싶었습니다. 내일부터는 바닥을 살피며 조금 느리게 걸어보려 합니다.

'내딛는 그 발걸음을 조심하라.'

안거 제대로 하라고 석가모니 부처님의 지적을 받은 오늘 하루였습니다."

2011년 5월 산중한담 법문 중에서

더불어 산다는 것이 인간들 사이의 일만은 아니다. 구제역으로 수백만의 가축들이 생매장되어 죽어갔다. 인간이 먹겠다고 기르고 있는 동물들이었다. 많이 먹겠다는 인간의 욕망이 좁은 공간에 무수한 가축들을 가두면서 집단사육 시스템이 만들어졌다. 좁은 곳에서 운동도 제대로 하지 못한 가축들은 면역성이 떨어져 조그마한 병균에도 쉽게 병에 걸려 죽게 된다. 집단사육을 하다 보니 한 마리가 걸리면 옆으로 옆으로 옮기면서 농장의 가축들이 다 전염된다. 그러다 보니 구제역 같은 가축질병이 오면 그 농장, 그 지역의 가축들이 다 죽음을 당하게 된다.

어떤 생명이든 하루를 살기 위해선 다른 생명을 희생하면서 사는 것이다. 하루를 산다는 것은, 하루치의 양식을 먹는다는 것은 그만큼 양식이 되어준 목숨들에게 빚을 지는 일이다. 나의 삶이 다른 목숨의 희생 위에서 성립된다는 말이다.

절집에서는 밥 먹는 것을 공양供養이라 부른다. 베풀어 기른다는 뜻이다. 생명의 자양분을 공급받는다는 말이기도 하다. 그래서 그 고마움을 잊지 않기 위해 공양을 먹을 때 공양게供養偈를 읊조린다.

"이 음식이 어디서 왔는지 / 내 덕행으로는 받기 부끄럽네 / 한 방울 물에도 천지의 은혜가 스며 있고 / 한 톨의 곡식에도 만인의 노고가 깃들었으니 / 마음에 온갖 욕심 버리고 / 몸을 고치는 약으로 바로 알아 / 깨달음을 이루고자 이 공양을 받습니다."

다른 목숨이 없으면 단 하루도 못 사는 것이 인간이다. 그러면서도 혼자 잘난 양 오만불손을 떠는 게 또한 인간이다. 그러나 결국 인간도 100년도 채 안 되어 자기 몸을 자연에 내어줄 수밖에 없다.

장자의 이야기다.

장자가 말년에 죽음이 가까이 오자 제자들은 그의 장례식을 성대히 치르려 의논하고 있었다. 이를 들은 장자는 "나는 천지로 관을 삼고 일월로 연벽을, 성신으로 구슬을 삼으며 만물이 조상객이니 모든 것이 다

구비되었다. 무엇이 더 필요한가?"라고 말한 뒤 장례식에 관한 일체의 논의를 못하게 한다. 제자들은 깜짝 놀라 "매장을 소홀히 하면 까마귀와 솔개의 밥이 될 우려가 있다"고 걱정을 한다. 그러자 장자는 "땅 위에 있으면 까마귀와 솔개의 밥이 되고, 땅속에 있으면 땅속의 벌레와 개미의 밥이 된다. 까마귀와 솔개의 밥이 되는 건 괜찮고 땅속의 벌레와 개미에게 준다는 것은 안 된다는 말이냐"며 제자들을 물리친다.

어떤 존재든지, 어떤 생명이든지 결국은 죽게 된다. 문제는 사는 동안 그 목숨값을 다하고 사느냐 아니냐이다. 천금을 준다 해도 죽은 목숨이 다시 살아나지 않는다. 그 무엇으로도 생명을 얻을 수는 없다. 그렇기 때문에 목숨은 중요하다. 산다는 것은 중요하다.

한 그루의 나무, 풀 한 포기가 존재하기 위해서는 온 우주가 필요하다는 말까지 있는 것이다. 이는 조금의 과장도 없는 사실이다. 불교 경전인 《본생담》은 생명의 귀함을 부처님의 전생담을 빌어 설명한다.

부처님은 전생에 수행자였다. 부처님께서 수행자 시절에 산속을 걸어가고 있는데 비둘기 한 마리가 품속으로 숨어들었다.

"저를 좀 숨겨주세요. 독수리가 저를 잡아먹으려 합니다"

잠시 후 독수리가 큰 눈을 부라리며 날아와 "당신이 숨긴 비둘기를 내어놓으시오"라고 말한다. 수행자는 독수리에게 "힘이 세다고 약한 비둘기를 괴롭히고 잡아먹는 것은 옳지 못하다. 비둘기를 내어 줄 수 없으니 돌아가라"고 말한다.

그러나 독수리는 물러서지 않는다.

봉은사를 나온 후, 2011년 4월 10일 처음으로 열린 남산 야외법회.
옳은 일을 위해 길을 가다 고통을 받을지라도 옳은 길을 가고 있다면 그것은 이미 빛나는 성공이다.

"당신이 참견할 일이 아닙니다. 비둘기는 나의 먹이일 뿐이요. 비둘기를 잡아가지 않으면 내 어린 자식들이 굶어죽는단 말이요. 이 산속에서는 힘이 센 생명이 약한 생명을 먹이로 삼는 것이 법칙이라오."

이 말을 들은 수행자는 독수리의 말이 일리가 있다고 생각했다. 그러나 품속에 숨어든 비둘기를 내줄 수는 없었다. 그래서 독수리에게 "이 비둘기의 무게만큼 내 허벅지 살을 너에게 주면 어떻겠느냐? 그러면 비둘기도 살릴 수 있고, 너와 네 자식들도 배고픔을 면할 수 있을 것이다"라고 제안한다.

그런 후 수행자는 저울의 한쪽에는 비둘기를, 또 한쪽에는 비둘기 크기만큼의 허벅지 살을 올려놓는다. 그러나 저울은 꿈쩍도 않는다. 그래서 반대쪽 허벅지 살도 베어 저울에 올려놓았지만 저울은 수평이 되지 않았다. 한쪽 팔과 다리를 올려도 저울은 역시 움직이지 않았다. 그러자 온몸에 피가 철철 흐르는 수행자는 조용히 저울 위에 올라갔다. 그때서야 저울은 수평을 이루었다.

부처님이 될 수행자의 목숨값과 비둘기 한 마리의 목숨값이 같다는 상징적 이야기다. 구제역 사태로 죽어가는 무수한 가축들을 위로하는 법회 때 한 말이다.

일본 원전 사태가 터져 세상이 시끄러웠다. 우리는 조금이라도 방사능 물질을 안 마시겠다고 마스크를 쓰고 비가 오면 저마다 손에 우산을 들었다. 빗속에 혹여 들었을지 모를 방사능 물질을 피해보려 그런 것이었다. 인간은 제 몸을 아낀다고 그렇게 갖은 방법을 동원했다.

그런데 원전을 식히던 냉각수는 그대로 바다로 버려졌다. 그 오염된 냉각수가 바다로 흘러가면 물 속에서 살아가는 뭇생명들은 무엇에 의지해 자기 몸을 보호해야 하는가. 인간은 혹시 자기만 다치지 않으면 된다는 어리석음에 빠져 있는 것은 아닌가.

작은 숲의 한 마리 벌레라도 무심코 죽이게 된다면 그 숲 전체의 생태계가 거기에 반응한다. 우주 만물은 하나의 그물망으로 연결되어 있기 때문이다.

땅이 오염되고 바다가 더럽혀지는데 인간이라고 온전할 수 있겠는가. 뭇생명이 고통을 받고 있는데 인간이 뭐라고 홀로 행복할 수 있단 말인가. 일본 원전 사태로 지구 위의 무수한 생명이 목숨을 잃었고 병들었다. 앞으로 그 재앙이 언제 어디서 터져 나올지 알 수 없는 일이다.

그 와중에도 MB는 원자력을 포기 못한다고 선언했다. 지금 소모되는 전력량을 원자력이 아니면 대체할 수 없다는 것이 이유였다. 인간의 욕망을 다 채우자면 틀린 말이 아니다. 인간이 누리고 있는 욕망을 그대로 누리려면 원자력보다 더 무서운 것이라 해도 만들어야 할 판이다. 그러나 욕망에 따른 결과가 빚어낼 대재앙 역시 인간이 감당해야 할 것이다. 인간의 끝없는 욕망 때문에 빚어지는 대재앙을 다른 뭇생명이 받고 있다. 4대강 사업도 그런 것이다. "무심코 던진 돌멩이에 개구리는 맞아 죽는다"는 속담처럼 우리가 땅을 파헤친다고 무심코 하는 삽질에 뭇생명들이 죽어 가고 있는 것이다.

"필요한 것 이상으로 가지는 것은 범죄다"라고 간디는 말했다. 그런데 이미 지구의 에너지 소모량이 에너지 자원의 매장량을 넘어섰다고 한다. 이대로 계속 간다면 2030~2040년에는 석유 등의 에너지 자원이 다 고갈될 것이라는 경고가 여러 전문가들에 의해 제기되고 있다. 물질의 풍요를 끝간데 없이 누리려는 욕망으로는 인간의 삶을 보장할 수 없다. 인간만이 아니라 지구 전체의 내일을 기약할 수 없다. 쓰나미 같은 감당할 수 없는 자연재해가 그것을 보여준다.

그래서 오래전 크리족의 한 인디언이 한 말이 가슴에 깊이 남는다.

"마지막 나무가 베어져 나가고, 마지막 강이 더럽혀지고, 마지막 물고기가 잡힌 뒤에야 그대들은 깨달으리라. 돈을 먹고 살 수는 없다는 것을…."

"서로의 입에 밥 넣어주는 나눔이 극락"

:: 리영희 선생님의 만년필과 '파사현정'

"선생이 극락 가시라고 빌어드려야 맞겠지만, 당장은 혼자만 극락 가시지 말라고 바라는 심정이다. 극락이 뭔가. 지옥은 숟가락이 너무 길어 서로 부딪쳐 밥을 못 먹고 싸우는 곳이고, 극락은 긴 숟가락으로 서로의 입에 밥을 떠 넣어주며 행복해하는 곳이 아닌가. 리영희 선생이 바란 세상은 서로간에 믿고 위해주고 신뢰하는 그런 극락 세상이었다. 내 입에만 밥이 들어가는 이기심 가득 찬 세상을 살아 계실 때처럼 형형한 눈길로 내려다 보시다가 꾸짖는 무서운 스승이 되어주시길 바라는 마음이 간절하다."

2011년 2월 11일 〈시사IN〉 인터뷰에서

흔히 불교하면 죽은 이들을 극락으로 보내주는 제사를 많이 떠올린다. 그런데 2011년 1월 22일 봉은사에서 열린 리영희 선생의 49재 추모 법문 때 "리영희 선생님, 극락 가시지 마십시오"라고 했다. 죽은 영가들을 극락으로 보내주는 49재를 지내면서 극락 가지 말라니 그 자리에 있던 사람들이 잠시 어리둥절해했다.

극락? 극락 가라고 하는데 극락이 어디 있는가? 나쁜짓 하면 지옥 간다고 하는데 지옥은 또 어디 있는가? 땅속 저 밑에 있는가? 극락이 저 높은 하늘에 있다면 하늘을 나는 새들이 가장 먼저 닿을 것이고 바다 깊은 곳에 있다면 물 속을 헤엄치는 물고기들이 가장 먼저 극락에 이를 것이다.

사시사철 봄처럼 따뜻하고 언제나 새소리가 들리고 먹을 것이 가득한 곳이 극락인가? 아무리 맛난 고기라 해도 그걸 매일 먹는다고 생각해보라. 과연 매일 먹는 고기가 맛이 있겠는가? 못 먹다가 어쩌다 먹어야 맛있는 거지. 끼니마다 주지육림의 잔칫상을 받는다면 맛난 것이 아니라 신물이 날 것이다. 노는 것도 마찬가지다. 하는 일 없이 백 날 천 날 논다고 생각해봐라. 지겨워 미칠 것이다. 열심히 일하다가 놀아야 그 노는 것이 꿀맛이지 매일 놀면 그때는 놀아도 노는 것이 아니다.

지옥이나 극락은 상대적 개념이고 또 어디에 있는 장소가 아니다. 1970년대 우리나라에 차가 몇 대 없을 때 소형차인 마티즈 하나만 있어도 행복감을 느끼고 남들은 그 차가 있는 집을 엄청 부러워했을 것이다. 그러나 지금처럼 집집마다 차가 있는 세상에서 마티즈 하나 있다고 스스로도 행복을 느끼고 주변에서 선망의 눈길을 보내주지도 않는다. 행복과 불행, 극락과 지옥이 모두 상대적인 개념이라고 하는 것은 이 때문이다.

불교에서는 극락과 지옥을 이렇게 설명한다. 맛난 음식이 산처럼 쌓여 있는데 숟가락과 젓가락은 사람의 팔만큼 길어서 자기 혼자서는 먹지 못하는데도 자기만 먹겠다고 아옹다옹 다투면 그 자리가 지옥이 되고, 반대로 서로의 입에 음식을 떠 넣어주면 그 자리가 바로 극락으로 화한다는 것이다.

지옥과 극락은 어느 곳에 있는 장소가 아니라 나누는 마음이 있으면 그곳이 극락이 되고 혼자만 먹겠다는 이기심으로 다툼하면 지옥이 되는 것이다. 극락과 지옥은 행위에 의해 결정되는 것이다.

그리고 오늘 열심히 선행을 닦아 내일 이르는 곳이 극락이 아니라 바로 이 자리에서 다른 사람을 향해 베풀면 그 행위를 하는 그 순간이 극락이 되는 것이다. 극락과 지옥은 바로 우리의 행위에 의해 결정되고 미래의 어느 순간을 위해 저축하는 것이 아니라 그 순간을 옳게 살면 그 자체가 극락이 된다는 말이다.

그래서 내가 나쁜 짓을 일삼은 사람이 아무리 부처님께 불공을 올리고 하나님께 헌금을 내고 기도를 한다고 해도 극락을 가거나 천국에 갈 수 없다고 말하는 것이다. 만일 그러한 부처님이나 하나님이 있다면 뇌물 수수죄로 구속 수사해야 한다. 종교에서 극락과 지옥을 말하는 것은 그러한 언어를 통해 상징적으로 보여주는 것이지 말에 매달리면 안 된다.

그런 점에서 리영희 선생님 같은 분은 무도한 MB가 거짓말로 세상을 어지럽히고 국민들에게 고통을 주는 이 세상에서 혼자 좋은 세상으로 가겠다고 극락가실 분이 아니다. 가시지 않고 이 세상을 위해 함께 아파하시면서 좋은 세상을 만들기 위해 애쓰실 뿐이다. 리영희 선생님은 평생 그렇게 살아오셨다. 내가 극락 가시라고 빌어 드린다고 그 분이 극락에 가시고 지옥 가라 한다고 지옥으로 떨어질 분이 아니라는 말이다. 그것은 리영희 선생님께서 바라는 일도 아닐 것이다.

리영희 선생님의 49재가 있을 때 나는 문경 봉암사에서 동안거 결제 중이었다. 결제 중에는 바깥출입을 안 하게 되어 있다. 결제 중에는 누가 죽으면 시체를 윗목에 밀어놓고 해제가 되어야 장례를 치른다고 하는 말이 있을 정도다. 하지만 봉암사 대중스님들의 동의를 얻어 49재에 참석했다. 절집에는 대중이 동의하면 소도 잡아먹는다는 말이 있다. 그만큼 어떤 일을 할 때 같이 살아가는 사람들의 뜻을 묻는 것이 먼저지 형식이 먼저가 아니라는 뜻이다.

내 나이가 환갑이 지났다. 나는 늘 환갑이 지나면 이제 죽을 차비하고 자기 삶을 돌아봐야 한다고 생각해왔다. 여섯 살에 어머니, 스물다섯 살에 동생, 스물여섯 살에 아버지가 세상을 떠났다. 가장 오래 산 혈육인 아버지도 쉰을 넘기지 못했다. 그래서 나는 늘 쉰 살까지만 살면 된다고 생각해 왔다. 벌써 예순을 넘겼으니 나로서는 덤으로 더 살고 있는 것이다. 덤으로 얻었으니 더 열심히 살아야 되는 것이기도 하다.

나이 예순이면 못다한 공부 더하고, 못 읽었던 경전도 더 읽고, 못 다한 사람 노릇도 제대로 해야 되는 것이다. 리영희 선생님은 나에게 스승과 같은 분이다. 스승이 어찌 산중에만 있겠는가. 불성이 두두물물 아니 계신 곳이 없는데 스승이라고 때와 장소를 가리겠는가. 머리를 깎았느냐 안 깎았느냐에 따라 갈리겠는가. 아니다. 오로지 어떤 삶을 사느냐에 따라 달라지는 것일 뿐이다.

그런 삶의 척도에서 보자면 리영희 선생님은 출가 수행자들에게도 스승이 되기에 모자람이 없다. 그분은 "오로지 진실만이 내가 추구하는 가치"라고 하시면서 평생을 살아오셨다. 스스로 옳다고 믿고 세상을 위한 길이라면 감옥살이를 하고 고초도 마다하지 않았다. 입으로는 진리

리영희 선생님 49재 추모식. "서로의 입에 밥 넣어주는 세상이 극락이다."

를 얘기하지만 삶으로는 따르지 못하는 경우를 일컬어 '구두선口頭禪에 빠졌다'고 비판한다. 입바른 소리만 할 뿐 알맹이나 실천이 따르지 않는다는 비판이기도 하다.

과연 우리 시대에 리영희 선생님만큼 자신이 옳다고 여긴 바대로 곧게 살아온 분이 몇이나 될까? 그래서 그분을 '사상의 은사'라고 부르는 것이다.

리영희 선생님과 나의 인연은 자별하다. 해마다 봄이면 오대산 산나물을 구해다 선생님께 드리곤 했다. 선생님께서 산본에 계시던 2006년 무렵엔 댁으로 찾아뵙고 산나물을 차려놓고 쌈밥을 같이 먹은 적도 있었다. 선생님께서는 나의 서울공고 선배이시기도 하다. 그래서 가끔 학교에 대한 얘기를 나누곤 했다.

"선생님, 서울공고가 낳은 세 명의 인물이 있답니다."

"그 세 명이 누구요?"

"리영희 선생님하고 저하고 축구선수 안정환이랍니다"

"그래요? 누가 첫 번짼가?"

"그야 당연히 저죠."

"왜?"

"제가 제일 인물도 잘나고 말도 잘하지 않습니까?"

선생님께서 나의 농에 껄껄 웃으셨다. 당시 병중이셔서 그렇게라도 웃게 해드리고 싶었다.

봉은사 주지로 있을 때 선생님께서 여러 차례 불편한 몸을 이끌고 오셨다. 밖에 나가지 않고 천일기도를 하고 있던 때라 내가 찾아뵙지 못하고 선생님께서 산본에서 걸음을 하셔야 했다. 그러다 천일기도가 다 끝나갈 무렵 선생님께서 오셔서 당신이 평생 쓰시던 만년필을 내게 주셨다. "스님이 천일기도를 다 마쳐 가는데 내가 줄 것이 이것밖에 없어요"라고 하시면서 손때 묻은 만년필을 내놓으셨는데 당시엔 그 귀한 걸 주셔서 고맙기도 하고 좋기도 했다. 그래서 가까운 사람들이 오면 리영희 선생님께서 주신 만년필이라고 보여주면서 자랑도 많이 했다.

그런데 안상수의 외압으로부터 촉발된 봉은사 사태로 MB와 MB 하수인으로 전락한 자승과 싸울 때 선생님의 건강은 급격히 안 좋아지셨다. 한번 찾아뵈려 했지만 그러지 못했다. 선생님께서도 많이 기다리셨는데 결국 정신이 온전할 때 찾아뵙지 못하고 봉은사 문제가 매듭이 지어진 뒤 병원으로 찾아뵈었다. 그땐 말씀도 못하실 때였다.

부인이신 윤영자 여사가 귀에다 대고 큰소리로 "여보 여보, 명진 스님이 오셨어요"라고 하시자 어떻게라도 아는 체를 하시려 하셨는지 말씀은 못하시고 손을 조금 움직이셨다. 생전에 선생님을 뵈온 건 그게 마지막이었다. 그렇게 선생님을 마지막으로 뵙고 나는 곧장 봉암사로 동안거 결제에 들어갔다.

그리고 2010년 12월 5일 선생님께서 유명을 달리하셨던 것이다. 장례식에 가야 했는데 동안거 결제 초기라 갈 수 없었다. 유족들은 내가 장례식 집전이라도 해주길 바랐지만 그러지 못했다. 나이 환갑을 넘고 나도 저 세상으로 갈 차비를 해야 하는데 스승이나 진배없는 분이 돌아가셨는데 장례식에도 참석 못하는 게 마음에 쓰였다. 주위의 스님들과 "나이 환갑이 넘었는데 사람 노릇도 못하고 참 마음이 그렇다"고 얘기하자 봉암사에서 같이 정진하던 스님들이 "결제 초기니까 장례식에는 못 가더라도 49재 때 가면 되지 않겠느냐"고 했다. 그렇게 해서 리영희 선생님의 49재에 참석했던 것이다.

우리가 수행을 하고 정진을 하는 까닭은 사람답게 살기 위해서다. 그 길을 몰라 그 길을 묻고 찾아가는 게 수행이다. 수행이라는 것이 산중에 들어앉아, 좌복 위에서만 하는 게 아니라는 말이다. 삶이 곧 도량이 되고 수행이 되도록 하는 것이 참된 수행이다. 중국 당나라 때 남전 스님이 "평상심平常心이 도道"라고 하셨는데 나는 "도가 평상심이 되게 하는 것이 수행"이라고 말하고 싶다. 늘 수행하는 마음으로 진리를 향해 물어 가는 것이 수행자의 삶이고 인간이 가야 할 길이기도 하다.

나는 어디를 가나 리영희 선생님께서 주신 만년필을 걸망 속에 넣어 다닌다. 내가 글쟁이가 아니라서 그 만년필을 쓸 기회는 많지 않다. 하지만 어디를 가든 그 만년필을 지니고 다니는 것은 리영희 선생님의 '분신'이라는 생각이 들어서다. 그걸 들고 다니면서 선생님께서 당신이 평생 글을 쓰시던 만년필을 내게 왜 주셨을까 생각해본다. 선생님께서는 평생 그 만년필로 진실을 이야기하고 불의와 싸워 오셨다. 그 길이 비단 길은 아니었다. 흙탕물 튀기는 길일 뿐더러 가시밭길이었다. 때로는 목숨을 걸어야 할 때도 계셨다. 그러나 선생님께서는 단 한 번도 굴신하지 않았다.

오죽했으면 미 정보부가 리영희 선생을 일컬어 "뼛속까지 반골"이라 했겠는가. "뼛속까지 사기꾼인 MB시대"이기에 리영희 선생님이 더 그리운 것이다. 아마도 리영희 선생님께서 평생 쓰시던 만년필을 내게 주신 까닭은 어쩌면 당신이 가신 뒤의 세상에서 또다시 불의가 행해지고 진실이 은폐된다면, 그리하여 세상의 많은 사람들이 고통을 받고 있다면 나 역시 당신과 같이 세상에 맞서달라는 뜻이 아니었을까?

내가 MB시대를 비판하는 것은 우리가 사는 세상을 더 나은 세상으로 만들고 싶기 때문이다. 리영희 선생님께서도 내가 산중의 수행자라는 이름을 방패 삼아 뒤로 숨지 않고 그 누구보다 더 치열하게 진실을 향해 발언해주기를 바라실 것 같다.

리영희 선생님께서 진실을 향해, 불의를 향해 굽힘없이 나아가라고 하신 뜻은 부처님께서 이 세상의 옳음을 향해 파사현정의 깃발을 들라고 하신 뜻과 다르지 않다. 파사현정破邪顯正, 삿됨을 깨뜨리고 옳음을 드러낸다. 이 말은 구름이 걷히면 달이 절로 드러나듯 잘못을 드러내는 것 자체가 옳음을 드러내는 것이라는 뜻이다. 따로 옳음을 구하는 것이 아니라 잘못을 꼬집고 잘못을 바로 잡는 것이 이미 옳음을 행하고 있다는 말이기도 하다. 이 세상 어떤 종교도 정치도 허위에 기초한 것은 없다. 진실은 모든 수행자가 가야 할 길이고 진실 아닌 것은 그 어떤 것이라도 거부해야 하는 것이 수행자의 도리다.

지금 이 순간도 리영희 선생님께서는 극락에 가시지 않고 세상이 어떻게 돌아가는지 보고 계실 것이다. 그리고 내가 정말 제대로 하고 있는

지도 살피고 계실 것이다. 진실을 향해 목숨까지 내놓던 그 무서운 눈빛으로 지켜보실 것이다. 그런 리영희 선생님이 계신데 내가 어떻게 '좋은 게 좋은 거'라며 잘못에 대해 대충 눈감고 갈 수 있겠는가. 불의에 타협하고 잘못을 꾸짖지 않고 넘어갈 수 있겠는가. 이럴 줄 알았으면 49재 때 말을 한참 잘못한 것 같다. "리영희 선생님 어서 극락 가세요"라고 했으면 나도 좀 어깨가 덜 무거웠을 것인데….

"왜 사냐고 물으면 몰라서 산다고 답할 것"

:: 21세기, 확신보다 회의에서 길을 찾자

"여러분 무엇 때문에 삽니까?

만일 저에게 '스님은 무엇 때문에 삽니까' 라고 묻는다면 '무엇 때문에 사는지 묻기 위해 살고 있다'고 답할 것입니다.

청춘이라는 것은 나이의 많고 적음을 떠나 권위와 전통에 도전할 수 있는 이단의 정신이 있느냐 없느냐의 차이일 것입니다. 그러니 젊은 대학생들이 무조건 남을 따라가는 인생이 아니라 스스로 어떤 삶을 살아야 하는가에 대한 끝없는 물음 속에서 자기만의 인생을 찾는 것이 필요합니다. 친구 따라 강남 가고 저 사람이 하니까 나도 따라 하는 아류인생이 아니라 스스로 삶의 길을 묻고 내가 나를 찾아가는 나 자신의 길을 가야 합니다.

남들처럼 대학 들어가고 취직을 하고 결혼해 가정을 꾸려 살다가 죽는 습관적인 삶보다 한 순간을 살더라도 내가 왜 사는가, 어떻게 살아야 하는가를 스스로 묻는 것이 정말 잘사는 길이고 더 행복한 길입니다.

그로 인해 때로 춥고, 때로 배고프고, 불편한 잠자리에 들더라도 울타리 속에서 편하지만 노예와 같고, 가축과 같은 삶 대신 스스로의 선택에 따라, 스스로의 길을 가는 진정한 자유인, 진정한 삶의 주인이 되어 보라고 권하고 싶습니다. 그것이 참된 인생의 길이고 정말 행복하게 사는 방법이 아닐까 저는 그렇게 생각합니다."

2011년 9월 8일 충북대 특강 '21세기에는 혁명적 이단아의 길을 걷자' 중에서

충북대학교에서 명사들을 초청해 옴니버스 특강을 한 달에 한 번씩 한다. 나도 한번 와서 강연을 해달라고 해서 충북대 개신문화관에서 대학생과 시민 등 600여 명이 참석한 가운데 특강을 했다.

조문도석사가의朝聞道夕死可矣, "아침에 도를 듣는다면 저녁에 죽어도 좋다". 《논어》 이인편里仁篇에 나오는 말이다. 아침에 도를 들으면 저녁에 죽어도 좋다. 이날 강연 첫머리에 학생들에게 "무엇 때문에 삽니까?"라고 물으면서 나에게 그렇게 묻는다면 "무엇 때문에 사는지 묻기 위해 살고 있다"고 답할 거라고 했다. 왜 사느냐고 묻는다면 누가 그 답을 쉽게 할 수 있겠는가? 그래서 나는 솔직히 모르기 때문에 "왜 사는지 몰라서 산다"라고 답한다.

우리가 사는 까닭은 정말 왜 사는지 몰라서 사는 것이다. 만일 왜 사는지 안다면 공자의 말처럼 아침에 도를 듣는다면 저녁에 죽어도 좋은 것이다.

공자를 세계 4대 성인으로 꼽은 이유가 이 한마디에 다 들어 있다고 본다. 소크라테스도 마찬가지다. "나는 내가 모른다는 사실만은 안다." 정말 우리는 나 자신을 아는가라고 묻는다면 모른다는 답 말고는 할 것이 없다. 그렇다고 지렁이가 왜 기어가는지는 아는가. 역시 모른다. 우리가 아는 것은 정말 우리가 모른다는 그 사실 하나뿐일지도 모른다.

진리는 복잡하지 않다. 솔직하게 모르면 모른다고 하는 것이 바로 진리다. 진리는 간명하고 변설은 화려하고 복잡하다. 그렇기 때문에 거추장스러운 것들 다 버리고 솔직하게 모른다는 그 상태에서 출발하는 것이다. 모르기 때문에 물으면 된다. 나는 뭘까? 왜 살까? 묻고 또 묻는 것이 수행이다.

우리가 80년을 살건 100년을 살건 내가 뭔지, 왜 사는지 모르고 살다가 가는 경우가 대부분이다. 인생이라는 길을 가긴 가는데 왜 가는지, 어디로 가는지 모른 체 그냥 가는 것이다.

친구가 강남 가니까 나도 강남 가고, 친구가 명품 가방을 들고 다니니까 나도 명품 가방을 들고 다니는 거다. 유행 따라, 친구 따라 살다 가는 거다. 돈을 쫓아, 욕망을 쫓아다니다가 길어야 100년을 살다 가는 것이 우리 인생이다.

무엇 따라, 누구 따라 가는 삶은 아무리 잘해도 아류 인생이고, 2류 인생이다. 내가 내 길을 가면 그건 아무리 못나도 이 세상에 하나밖에 없는 길이고 1류의 길이다. 그런 1류인생을 살아야 한다. 1류인생이라고 하는 것이 명품으로 치장하는 그런 물질적 인생이 아니다.

인터넷에서 재미난 실험을 한 적이 있다. 프라다라는 명품 가방을 올리고 한 번은 상표를 떼놓은 뒤, 또 한 번은 상표를 붙여 사람들의 반응을 살폈더니 완전히 다른 반응이 나왔다. 상표를 붙이지 않았을 때는 '뭐 이런 싸구려 가방이 있냐', '동대문에서 샀냐 남대문에서 샀냐', '한 5만 원이나 할까' 라는 반응이었다. 그런데 프라다라는 상표를 붙이고 올려놓자 '와! 멋지다. 간지 난다', '어디서 샀어요. 나도 갖고 싶다. 샤방샤방', '역시 명품이라 그런지 뽀대 나네요' 라는 반응이 주를 이뤘다. 가방은 똑같은 가방인데 상표가 붙느냐 안 붙느냐에 따라 천지 차이가 난 것이다.

사람들이 가방이라는 실제보다 어떤 상표가 붙었느냐 하는 이미지를 더 쫓는다는 말이기도 하다. 프라다에서 만든 가방이 프라다라는 상표를 붙이지 않는다고 품질이 나빠지는가? 아니다. 가방은 가방일 뿐이다. 그런데도 사람들은 이미지를 쫓는다. 신기루 같은 헛된 이미지를 쫓는 것이다. 그렇게 이미지를 쫓다 보니까 짝퉁들이 나오는 것이다. 짝퉁은 명품이 아닌데 명품처럼 거짓되게 꾸민 상품이다. 짝퉁이 따로 있는 게 아니다. 남들 따라 사는 2류인생이 다 짝퉁이다. 그러나 자기만의 길을 당당히 가면 그게 세상에 둘도 없는 명품이 되는 길이다.

헛된 것을 쫓다 보니까 치장을 하는 데 시간을 다 보낸다. 환상을 쫓아서, 남 따라 살다 보니까 자기 얼굴도 연예인 얼굴처럼 되고 싶어 그 사진을 들고 성형외과에 가서 그대로 고쳐달라 한다. 모두들 그렇게 유행 따라 우르르 몰려다니니 이 사람이 저 사람 같고 저 사람이 이 사람 같은 세상이 된 것이다. 거품이 잔뜩 끼어 있다. 그러다보니 성형한 얼굴보다 오히려 자연적인 얼굴인 '생얼'이 더 호평을 받는다.

'생얼'이 뭔가. 있는 그대로의 모습을 보여주는 거다. 꾸미지 않고 있는 그대로의 모습으로 평가받는 거다. 꾸미는 데 치중하기보다 내실을 구하는 것이다. 프라다 상표에 집착하는 것이 아니라 가방의 실제적 품질에 노력을 쏟는 것이다. 그러다 보면 평가받는다. 남들처럼 상표나 이미지를 쫓지 말고 자기만의 길, '생얼'의 길을 갈 필요가 있다.

괜히 없는데 있는 척, 고상한 척, 성스러운 척하지 말고 못나면 못난 대로, 부족하면 부족한 대로 보여주며 살자는 거다. 솔직하게 살자는 거다. 변소간을 아무리 금단청, 은단청을 해놓는다고 똥냄새가 없어지는

'다만 아는가 알지 못하는 줄을' 나는 오늘도 묻고 성찰할 뿐이다.

게 아니다. 삶은 변소간처럼 살면서 화장을 덕지덕지해서 법당에 모셔진 부처님처럼 살 수는 없는 것이다. 삶이 부처님 같아지면 누더기 옷을 입어도 성스러운 것이다.

우리는 그동안 물질적 욕망과 외적 모습만 쫓는 삶을 살아왔다. 삶의 실질적 내용보다 헛된 이미지를 더 중요시하면서 살아온 것이다. 허상을 보고 달려온 것이나 다름없다. 자본주의가 발전하고 물질 수준이 높아지면서 더욱 그렇게 됐다. 인간이 물질을 부리는 것이 아니라 물질이 인간을 부리고, 욕망이 인간을 부리는 사회로 전락한 것이다.

내가 삶을 사는 것이 아니라 세상의 유행 따라 어디로 가는지도 모른 체 길을 간 것이다. 마치 레밍이라는 쥐가 앞의 쥐만 쫓아가다 강물에 모두 빠져 죽는 것처럼 이 길로 가는 것이 옳은가라는 물음, 성찰을 잃어버리고 욕망만을 쫓아온 것이다.

나 역시 그런 시류에 편승해, 스님이라는 어떤 환상적 틀에 맞춰 고상한 척하면서 살고 있는 것은 아닌가 스스로 되묻고 있다. 왜 사는지, 내가 누군지 모르는데 우리가 과연 무엇을 옳다고 감히 확신할 수 있겠는가? 모르면서 안다고 확신하는 그것이 가장 무서운 재앙이다. 안다고 확신하고 옳다고 맹신하는 순간 우리는 오류를 범하는 것이고 또 다른 오류를 만들어낼 수밖에 없다.

2009년 11월 30일 《경향신문》에서 마련한 작가 신경숙 씨와의 대담에서 "저는 확신을 가진 사람은 위험한 사람이라고 생각합니다. 내가 가장 옳은 길을 가고 있는 것일까 늘 회의하지 않는 사람이 제일 위험합니다. 그런 태도가 전쟁까지 빚어냅니다. 확신을 갖고 하는 일이 갈등을 낳는 겁니다. 나는 무엇일까, 어떻게 사는 게 옳은가에 대해 항상 회의하고 돌이켜보고, 끝없이 옳은 길을 살피며 가는 것이 필요한 시대입니다. 부끄러워할 줄 모르고 반성하고 성찰하지 않기 때문에 MB가 가장 나쁜 대통령이라고 할 수 있는 겁니다"라고 말했다.

나는 무엇일까, 어떻게 사는 게 옳은가에 대해 항상 회의하고 돌이켜보면서 끝없이 옳은 길을 살피며 가야 하는 것은 비단 MB나 다른 사람에게 요구하는 것이 아니다. 사실은 나 자신에게 가장 무겁게 묻고 있는 질문이다. 우리는 끝없는 판단과 선택을 하면서 살고 있다. 삶이란 끝없는 판단과 선택의 연속이라 해도 과언이 아니다.

이렇게 갈 것인가 저렇게 갈 것인가. 그런 갈림길에서 정말 이것만이 옳고, 이것만이 진정한 길이라고 하는 것이 있을까? 역시 알 수 없다. 알 수 없기에 더욱 겸허하게 물을 수밖에 없는 것이다. 그런 겸허한 성찰과 물음이 어쩌면 우리가 할 수 있는 최선일지 모른다. 그런 성찰과 물음이 있다면, 설사 잠시 잠깐 잘못된 길에 접어들더라도 다시 돌아나올 수 있다고 믿는다. 그래서 무언가 옳다는 확신에 빠지지 말고, 늘 회의하는 혁명적 이단아가 되자고 하는 것이다.

단지불회但知不會, "다만 아는가 알지 못하는 줄을." 보조스님의 《수심결》에 나오는 말이다. 내가 인생의 좌표로 삼고 있는 말이기도 하다. 나는 아직도 왜 사는지 몰라서 살고 있다. 언제쯤 왜 사는지 알게 되는 날이 올지 알 수 없다. 공자의 말처럼 아침에 도를 들으면 저녁에 죽어도 좋다는 걸 깨닫게 될 날이 올지도 알 수 없다. 다만 나는 내가 모른다는 사실만은 알고 있다. 모르기 때문에 다만 묻고 성찰할 뿐이다. 이 세상 사람들과 내가 나누고 싶은 것은 다만 이 하나뿐일지도 모른다.